Pour la patrie

Jules-Paul Tardivel

Pour la patrie

Roman du XXe siècle

Nouvelle édition

Introduction de
Gilles Dorion

BQ

BIBLIOTHÈQUE QUÉBÉCOISE

Bibliothèque québécoise inc. est une société d'édition administrée conjointement par la Corporation des éditions Fides, les éditions Hurtubise HMH ltée et Leméac éditeur.

Éditeur délégué

Jean Yves Collette

Conseiller littéraire

Aurélien Boivin

DÉPÔT LÉGAL : PREMIER TRIMESTRE 1989
BIBLIOTHÈQUE NATIONALE DU QUÉBEC

© Hurtubise HMH, 1989

ISBN : 2-89406-028-9

Introduction

L'avant-propos dont Jules-Paul Tardivel coiffe son roman annonce clairement l'orientation politique en même temps que le credo religieux de l'auteur. En effet, l'identification du romancier avec son protagoniste ne fait aucun doute : Joseph Lamirande représente les idées de Tardivel et l'action politique dans laquelle il se serait engagé s'il avait choisi ce genre d'activité. Quant à sa profession de journaliste, elle est assumée par Paul Leverdier. Deux personnages illustrent donc Tardivel dans la fiction et la réalité. Ce qui les guide dans le roman, comme ce fut le cas pour le journaliste, c'est avant tout, et presque exclusivement, l'idéal catholique conservateur et ultramontain, inspiré des enseignements traditionnels de l'Église catholique. « C'est l'aspiration vers l'établissement, sur les bords du Saint-Laurent, d'une Nouvelle-France dont la mission sera de continuer sur cette terre d'Amérique l'œuvre de civilisation chrétienne que la vieille France a poursuivie avec tant de gloire pendant de si longs siècles. » Il n'est pas facile de séparer le programme politique de l'idéal chrétien du héros. Tardivel s'en explique ainsi ; « Que l'on ne s'étonne pas de voir que mon héros, tout en se livrant aux luttes politiques, est non seulement un croyant mais aussi un pratiquant, un chrétien par le cœur autant que par l'intelligence. » Ce que révèle aussi l'avant-propos, c'est l'ennemi *satanique* auquel les forces du bien devront s'attaquer : la franc-maçonnerie, inspiratrice et instigatrice de l'union législative, une des trois voies proposées aux Canadiens de 1945. Sa vie privée et sa carrière journalistique seront dominées par cette obsession. Des études en cours sur la franc-maçonnerie semblent donner raison à Tardivel sur l'importance des ramifications de cette société au Canada français au XIXᵉ siècle.

Un roman d'anticipation

Ainsi que l'annonce le sous-titre « Roman du XXᵉ siècle », les événements se dérouleront après le temps d'écriture du roman. Si le prologue s'ouvre sur l'année 1931 et si l'épilogue se referme sur l'année 1977, on se rend vite compte que l'intrigue se passe essentiellement en 1945-1946, donc cinquante ans après la publication du roman. Premier roman d'anticipation dans les lettres canadiennes-françaises, cette œuvre nous paraît révélatrice à maints égards. L'audace et la nouveauté du procédé au Canada français en ont étonné plusieurs. Se fût-il agi d'un roman de science-fiction se déroulant dans une ère de découvertes scientifiques considérables comme l'annonçaient plusieurs romans de Jules Verne, ou présentant des civilisations issues de l'imaginaire, vivant pour ainsi dire dans un autre monde selon des critères extra-terrestres, l'intrigue aurait peut-être été acceptée comme une trouvaille et aurait trouvé sa justification dans un genre insolite et même invraisemblable. Que l'écrivain décrive l'avenir politique d'une nation comportait des risques inévitables : il encourait le danger évident d'errer complètement sur le destin de la collectivité *réelle* qu'il mettait en scène, avec un décalage *fictif* d'un demi-siècle. Comme on ne suppose pas que les prévisions d'un romancier tombent chronologiquement juste ou qu'elles ne s'avèrent tout simplement pas, on peut les étaler sur des époques différentes ou les décaler plus loin encore. Les événements politiques survenus depuis le temps d'écriture (1895), en particulier depuis le temps d'événement du roman (1945-1946), pourraient, pour leur interprétation, servir de « prévisions à rebours » et confirmer le caractère prophétique du roman, surtout depuis l'avènement du parti conservateur actuel à Ottawa. Afin d'établir ses projections fictives, l'auteur devait se brancher directement sur le réel. Pour comprendre toutes les allusions qu'il fait à son époque, il faudrait refaire l'histoire politique et sociale de la fin du XIXᵉ siècle. Ce qui est sûr, c'est que la description du parti conservateur de 1945 — à décaler sans doute d'une quarantaine d'années — laisse songeur : « Ce parti se compose des *modérés*. Les *modérés*, cela veut dire, en premier lieu, tous les gens en place, avec leurs parents et amis, ainsi que ceux qui ont l'espoir de se placer, avec *leurs* parents et *leurs* amis ; ensuite, les entrepreneurs et les fournisseurs publics ». En revanche, tout à fait intéressante nous apparaît la vision futuriste de la société telle que proposée dès le chapitre I : immigration française massive, floraison du théâtre, développement de la littérature corruptrice, apathie et corruption des classes dirigeantes, toutes manifestations propres à confirmer les craintes des ultramontains de cette fin de siècle. Tout aussi révélateurs sont les reproches formulés contre le clergé catholique et les attaques dirigées contre la société soumise à sa «tyrannie» que Tardivel place dans la bouche de son narrateur omniscient, ainsi que le vocabulaire employé par l'adversaire. De même, le dialogue entre Lamirande et Leverdier se rendant à une réception offerte par le premier ministre contribue à livrer un exposé à la fois net et succinct des préoccupations politiques et chrétiennes des deux hommes, donc des idées de Tardivel lui-même. En même temps perce une critique sociale dirigée contre *le Progrès*, une des bêtes noires du réactionnaire Tardivel, contre l'école publique, contre l'éducaton pratique à outrance et autres sujets semblables exposés régulièrement dans *la Vérité* comme contre-attaques portées contre *Canada-Revue*. Soulignons également l'article de Leverdier paru dans *la Nouvelle-France* et dirigé contre les francs-maçons, contre le *patronage* et les subventions. C'est une représentation réaliste de Tardivel, qui n'hésite pas à montrer le journaliste comme «faiseur et défaiseur de députés».

Les options politiques

Intéressantes sont aussi les trois options décrites par Leverdier et offertes aux Canadiens de 1945-1946 : celles-ci se présentent à l'ombre de la rupture toute fraîche du lien colonial unissant le Canada à l'Angleterre et dont l'indépendance effective est située au 1er mai 1946. Le spectre de l'annexion avec les États-Unis écarté, le Canada, qui doit assumer son autonomie, est placé devant trois choix : le *statu quo*, c'est-à-dire «notre constitution fédérative, notre gouvernement central et nos administrations provinciales». Le gouverneur général ne serait plus nommé par l'Angleterre mais élu au suffrage universel. Voilà l'option à laquelle sont favorables les conservateurs. Quant à l'union législative, c'est la voie des radicaux et des francs-maçons notoires, ennemis acharnés de l'Église catholique et des Canadiens français. Bien entendu, les événements s'ordonnent autour de cette option que repoussent avec énergie les tenants d'un État séparé et indépendant, le Canada français : « Notre position géographique, nos ressources *[sic]* naturelles, l'homogénéité de notre population nous permettent d'aspirer à ce rang parmi les nations de la terre ». Cette option, appuyée d'une « simple union postale et douanière », offrirait tous les avantages matériels de la Confédération en plus d'assurer le maintien de la religion, de la langue et de la nationalité. La triade sacrée serait sauve. Les trois voies sont exposées au cours d'une conversation privée entre Leverdier et un baron français de passage au pays et ne sauraient remplacer adéquatement des manifestes politiques détaillés. (Il ne serait pas sans intérêt de rapprocher les options indépendantistes de 1945 de celles qu'a énoncées le Parti québécois depuis sa fondation.) Aussi sommes-nous tentés de trouver une peu simplifiés leurs tenants et aboutissants. Là où l'on reste nettement sur sa faim, c'est à propos du projet d'une nouvelle constitution canadienne proposée par les conservateurs : nulle part ne trouve-t-on détaillée et explicitée cette nouvelle constitution. Les événements politiques de 1988-1989, à savoir les débats sur l'accord du lac Meech, pourraient nous inciter à crier à la prophétie. Contentons-nous d'admirer la fertilité d'imagination et la puissance du vraisemblable manifestées par le journaliste romancier.

On apprend cependant que « le document *[...]* est un véritable chef-d'œuvre d'habileté infernale. Pas un article sans piège dissimulé avec un art surhumain ; pas une disposition sans équivoque savamment agencée ». Ellipse incroyable ou prudente ? Le journaliste Tardivel, n'étant pas un habile constitutionnaliste, ne pouvait prétendre proposer un texte législatif de son cru. Tout au plus peut-il laisser soupçonner le sens de cette constitution. Une phrase de sir Marwood le laisserait supposer : « Il faut que dans chaque garantie accordée aux provinces il y ait un mot, une phrase équivoque que nous puissions, en temps opportun, interpréter en faveur du pouvoir central. » Sans révéler les termes de la constitution, sir Marwood, dans un discours qualifié de « très spécieux, très littéraire », vante les mérites de l'unité canadienne : « Ces différences de langues et de religions constituent un argument en faveur plutôt de l'union que de la séparation, car elles donneront à l'ensemble une agréable variété dans l'unité ; [...] et elles permettront l'exercice de cette grande vertu civique qui est essentielle à la prospérité des nations : la tolérance. » Depuis Wilfrid Laurier jusqu'à Brian Mulroney, libéraux et conservateurs développeront le thème de la « bonne entente » dans un Canada uni. Lawrence Houghton, un anglophone catholique gagné à la cause des Canadiens français, réplique en évoquant même le spectre de la guerre civile : « Pour arriver à l'unité, il faudra, ou la fusion pacifique des deux en une seule, ou l'absorption également pacifique de l'une par l'autre, ou bien l'anéantissement violent de l'une de ces races. » L'option séparatiste, qui semble le parti adopté par Tardivel lui-même, est présentée avec modération, mais en même temps comme la seule voie de survie de la « race » canadienne-française. De son côté, un article insidieux et provocateur du *Mercure* laisse supposer que les députés québécois ne pourront pas obtenir la séparation du Québec par les voies constitutionnelles.

Tardivel connaît l'opposition farouche des adversaires fédéralistes et use du même ton que les partisans modérés de l'indépendance politique effectuée selon les voies normales du jeu politique.

Simplification obligée n'implique pas nécessairement naïveté. Si Tardivel, observateur partial de la réalité politique de son temps, projette ses convictions religieuses sur la destinée du peuple québécois, il faut lui savoir gré de s'être révélé tel qu'il est, sans mensonge, sans masque et sans compromission. Il est évident que la fusion auteur/narrateur est ici quasi complète. Le nier serait refuser cette évidence. Toutefois, sa vision politique pourrait paraître un peu limitée, sinon réductrice, quand elle s'attache à certains aspects visibles de l'exercice du pouvoir, tels l'offre d'un poste pour neutraliser un adversaire. Cela est un peu gros et manque certainement de subtilité. Les agiotages secrets, les intrigues mystérieuses, les alliances opportunistes, les « abominables manigances », le favoritisme et le népotisme, monnaie courante de la politique canadienne à certaines époques, auraient constitué d'autres atouts facilement exploitables. « L'esprit de parti et la corruption sont toujours les forces vives de la politique », fait dire Tardivel au chef conservateur. Tous ces procédés n'ont été trop souvent qu'effleurés, les débats de la Chambre s'y étant fréquemment substitués. Faut-il déplorer que ces débats n'aient pas permis de raffiner sur le fond des options proposées ? Le romancier d'occasion se trouvait sans doute coincé entre le développement de ses thèses politico-religieuses et l'utilisation de la technique romanesque.

En effet, se servir des armes de l'ennemi, c'est savoir les utiliser. Malgré lui, Tardivel, qui avait déjà écrit des articles sur le genre romanesque, révèle implicitement qu'il connaissait des romans pour en avoir lu, lui qui n'est « pas éloigné de croire » que le père Caussette avait raison de qualifier les romans d'« invention diabolique ». Mais, ajoute-t-il plus loin, « pour livrer le bon combat, il faut prendre toutes les armes, même celles qu'on arrache à l'ennemi, à la condition, toutefois, qu'on puisse légitimement s'en servir ». Polémiste, il admire « le type du roman chrétien de *combat* » écrit par des prêtres et mettant en scène des prêtres. Quand, dans les dernières lignes de son avant-propos, il émet l'avertissement suivant : « Qu'on ne cherche pas dans ces pages le fini exquis des détails qui constitue le charme de beaucoup de romans », il retourne contre lui ses propres arguments et nous fait douter de l'origine « toute satanique » du genre.

La technique romanesque

Structurellement, *Pour la patrie* est conforme au modèle courant du roman. Comme beaucoup de romans canadiens (et français), un avant-propos servant de (pré) caution morale ou de mise en garde précède le récit et constitue, en même temps qu'une justification, un argumentaire en faveur des idées qui seront développées, des événements qui se dérouleront et des personnages — même et surtout méchants — qui agiront. Échaudé par l'accusation de libelle portée contre lui par le premier ministre Honoré Mercier en 1891 et par le procès en diffamation que lui avait intenté Marc Sauvalle de *Canada-Revue* en 1894 — qui avait eu gain de cause — il ajoute un dernier avis : « Si tel homme public, journaliste, député ou ministre, retrouve dans ces pages certaines de ses thèses favorites sur les lèvres ou sous la plume de personnages peu recommandables, qu'il veuille bien croire que je combats, non sa personne, mais ses doctrines. »

À ce sujet, nous ne sommes pas loin de croire que le roman de Tardivel est un roman à clef et qu'une réserve prudente devant d'éventuelles poursuites était nécessaire. D'abord, le choix des prénoms et des patronymes nous paraît singulièrement éclairant : que Lamirande porte le nom de Joseph et sa fille, celui de Marie est déjà très significatif de la symbolique chrétienne qui a inspiré ce choix. C'est ensuite dans la dénomination allusive et connotative que Tardivel a fait preuve d'imagination. *Leverdier* constitue très certainement un anagramme de *Tardivel*. Alors que le patronyme *Marwood* est évidemment copié sur celui des Lotbinière-*Harwood*, le nom d'Aristide Montarval est une habile fusion des noms des deux ennemis journalistes, rédacteurs à *Canada-Revue*, avec lesquels il eut souvent maille à partir, Aristide Filiatreault et Marc Sauvalle. Ces hypothèses confirment l'impression que nous ressentons à la lecture. Toutefois, comme nous l'avons également souligné, le décalage (ou déphasage) des événements permettait à Tardivel bien des acrobaties littéraires. Pour échapper au piège, le romancier décrit des personnages fortement typés, qui représentent tantôt des conservateurs, tantôt des francs-maçons, tantôt des Canadiens français, tantôt des catholiques, sans qu'on puisse identifier clairement une personne en particulier. Le masque officiel caractérise suffisamment une catégorie de personnes, sans qu'il soit nécessaire, utile ou possible d'y accoler un nom historiquement connu. Le patronyme Vaughan, par exemple, pourrait prêter à toutes les équivoques et faire allusion à la célèbre Diana Vaughan, reconnue comme une franc-

15

maçonne notoire, au XIXe siècle, du moins jusqu'à ce que Léo Taxil dévoile la fumisterie sans convaincre Tardivel, cependant. Ici, en l'occurrence, on assiste à la conversion de George Vaughan, que la grâce conduit dans le camp chrétien. Si nous voulons pousser plus loin l'hypothèse du roman à clef, il est facile d'y adjoindre les noms des journaux, eux aussi fortement typés par leurs titres et leur contenu, et songer aux périodiques qui porteront par la suite les noms de *la Nouvelle-France* et de *l'Action catholique* pour s'en convaincre. Voilà donc des symboles non négligeables, auxquels il était bon d'accorder une certaine attention. Une comparaison avec *les Demi-civilisés* de Jean-Charles Harvey, à toute fin utile la contrepartie de *Pour la patrie*, permettrait d'étayer notre propos. Quoi qu'il en soit, qu'on ne cherche pas ici une analyse psychologique nuancée et fouillée. Le romancier n'en avait peut-être ni les moyens ni les intentions.

Un roman d'aventure policière ?

Le roman est encadré d'un prologue et d'un épilogue fort significatifs car ils représentent, l'un, le Mal, l'autre, le Bien, et font appel au surnaturel. Le prologue, qui se déroule en 1931, à Paris, présente le jeune Montarval invoquant Eblis, le prince des démons, l'« Esprit de lumière ». Celui-ci apparaît pour l'enjoindre de traverser les mers et de se rendre sur les bords du Saint-Laurent abattre Adonaï, Dieu, son ennemi juré. (Notons que Marc Sauvalle était Français.) Cette mise en situation imite celle des romans noirs anglais de la fin du XVIIIe siècle. Son atmosphère de soufre, son décor maçonnique, la complicité de la nuit, un vocabulaire particulier, tout concourt à créer une ambiance mystérieuse et surnaturelle. Déjà le narrateur se distingue par ses intrusions moralisatrices comme il le fera à maintes reprises au cours du roman dans des passages qui ressembleront étrangement à des sermons, parfois.

Pour amorcer l'action, qui débute quatorze ans plus tard, soit en novembre 1945, le romancier utilise une mise en scène semblable, en l'étoffant sensiblement : rues désertes, faubourg éloigné, pluie torrentielle, bourrasques de vent, ruelle et maison obscures. Tous les ingrédients se trouvent réunis pour la tenue d'une réunion secrète des francs-maçons. Quant au chapitre II, il découvre au lecteur les activités charitables de la Société Saint-Vincent-de-Paul auprès des pauvres. Comme dans un roman d'aventure, nous assisterons alternativement, tout au cours du roman, dans une sorte de mouvement de pendule, aux actions des bons et à celles des méchants. Ceux-ci sont associés aux francs-maçons, qui contrôlent de fait le parti conservateur au pouvoir et qui, sous couvert de protéger le *statu quo*, prônera l'union législative afin de briser l'influence cléricale et anéantir le catholicisme au Canada. Quant aux bons, ils préconisent la séparation de la province de Québec, seule option capable d'assurer la survie des francophones, de leur langue, de leur religion, de leur nationalité. Un parallèle manichéiste constant s'effectue donc tout au long de l'intrigue et de ses péripéties. Le roman se déroule selon une structure linéaire simple comportant à peine deux analepses explicatives à propos de quelques personnages : le chapitre III explique le début de la carrière médicale de Lamirande, quinze ans plus tôt, l'amitié qui le liait à Paul Leverdier, son mariage avec la sœur de celui-ci, puis la fondation d'un journal libre de toute attache

17

politique partisane, *la Nouvelle-France* ; au chapitre IV se trouvent expliqués les liens de sympathie qui unissent George Vaughan, le sceptique, à Lamirande, le chrétien convaincu, destiné par Dieu à « conduire au salut l'âme confiée à ses soins ».

Le roman prend résolument, à un moment donné, l'allure d'un récit d'aventure policière : réunions secrètes, complots, calomnies, filature, pressentiments, assassinats, enquête, accident prémédité, suicide. À partir du chapitre XX, en particulier, le roman politique tourne au roman policier, pour revenir, après le retournement dramatique survenu à la suite de la conversion de Vaughan et de son discours choc à la Chambre des Communes, au roman politico-religieux : les Canadiens français triomphent, la nationalité et la langue françaises sont sauvées. Lamirande, sa mission providentielle accomplie au prix de sacrifices personnels inouïs, se retire du monde et entre au monastère. On le retrouve ainsi au terme de sa vie, quelque part en France, en 1977. À l'espace satanique du début, l'auteur oppose l'espace chrétien de la fin.

Malgré une structure en apparence simple, Tardivel nous sert sans sourciller les rebondissements et les surprises même les plus invraisemblables : à la vision satanique initiale du prologue correspond la céleste apparition de Marie à son père mourant, dans l'épilogue ; Marie ressucite momentanément pour retourner aussitôt au Ciel, ce qui entraîne indirectement la conversion de Vaughan. Nous avons même droit à l'animation surnaturelle de la statue de saint Joseph, puis à une seconde apparition d'Eblis lors du suicide de Montarval qui meurt sans se repentir.

La progression dramatique suit un rythme variable fait de lenteurs et de piétinements, en particulier lors des dialogues et entretiens et surtout à l'occasion des débats de la Chambre, parfois ponctués d'arrêts brusques et de redémarrages soudains, de descriptions et de réflexions inspirées du plus pur romantisme. S'il convient d'insister sur la qualité assez remarquable de l'écriture — compte tenu, d'ailleurs, du fait que Tardivel n'apprit le français qu'à dix-sept ans — en revanche, on ne peut que remarquer la gaucherie des dialogues, en plus du caractère de prosélytisme religieux, nettement obsessionnel, du vocabulaire et de la langue. Nous pourrions reprocher à l'auteur quelques incohérences : les suites inexpliquées de l'amour secret que portait Hélène Leverdier à Joseph Lamirande, les conséquences du sauvetage de Saint-Simon par Lamirande, l'éclairage aveuglant du temple maçonnique alors que la ville subit une panne d'électricité... Mais l'ensemble du roman est d'un bon ouvrier qui a su mettre ses talents au service de sa cause. Il importe de le souligner car l'unique roman de Tardivel l'a fait connaître autant que son œuvre de journaliste et ses opuscules critiques. Ce roman, qui a inspiré plusieurs générations de nationalistes chrétiens, entre autres les militants de l'Association catholique de la jeunesse canadienne-française (ACJC), demeure, selon les commentateurs même les moins indulgents, un document précieux sur les idées ultramontaines du XIXe siècle.

GILLES DORION

POUR LA PATRIE

Ne laeteris inimica mea super me, quia cecidi : consurgam, cum sedero in tenebris, Dominus lus mea est.

Ô mon ennemie, ne vous réjouissez point de ce que je suis tombée ; je me relèverai après que je me serai assise dans les ténèbres ; le Seigneur est ma lumière

MICHAEAS, propheta, VII, 8.

Avant-propos

Le R. P. Caussette[1], que cite le R. P. Fayollat[2] dans son livre sur l'*Apostolat de la presse*, appelle les romans *une invention diabolique*. Je ne suis pas éloigné de croire que le digne religieux a parfaitement raison. Le roman, surtout le roman moderne, et plus particulièrement encore le roman français me paraît être une arme forgée par Satan lui-même pour la destruction du genre humain. Et malgré cette conviction j'écris un roman ! Oui, et je le fais sans scrupule ; pour la raison qu'il est permis de s'emparer des machines de guerre de l'ennemi et de le faire servir à battre en brèche les remparts qu'on assiège. C'est même une tactique dont on tire quelque profit sur les champs de bataille.

On ne saurait contester l'influence immense qu'exerce le roman sur la société moderne. Jules Vallès[3], témoin peu suspect, a dit : « Combien j'en ai vu de ces jeunes gens, dont le passage, lu un matin, a dominé, défait ou refait, perdu ou sauvé l'existence. Balzac, par exemple, comme il a fait travailler les juges et pleurer les mères ! Sous ses pas, que de consciences écrasées ! Combien, parmi nous, se sont perdus, ont coulé, qui agitaient au-dessus du bourbier où ils allaient mourir une page arrachée à la *Comédie humaine*... Amour,

25

vengeance, passion, crime, tout est copié, tout. Pas une de leurs émotions n'est franche. Le livre est là[4]. »

Le roman est donc, de nos jours une puissance formidable entre les mains du malfaiteur littéraire. Sans doute, s'il était possible de détruire, de fond en comble, cette terrible invention, il faudrait le faire, pour le bonheur de l'humanité ; car les suppôts de Satan le feront toujours servir beaucoup plus à la cause du mal que les amis de Dieu n'en pourront tirer d'avantages pour le bien. La même chose peut se dire, je crois, des journaux. Cependant, il est admis, aujourd'hui, que la presse catholique est une nécessité, même une œuvre pie. C'est que, pour livrer le bon combat, il faut prendre toutes le armes, même celles qu'on arrache à l'ennemi ; à la condition, toutefois, qu'on puisse légitimement s'en servir. Il faut s'assurer de la possibilité de manier ces engins sans blesser ses propres troupes. Certaines inventions diaboliques ne sont propres qu'à faire le mal : l'homme le plus saint et le plus habile ne saurait en tirer le moindre bien. L'école neutre, par exemple, ou les sociétés secrètes, ne seront jamais acceptées par l'Église comme moyen d'action. Ces choses-là, il ne faut y toucher que pour les détruire ; il ne faut les mentionner que pour les flétrir. Mais le roman, toute satanique que puisse être son origine, n'entre pas dans cette catégorie. La preuve qu'on peut s'en servir pour le bien, c'est qu'on s'en est servi *ad majorem Dei gloriam.* Je ne parle pas du roman simplement honnête qui procure une heure d'agréable récréation sans disposer dans l'âme des semences funestes ; mais du roman qui fortifie la volonté, qui élève et assainit le cœur, qui fait aimer davantage la vertu et haïr le vice, qui inspire de nobles sentiments, qui est, en un mot, la contrepartie du roman infâme.

Pour moi, le type du roman chrétien de combat, si je puis m'exprimer ainsi, c'est ce livre délicieux qu'a fait un père de la Compagnie de Jésus et qui s'intitule : *le Roman d'un Jésuite* [5]. C'est un vrai roman, dans toute la force du terme, et jamais pourtant Satan n'a été mieux combattu que dans ces pages. J'avoue que c'est la lecture du *Roman d'un Jésuite* qui a fait disparaître chez moi tout doute sur la possibilité de se servir avantageusement, pour la cause catholique, du roman proprement dit. Un ouvrage plus récent, *Jean-Christophe* [6], qui a également un prêtre pour auteur, n'a fait que confirmer ma conviction. Puisqu'un père jésuite et un curé ont si bien tourné une des armes favorites de Satan contre la Cité du mal, je me crois autorisé à tenter la même aventure. Si je ne réussis pas, il faudra dire que j'ai manqué de l'habileté voulue pour mener l'entreprise à bonne fin ; non pas que l'entreprise est impossible.

Un journal conservateur, très attaché au *statu quo* politique du Canada, répondant un jour à *la Vérité*, s'exprimait ainsi : « L'aspiration est une fleur d'espérance. Si l'atmosphère dans laquelle elle s'épanouit n'est pas favorable, elle se dessèche et tombe ; si, au contraire, l'atmosphère lui convient, elle prend vigueur, elle est fécondée et produit un fruit; mais si quelqu'un s'avise de cueillir ce fruit avant qu'il ne soit mûr, tout est perdu. La maturité n'arrive qu'à l'heure marquée par la Providence, et il faut avoir la sagesse d'attendre [7]. »

Dieu a planté dans le cœur de tout Canadien français patriote « une fleur d'espérance. » C'est l'aspiration vers l'établissement, sur les bords du Saint-Laurent, d'une Nouvelle-France dont la mission sera de continuer sur cette terre d'Amérique l'œuvre de civilisation chrétienne que la vieille France a poursuivi avec tant de gloire pendant de si longs siècles. Cette aspiration nationale, cette fleur d'espérance de tout un peuple, il lui faut une atmosphère favorable pour se développer, pour prendre vigueur et produire un fruit. J'écris ce livre pour contribuer, selon mes faibles moyens, à l'assainissement de l'atmosphère qui entoure cette fleur précieuse ; pour détruire, si c'est possible, quelques-unes des mauvaises herbes qui menacent de l'étouffer.

La maturité n'arrive qu'à l'heure marquée pas la divine Providence, sans doute. Mais l'homme peut et doit travailler à empêcher que cette heure providentielle ne soit retardée ; il peut et doit faire en sorte que la maturation se poursuive sans entraves. Accuse-t-on le cultivateur de vouloir hâter indûment l'heure providentielle lorsque, le printemps, il protège ses plants contre les vents et les gelées et concentre sur eux les rayons du soleil ?

Entre l'activité inquiète et fiévreuse du matérialiste qui, dans son orgueil et sa présomption, ne compte que sur lui-même pour réussir, et l'inertie du fataliste qui, craignant l'effort, se croise les bras et cherche à se persuader que sa paresse n'est que la confiance en Dieu ; entre ces deux péchés opposés, et à égale distance de l'un et de l'autre, se place la vertu chrétienne qui travaille autant qu'elle prie ; qui plante, qui arrose et qui attend de Dieu la croissance.

Que l'on ne s'étonne pas de voir que mon héros, tout en se livrant aux luttes politiques, est non seulement un croyant mais aussi un pratiquant, un chrétien par le cœur autant que par l'intelligence. L'abbé Ferland nous dit, dans son histoire du Canada[8], que « dès les commencements de la colonie, on voit la religion occuper partout la première place ». Pour atteindre parmi les nations le rang que la Providence nous destine, il nous faut revenir à l'esprit des ancêtres et remettre la religion partout à la première place ; il faut que l'amour de la patrie canadienne-française soit étroitement uni à la foi en Notre-Seigneur Jésus-Christ et au zèle pour la défense de son Église. L'instrument dont Dieu se servira pour constituer définitivement la nation canadienne-française sera moins un grand orateur, un habile politique, ou un fougueux agitateur, qu'un parfait chrétien qui travaille qui s'immole et qui prie : moins un Kossuth[9] qu'un Garcia Moreno[10].

Peut-être m'accusera-t-on de faire des rêves patriotiques qui ne sauraient se réaliser jamais.

Ces rêves — si ce ne sont que des rêves — m'ont été inspirés par la lecture de l'histoire de la Nouvelle-France la plus belle des temps modernes, parce qu'elle est la plus imprégnée du souffle apostolique et de l'esprit chevaleresque. Mais sont-ce purement des rêves ? Ne peut-on pas y voir plutôt des espérances que justifie le passé, des aspirations réalisables vers un avenir que la Providence nous réserve, vers l'accomplissement de notre destinée nationale ?

Rêves ou aspirations, ces pensées planent sur les lieux que j'habite ; sur ces hauteurs, témoins des luttes suprêmes de nos pères ; elles sortent de ce sol qu'on arrosé de leur sang les deux races vaillantes que j'aime, je puis le dire, également, parce qu'également j'appatiens aux deux.

Ma vie s'écoule entre les plaines d'Abraham et les plaines de Sainte-Foye, entre le champ de bataille où les Français ont glorieusement succombé et celui où glorieusement ils ont pris leur revanche. Est-il étonnant que dans cette atmosphère que des héros ont respirée, il me vienne des idées audacieuses ; qu'en songeant aux luttes de géants qui se sont livrées jadis ici pour la possession de la Nouvelle-France, j'entrevoie pour cet enjeu de combats mémorables un avenir glorieux ? Est-il étonnant que, demeurant plus près de Sainte-Foye que des plaines d'Abraham, je me souvienne sans cesse que la dernière victoire remportée sur ces hauteurs fut une victoire française ; que, tout anglais que je suis par un côté, j'aspire ardemment vers le tiomphe définitif de la race française sur ce coin de terre que la Providence lui a donné en partage et que seule la Providence pourra lui enlever ?

Pendant vingt années de journalisme, je n'ai guère fait autre chose que de la polémique. Sur le terrain de combat où je me suis constamment trouvé, j'ai peu cultivé les fleurs, visant bien plus à la clarté et à la concision qu'aux ornements du style. Resserré dans les limites étroites d'un journal à petit format, j'ai contracté l'habitude de condenser ma pensée, de l'exprimer en aussi peu de mots que possible, de m'en tenir aux grandes lignes, aux points principaux. Qu'on ne cherche donc pas dans ces pages le fini exquis des détails qui constitue le charme de beaucoup de romans. Je n'ai pas la prétention d'offrir au public une œuvre littéraire délicatement ciselée ni une étude de mœurs patiemment fouillée : mais une simple ébauche où, à défaut de gracieux développements, j'ai tâché de mettre quelques idées suggestives que l'imagination du lecteur devra compléter.

Si tel homme public, journaliste, député ou ministre, retrouve dans ces pages certaines de ses thèses favorites sur les lèvres ou sous la plume de personnages peu recommandables, qu'il veuille bien croire que je combats, non sa personne, mais ses doctrines.

J.-P. Tardivel, 1895

30

Notes

1. Père Caussette (1819-1880) prédicateur doué et organisateur de l'Institut catholique de Toulouse.
2. Père Fayollat, *Apostolat de la presse*. Paris, Delhomme et Briguet, 1892, 268 p.
3. Jules Vallès (1832-1885) romancier et journaliste français qui participa à la Commune de Paris et dut s'exiler à Londres.
4. Citation du père Fayollat.
5. Gabriel de Beugny d'Hagerue, *le Roman d'un Jésuite*. Paris, V. Palmé, 1887, 452 p.
6. Paul Deschamps, *Jean-Christophe*. Langres, Maitries et Courtot, 1893, 520 p.
7. *La Minerve*, 11 septembre 1894.
8. Jean-Baptiste-Antoine Ferland, *Cours d'histoire du Canada*. Québec, A. Côté et cie, 1861-65, 2 volumes.
9. Louis Kossuth (1802-1894) révolutionnaire hongrois.
10. Garcia Moreno (1821-1875) président de l'Équateur qui essaya d'intaurer une dictature où seuls les catholiques pratiquants pouvaient voter et occuper les postes de l'État.

Prologue

Eblis ! Eblis ! Esprit de lumière ! Éternel Persécuté ! Dieu vaincu mais vengeur ! Moi, ton Élu, moi, ennemi juré de ton ennemi Adonaï, je t'invoque. Apparais à mes yeux, âmes de l'univers ! Esprit de feu, viens affermir ce bras consacré à ton œuvre de destruction et de vengeance ! Viens me guider dans la lutte contre le Persécuteur !

Ainsi parlait un tout jeune homme, debout devant une sorte d'autel où brûlaient des parfums. Au-dessus de l'autel était un immense triangle lumineux.

L'aspect du jeune homme était en harmonie avec ses terribles paroles. Son œil noir flamboyait, ses traits, que la nature avait faits très beaux, étaient bouleversés par la haine. Tout chez lui portait l'empreinte de la passion, de la vengeance, et d'une sombre énergie.

Autour de lui s'étalaient des meubles d'une grande richesse. Des objets d'art, des statues, des tableaux respirant la plus affreuse luxure ornaient la pièce au fond de laquelle s'élevait l'autel satanique.

Du dehors venaient, confus et indistincts, les bruits de la grande ville. Car bien que la nuit fût déjà fort

33

avancée, Paris, dans ces jours de trouble qui marquèrent la fin de l'année 1931, dormait peu.

À peine le jeune homme eut-il cessé de parler qu'une forme vague apparut entre l'autel et le triangle, au milieu de la fumée des parfums. Ou plutôt, c'était la fumée même qui, au lieu de monter en bouffées irrégulières, comme auparavant, prenait cette forme mystérieuse.

Le luciférien frémit.

— Eblis ! Eblis ! s'écria-t-il, tu viens ! tu viens !

Rapidement, la forme devint de moins en moins confuse. Ses contours se découpèrent nettement. C'était la forme que les artistes donnent aux anges. L'apparition était lumineuse ; mais sa lumière n'était pas éclatante et pure ; elle était comme troublée et obscurcie. Le visage du fantôme était voilé.

— Eblis ! s'écria le jeune homme de plus en plus exalté, parle à ton Élu ! Dis-lui où il doit aller, ce qu'il faut faire pour travailler au triomphe de ta cause, pour te venger d'Adonaï ?

Une voix qui n'avait rien d'humain, un murmure qui semblait venir de loin, et qui parlait plutôt à l'intelligence qu'à l'oreille, répondit :

— Traverse les mers, rends-toi sur les bords du Saint-Laurent où tes ancêtres ont jadis planté l'Étendard de mon éternel Ennemi. C'est là que ton œuvre t'attend. La Croix est encore debout sur ce coin du globe. Abats-la. Compte sur mes inspirations.

La voix se tut. L'apparition s'évanouit. À sa place, il n'y avait que la fumée des parfums qui montait en spirales vers le triangle.

Chapitre I

Omnis enim qui male agit, odit lucem.
Quiconque fait le mal, hait la lumière.

JOAN, III, 20.

— Quelle nuit ! Il fait noir comme au fond d'une caverne.

— C'est bien la nuit qu'il faut pour nous. Suis-moi et ne parle pas.

Les deux hommes qui ont échangé ces paroles quittent, à pas précipités, une belle maison située sur une des principales rues de Québec, et se dirigent, par les voies les moins fréquentées, vers l'un des faubourgs. Ils ont, du reste, peu de difficulté à se dérober aux regards des passants, car les rues sont désertes. Il fait une nuit terrible. La pluie tombe par torrents, une pluie froide, poussée par le vent du nord-est qui mugit autour des maisons et les ébranle jusque dans leurs fondements. Les lumières électriques sont éteintes ; la tempête qui sévit depuis deux jours a complètement désorganisé le service.

C'est une nuit au commencement de novembre de l'année 1945.

Une bourrasque, plus violentes que les autres, s'abat sur la ville. La pluie tourmentée devient poussière ; et le vent, s'engouffrant dans les cheminées, hurle lugubrement.

— Brrr ! fait celui qui a parlé le premier. On dirait que tous les diables sont déchaînés ! Est-ce loin encore ?

— Nous y serons dans un instant, dit son compagnon. Mais, pour moi, j'aime la tempête qui brise les croix, qui renverse les églises, qui fait trembler les hommes. C'est le souffle du grand Persécuté qui passe, Dieu de la nature ! Il secouera ses chaînes. Il triomphera. Il écrasera son éternel Ennemi. Il se délivrera lui-même et nous délivrera avec lui de la tyrannie d'Adonaï. Oui, j'aime tout ce qui est force, tout ce qui est rage, tout ce qui est fureur, tout ce qui renverse, tout ce qui brise, tout ce qui détruit.

En parlant ainsi, cet homme s'est arrêté. Son regard levé vers le ciel est aussi sombre que la nuit. Sa main fermée fait un geste de menace, et ses paroles de blasphème sortent en sifflant entre ses dents fortement serrées.

— Tu parles comme un vrai kadosch* ! fait l'autre, avec un accent légèrement ironique.

— Et toi, on dirait parfois que tu es un adonaïte** déguisé !

Puis ils continuent leur route en silence.

Les deux compagnons arrivent bientôt à une ruelle plus obscure encore que les rues environnantes. Ils s'y engagent furtivement, et frappent, d'une manière particulière, à la porte d'une habitation basse dont toutes les fenêtres sont fermées par de solides volets. Il y a rapide échange de mots de passe ; puis la porte s'entrouve et les deux ouvriers de ténèbres se glissent plutôt qu'ils n'entrent dans la maison.

---

*   Kadosch ou Kadoche, grade transcendant de la franc-maçonnerie.

** Adonaïte, personne qui croit en Adonaï, en Dieu.

Ouvriers de ténèbres ! Oui, car c'est dans cette maison obscure que se réunit le conseil central de la Ligue du Progrès de la province de Québec. Cette ligue n'est rien autre chose que la franc-maçonnerie organisée en vue des luttes politiques. Sauf le nom et certaines singeries jugées inutiles, c'est le carbonarisme* : même organisation, même but, mêmes moyens d'action.

La province de Québec a marché rapidement dans les voies du progrès moderne depuis quarante ans. Les grands bouleversements sociaux dont la France fut le théâtre au commencement du vingtième siècle, ont jeté sur nos rives un nombre considérable de nos cousins d'outre-mer. Parmi ces immigrants quelques bons sont venus renforcer l'élément sain et vraiment catholique de notre population. Mais la France mondaine, sceptique, railleuse, impie et athée, la France des boulevards, des théâtres, des cabarets, des clubs et des loges, la France ennemie déclarée de Dieu et de son Église a aussi fait irruption au Canada. Depuis longtemps les théâtres sont florissants à Québec et à Montréal, et des troupes de comédiens font des tournées dans les principaux centres : Trois-Rivières, Saint-Hyacinthe, Joliette, Saint-Jean, Sorel, Chicoutimi, gâtant les mœurs, ramollissant les caractères. La littérature corruptrice qui sort de Paris comme un fleuve immonde se répand sur notre pays depuis plus d'un demi-siècle. Elle a porté ses fruits de mort. Grand nombre de cœurs ont été empoisonnés, et de ces cœurs gâtés s'élève un souffle pestilentiel qui obscurcit les intelligences. La foi baisse.

---

* Le carbonarisme désigne l'action d'une société politique secrète, formée au XIXe siècle, en Italie, pour le triomphe des idées libérales.

Tous le voient, tous l'admettent aujourd'hui. Il y a encore beaucoup de bon dans les campagnes, dans les masses profondes des populations rurales ; mais les gens de bien sont paralysés par l'apathie et la corruption des classes dirigeantes.

Ne nous étonnons donc pas de retrouver dans notre pays, au milieu du vingtième siècle, toutes les misères que la France et les autres pays de l'Europe connaissaient déjà au siècle dernier.

Entrons maintenant avec les deux hommes que nous avons suivis ; entrons avec eux dans cette salle brillamment éclairée des réunions nocturnes de la ligue antichrétienne. Sur les murs, on voit différents emblèmes sataniques. Plusieurs frères causent entre eux. Le fauteuil du président est encore inoccupé.

À l'arrivée des deux sectaires dont nous avons entendu la conversation, tous les assistants se lèvent et s'inclinent. Celui des deux qui a blasphémé se rend tout droit au fauteuil, et ouvre la séance. C'est le maître. À la lumière qui inonde la salle nous voyons la figure de cet hommes aux paroles terribles. Sur ces traits, d'une régularité parfaite, sont écrites toutes les passions, l'orgueil et la haine surtout. Son âme, qui se réflète dans ses yeux flamboyant, est noire comme la nuit qu'il fait au dehors, violente comme la tempête qui bouleverse en ce moment la nature. C'est la nuit et la tempête incarnées. Pourtant, cet homme sait se contenir. Et c'est à cette rage contenue, à cette rage qu'on entend gronder sans cesse comme un feu souterrain, mais qui éclate rarement, qu'il doit son empire sur ceux qui l'entourent. Il les domine et les captive.

—Frères, dit la président, je vous ai réunis ce soir pour conférer avec vous sur une matière de la plus haute importance. Personne d'entre vous n'ignore les grands événements politiques qui se sont produits depuis quelques jours. Avant-hier, grâce à nos efforts, grâce à notre entente avec nos frères des autres provinces, la législature de Québec s'est prononcée selon nos désirs. Il ne restait plus qu'elle sur notre chemin, vous le savez. Maintenant, il faut concentrer toutes nos forces et toutes nos ressources sur le parlement fédéral. C'est là que la grande et décisive bataille doit se livrer contre la superstition et la tyrannie des prêtres. Si nous remportons la victoire, c'en est fait à tout jamais du cléricalisme en ce pays...

— Et de notre nationalité, et de notre langue aussi, dit celui qui avait accompagné le président.

— Qu'importe la nationalité, qu'importe la langue, reprend le maître, en lançant à son interrupteur un regard chargé de sombres éclairs. Qu'importent ces affaires de sentiment si, en les sacrifiant, nous parvenons à écraser l'Infâme, à déraciner du sol canadien la croix des prêtres, emblème de la superstition, étendard de la tyrannie. J'ai déjà dit à celui qui m'a interrompu qu'il semble parfois être un adonaïte déguisé. Je le lui répète, et j'ajoute : qu'il prenne garde à lui !

— Pourtant, maître, fait un sectaire, il faut admettre que notre secrétaire, le frère Ducoudray, rend de nobles services à la cause par son excellent journal *la Libre Pensée*. S'il y a une feuille anticléricale dans le pays, c'est bien *la Libre Pensée*, n'est-ce-pas ?

— Je le sais, poursuit le président, en faisant un grand effort pour se contenir. Mes paroles ont été sans doute trop vives ; j'en demande pardon au frère Ducoudray. J'admire son talent et le zèle anticlérical qu'il déploie dans la rédaction de *la Libre Pensée*. Mais je ne puis m'empêcher de craindre pour lui, car je sais qu'il a été élevé dans la superstition.

— Il y a pourtant longtemps que j'ai brisé avec elle, dit Ducoudray.

— Assez ! fait le maître. N'en parlons plus ! Je disais donc que la bataille décisive doit se livrer à Ottawa. Nous avons à choisir entre le *statu quo*, l'union législative et la séparation des provinces. Vous le savez, c'est l'union législative que nous convoitons ; c'est par elle que nous briserons l'influence des prêtres, que nous étoufferons la superstition, que nous répandrons la vraie lumière, que nous délivrerons le peuple du joug infâme qu'il porte depuis des siècles. Pour réussir il faut de la hardiesse, sans doute ; mais aussi de la prudence, une tactique savante, une stratégie habile. Voici notre plan de campagne en deux mots : *l'union législative sous le manteau du statu quo*. Nous n'arriverons pas à l'union par le chemin direct. Les masses du peuple de cette province sont encore trop fanatisées, trop dominées par les prêtres pour que nous puissions leur faire accepter l'union législative si nous leur présentons ouvertement notre projet. Ce serait nous exposer à une défaite certaine...

— Faut-il donc que *la Libre Pensée* change de tactique ? demanda Ducoudray quelque peu intrigué.

— Pas du tout, reprend le président. Au contraire, vous devez faire plus de tapage que jamais en faveur de l'union législative. Mais vous aurez besoin de dire que vous la demandez uniquement en vue de l'économie et du progrès matériel du pays. Gardez-vous bien de laisser échapper le moinde aveu touchant le véritable but que nous voulons atteindre par l'union législative. Pendant que *la Libre Pensée* et son école demanderont l'union législative à hauts cris, je ferai de la diplomatie. Ne soyez pas surpris si, au premier jour, je tourne ostensiblement le dos ou mouvement unioniste ; si je passe armes et bagages dans le camp du *statu quo* ; si je deviens l'un des chefs de ce parti. Vous, Ducoudray, vous m'attaquerez alors avec cette belle violence de langage qui vous est habituelle ; vous me dénoncerez comme conservateur outré, comme réactionnaire. Appelez-moi clérical, si vous voulez. Ces attaques me vaudront la confiance des conservateurs ; et cette confiance me permettra de manœuvrer à mon aise.

— Et que faudra-t-il dire de Lamirande et de sa bande de fanatiques ? interroge Ducoudray.

— Tout ce que vous avez dit jusqu'ici, et même davantage, si c'est possible. Vous direz qu'ils ne demandent la séparation que par ambition personnelle, et par fanatisme ; que s'ils y réussissent, leur premier soin sera de rétablir l'Inquisition, de faire voter des lois pour forcer tout le monde à assister à la basse messe six fois la semaine, et à la grand-messe et aux vêpres, le dimanche...

— Avec abonnement obligatoire au journal de Leverdier pour tous les pères de famille !

— Très bien! frère Ducoudray, je vois que vous saisissez parfaitement mon idée, et je suis convaincu que vous la traduirez fidèlement. En accablant les cléricaux et les *ultramontés* de ridicule, vous convaincrez les conservateurs de la nécessité de se maintenir dans leur juste milieu et d'éviter les deux extrêmes, l'extrême radical et l'extrême catholique. C'est dans cette disposition d'esprit que je les veux pour leur faire accepter plus sûrement mes projets.

Pendant plus d'une heure encore, ces ouvriers de ténèbres continuent ainsi leur œuvre. Puis, ils se dispersent et s'en vont comme ils sont venus, à la dérobée.

Chapitre II

Quam malae famae est, qui derelinquit patrem.

Combien est infâme celui qui abandonne son père.

ECCLI. III, 18.

Le même soir, il se passait, dans un autre endroit de Québec, une scène bien différente. Malgré le temps affreux, plusieurs membres de la Saint-Vincent-de-Paul s'étaient rendus à la sacristie de la basilique pour assister à la réunion hebdomadaire de la conférence Notre-Dame.

Parmi les assistants était le Dr Joseph Lamirande. Celui-là, il n'y avait pas de tempête capable de le faire manquer à un devoir quelconque. Il pouvait avoir quarante ans. Sa figure grave et douce exprimait une très grande énergie tempérée par la bonté. Personne ne se souvenait de l'avoir entendu rire ni de l'avoir vu triste ou sombre. Mais s'il ne riait guère, souvent, lorsqu'il parlait, un beau sourire illuminait ses traits et sa voix prenait des accents d'une tendresse infinie. Arrivée à la conférence, il était allé s'asseoir sur le dernier banc, au milieu d'un groupe d'ouvriers, et se mêla à leur conversation.

Après la prière et la lecture d'usage, le président de la conférence prit la parole :

—Messieurs, plusieurs personnes m'ont averti ce matin qu'un vieillard, venu on ne sait d'où, se trouve dans un galetas de la rue de l'Ancien Chantier, au Palais, où il est allé se réfugier. Il est malade, évidemment, et paraît être dans un dénuement absolu. Il parle peu à ceux qui le questionnent et ne veut pas dire son nom. Ce n'est pas lui-même qui demande de l'assistance ; ce sont quelques gens du voisinage qui ont cru devoir appeler l'attention de la conférence sur ce cas quelque peu extraordinaire. On craint que cet étrange vieillard ne meure de faim et de misère si la Saint-Vincent-de-Paul ne s'occupe de lui immédiatement. Je crois que nous devons ordonner une visite d'enquête pour demain matin.

Après un instant de silence :

—Personne ne s'y oppose ? Eh bien ! la visite d'enquête est ordonnée. Qui va s'en charger ? Le Dr Lamirande voudra bien la faire avec M. Saint-Simon qui n'est pas ici, mais qui accompagnera sans doute volontiers le docteur. Si quelqu'un peut faire du bien à l'âme et au corps de ce malheureux vieillard, c'est bien vous, docteur.

—Je ferai mon possible, monsieur le président, et dès demain matin.

Le lendemain matin, fidèle à sa promesse, Lamirande accompagné de M. Hercule Saint-Simon, directeur du *Progrès catholique*, se rend au Palais.

Quel ironie dans ce nom ! Jadis, « du temps des Français », s'élevait dans ce quartier le palais de l'Intendant. Mais il y a longtemps que cet édifice est tombé en ruines et que les ruines mêmes sont disparues. De l'ancienne splendeur du palais il ne reste plus que le nom donné à un quartier de la ville, et plus particulièrement à une petite localité située entre Saint-Roch et la Basse-Ville. Le souvenir même de l'ancien palais est tellement effacé que beaucoup de personnes se demandent pourquoi ce quartier se nomme ainsi. Par une étrange vicissitude de la fortune, l'endroit appelé plus particulièrement le Palais est devenu le quartier pauvre par excellence. Que de misères, morales et physiques, s'entassent dans ces logements délabrés, mal éclairés, malpropre, souvent infects !

— Oh, la triste chose que la pauvreté ! dit Saint-Simon. Elle est la cause de tout le mal moral et physique dans le monde.

— Elle est sans doute triste, répond Lamirande, puisqu'elle est un des fruits amers du premier péché ; mais elle est plutôt triste dans sa cause que dans ses effets. Jésus-Christ, ne l'oublions pas, mon ami, était pauvre. Il a béni et ennobli la pauvreté, et Il nous a laissé les pauvres comme ses représentants. S'il n'y avait point de misères morales et corporelles à soulager, sur quoi s'exercerait la sainte charité ? Et sans la charité que deviendrait le monde livré à l'égoïsme ? Cette terre cesserait d'être une vallée de larmes, soit, mais elle deviendrait un vaste et horrible désert.

— Vous avez peut-être raison, théoriquement, mais en pratique je trouve la pauvreté très incommode, répliqua Saint-Simon.

— Mais vous n'êtes pas pauvre, vous, dit Lamirande en souriant. Vous badinez. Par pauvreté, on entend le manque du nécessaire ou du très utile.

— Tout est relatif dans le monde, fait son compagnon. Sans doute, si vous me comparez à celui que nous allons visiter, je ne suis pas pauvre. Mais comparé à d'autres, à Montarval, par exemple, je le suis affreusement.

— Pourtant, celui qui peut se donner le nécessaire et même l'utile n'a pas le droit de se dire pauvre. Il est permis, sans doute, de travailler à rendre sa position matérielle meilleure, mais à la condition de ne point murmurer contre la Providence si nos projets ne réussissent pas au gré de nos désirs. La richesse que vous souhaitez serait peut-être une malédiction pour vous. Soyons certains, cher ami, que Dieu, qui nous aime, nous donne à chaqun ce qui nous convient davantage. Il connaît mieux que nous nos véritables besoins.

— L'*Aurae mediocritas*, soupira le journaliste, convient aux esprits médiocres, à ceux qui n'ont point d'ambition, qui vivent au jour le jour, qui n'aspirent pas à la gloire, au pouvoir, qui ne rêvent pas de grandeurs, qui se renferment dans leur petit négoce et dont l'horizon se borne à la porte de leur boutique ou au bout de leur champ. À ceux-là l'*heureuse médiocrité* chantée par les poètes. Mais ceux qui, comme vous et moi, vivent de la vie intellectuelle, devraient être riches, l'homme qui travaille de la tête du matin au soir, qui pense pour ses semblables, qui leur fournit des idées, a besoin, pour se reposer, pour se retremper, d'un certain luxe matériel. Non seulement il en a besoin, il y a droit. Du reste, de nos jours, la richesse, c'est le pouvoir. Pour faire le bien, il faut être riche, absolument. Que voulez-vous qu'un pauvre diable, comme vous ou moi, fasse dans le monde moderne ? Si nous étions riches, quels ravages ne ferions-nous pas dans le camp ennemi !

En parlant ainsi Saint-Simon s'était exalté peu à peu. Il gesticulait avec violence. Lamirande le regardait avec piété et terreur.

— Pauvre ami, dit-il, ce sont là de bien fausses idées qui vous sont venues je ne sais d'où. Pour les réfuter en détail il me faudrait plus de loisir que je n'en ai ce matin. D'ailleurs, vous devez sentir vous-même que ce sont de misérables sophismes : car vous n'ignorez pas que les grandes choses, même dans l'ordre purement humain, n'ont guère été accomplies par les riches. C'est une tentation, mon ami, repoussez-là par la prière.

Saint-Simon haussa les épaules et secoua la tête, mais ne répondit pas.

Lamirande et son compagnon, arrivés à destination, pénètrent dans une misérable baraque ; ils montent trois escaliers branlants et s'arrêtent à la porte d'une petite chambre sous les combles. Le docteur frappe et une voix aigrie lui dit d'entrer. Il ouvre la porte et un spectacle navrant se présente à ses regards; une chambre basse, sombre, nue, froide et sale ; au fond de la pièce un pauvre grabat sur lequel est étendu un vieillard. L'œil exercé de Lamirade lit sur le visage de cet homme les ravages de la maladie, ou plutôt de la faim et de la misère. Il voit non moins distinctivement les traces d'une grande souffrance morale. Ce vieillard n'est pas un pauvre ordinaire. Ses habits, d'une coupe élégante et assez propres encore, forment un singulier contraste avec l'affreux aspect de la chambre. Lamirande s'approche du lit et regarde attentivement le vieillard.

—Où ai-je donc vu ces traits ? se dit-il en lui-même.

Puis tout haut :

—Mon cher monsieur, vous paraissez souffrant. Nous sommes venus, mon ami et moi, vous porter secours. Vous avez besoin de manger, sans doute ; vous avez besoin de remèdes et de soins. Ne voulez-vous pas que je vous fasse entrer à l'Hôtel-Dieu ? Vous y seriez infiniment mieux qu'ici...

Une expression pénible et amère contracta le visage du vieillard.

— Non, dit-il, je veux mourir ici ; quelqu'un m'enterrera, ne serait-ce que pour se débarrasser de mon cadavre.

— Il ne s'agit pas de vous enterrer, mon cher monsieur, dit Lamirande, mais de vous soigner et de vous guérir.

— Pourquoi vous intéressez-vous à moi ? dit le vieillard. Je ne vous connais pas, vous ne me connaissez pas... Je n'ai pas d'ami...

— Oh oui ! vous avez des amis. Nous ne vous connaissons pas, il est vrai, mais nous voyons que vous êtes seul, que vous êtes malade, que vous êtes un membre souffrant de Jésus-Christ. Cela suffit pour vous donner droit à notre amitié...

— Qui êtes-vous ? Pourquoi venez-vous ici ? Que ne me laissez-vous pas mourir en paix ?

— Je m'appelle Lamirande. Je suis venu ici parce que la société Saint-Vincent-de-Paul m'a envoyé vous voir et vous soulager. Quant à mourir, êtes-vous bien sûr de mourir en paix ?

En prononçant ces dernières paroles d'une voix émue, Lamirande jeta sur le vieillard un regard pénétrant. L'étranger se troubla. Lamirande continua :

— Ayez donc confiance en moi ; dites-moi qui vous êtes, d'où vous venez et pourquoi vous êtes dans ce misérable galetas ? Dites-moi ce que nous pouvons faire pour vous ?

Le lèvres du vieillard frémirent, ses yeux se mouillèrent.

— Vous êtes réellement bons, tous deux, dit-il. Pardonnez-moi si je vous ai si mal reçus tout à l'heure. J'ai le cœur plein d'amertume et il déborde. Mais je n'ai besoin de rien, laissez-moi, je vous en prie. Peu vous importe mon nom, peu vous importe mon histoire.

Et l'étranger dirigea son regard vers Saint-Simon. Lamirande crut comprendre que le pauvre abandonné ne voulait pas parler en présence de deux personnes. Aussi prit-il la détermination de revenir seul.

Après avoir échangé encore quelques paroles avec leur étrange protégé, les deux visiteurs prirent congé de lui et dirigèrent leurs pas vers d'autres réduits où des pauvres plus loquaces et plus communicatifs les attendaient.

Deux heures plus tard, Lamirande, se trouvant libre, retourna seul auprès du vieillard. En gravissant le dernier escalier, il ne put s'empêcher de saisir ce bout de conversation :

— Alors je vous mettrai en pension quelque part à la campagne. Il m'est impossible de faire plus.

— Je te le répète, fils dénaturé, je mourrai dans ce galetas. Je n'accepterai pas cette bouchée de pain que tu me jettes comme à un chien. Tu as honte de moi ! Eh bien! tu ne seras pas longtemps exposé à rougir de ton père !

À ce moment Lamirande frappa à la porte entrouverte.

— C'est sans doute quelque pauvre voisin du quartier, dit tout bas le vieillard à son fils. Va ouvrir. On croira que c'est une simple visite de charité que tu fais à un étranger malade.

La porte s'ouvrit et Lamirande se trouva face à face avec Aristide Montarval, jeune Français, riche, brillant, établi au Québec depuis plusieurs années. Sans être amis, les deux hommes se connaissaient bien. Un instant ils échangèrent un regard qui valait de longues explications. Lamirande put lire sur le visage du jeune Français, le dépit, la crainte, la colère, la rage même ; tandis que Montarval resta comme interdit sous l'empi-

49

re de ces yeux qui, il le sentait bien, plongeaient jusqu'au fond de son âme.

Ce fut cependant Montarval qui, payant d'audace, rompit le silence :

— Que venez-vous faire ici ? dit-il sur un ton hautain et provocateur.

Je viens soulager votre père, puisque vous l'abandonnez aux soins des étrangers, répondit Lamirande avec calme.

— Ah ! c'est comme cela que vous écoutez aux portes hypocrite que vous êtes, s'écria Montarval hors de lui-même.

Lamirande ne daigna pas lui répondre et l'écartant d'un geste, il pénétra dans la chambre et se rendit auprès du vieillard que cette scène avait fortement ému.

— Monsieur, lui dit Lamirande, en montant l'escalier, j'ai surpris bien involontairement votre secret. Souffrez que je vous amène chez moi.

Le vieillard fondit en larmes.

— Oh ! dit-il, que vous êtes bon ! mais je ne puis accepter votre offre. Je veux mourir ici inconnu, afin que mon fils n'ait pas honte de moi. Car c'est mon fils unique, et je l'aime, malgré tout ce qu'il m'a fait souffrir.

En parlant ainsi, le vieillard s'était assis sur son grabat. Lamirande put constater la ressemblance entre les traits du père et ceux du fils. Deux visages assombris, l'un par le chagrin, l'autre par les passions. Le père inspirait de la sympathie, le fils, une invincible répugnance.

Lamirande s'assied à côté du vieillard, et passe doucement son bras autour de lui pour le soutenir.

— Parlez, monsieur, épanchez votre cœur, cela vous soulagera.

—Ah ! mon fils, poursuivit le vieillard, comme s'il parlait à lui-même, je ne le maudis pas, car s'il est mauvais aujourd'hui, c'est ma faute. je l'ai élevé sans correction, j'ai laissé ses caprices, ses funestes penchants grandir avec lui. Il me semblait que c'était là de l'amour paternel. Aujourd'hui je vois ma folie. Il m'a ruiné. Puis il a quitté la France, il y a bien des années. Je ne savais pas où il était, car il ne m'écrivait jamais. Ce fut par hasard que je vis dans un journal canadien, qu'il était établi à Québec, qu'il était riche. Je l'aimais toujours, et résolus de venir le retrouver, car j'étais si seul. Ah ! que ne suis-je resté là-bas, dans ma solitude. J'étais pauvre, j'avais du chagrin en pensant à mon fils absent ; mais au moins je n'avais pas le cœur brisé comme il l'est aujourd'hui... J'avais juste assez de petites économies pour payer mon passage à Québec. En arrivant ici je me suis rendu tout droit chez mon fils...

La voix du vieillard s'étouffa dans les sanglots. Après quelques instants, il continua :

—Le malheureux ! il ne voulut pas reconnaître son père ! Il me traita d'imposteur, me mit à la porte de sa maison et me dit, avec des menaces, de ne plus jamais mettre les pieds. Vous comprenez le reste. Je me suis réfugié ici pour mourir.

Lamirande, vivement impressionné par ce récit, laissa le vieillard pleurer en silence pendant quelques instants, le soutenant toujours. Puis il l'interrogea doucement.

—Mais si votre fils n'a pas voulu vous reconnaître, comment se fait-il donc qu'il soit venu vous trouver ici ?

—Je voudrais croire à un mouvement de repentir, mais hélas ! par ce qu'il m'a dit, je vois trop qu'il n'a agi que par peur du scandale. Il a craint que mon histoire ne fût connue... Il a voulu m'envoyer dans un hôpital ou me mettre en pension à la campagne. Il rougirait d'avoir son vieux père chez lui. Je ne puis accepter le morceau de pain qu'il me jette... C'était son cœur que je voulais ; il me le refuse... Je n'ai qu'à mourir inconnu pour lui épargner la honte...

Un nouveau paroxysme de sanglots l'empêcha de continuer.

Pendant que le vieillard exhalait ainsi la douleur, le fils avait allumé un cigare, et, le dos tourné vers le lit, il regardait par la fenêtre, tambourinant sur les vitres crasseuses. Profitant de l'interruption dans les confidences de son père, il se retourna vivement. Il avait un reflet de l'enfer dans les yeux. Cependant, il refoula sa rage avec un calme apparent.

— Il me semble que voilà bien des paroles inutiles. Je ne veux pas, je ne puis pas m'embarrasser de ce vieillard. Que ferais-je de lui chez moi, moi qui suis garçon ? Je lui fais une offre raisonnable et il la refuse. Que voulez-vous que je fasse ?

Et le fils dénaturé se dirigea vers la porte.

Lamirande qui soutenait toujours le vieillard prêt à défaillir, s'écria :

— Mais c'est épouvantable ce que vous dites là, monsieur Montarval. Est-ce ainsi qu'un fils doit traiter son père ?

— Je puis me dispenser de vos sermons, fit Montarval.

— De mes sermons, oui ; mais vous ne pouvez vous dispenser d'obéir au commandement de Dieu qui nous ordonne d'honorer nos parents.

— Encore un sermon ! ricana Montarval. Est-ce que je m'occupe des commandements de votre Dieu, moi ?

— Mais, pauvre insensé, vous voulez donc vous damner !

— Appelez ça comme vous voudrez, mais je ne veux pas de votre ciel où il faudra croupir éternellement dans un ignoble esclavage aux pieds du tyran Jéhovah. Je veux être libre dans ce monde et dans l'autre, entendez-vous ?

Lamirande frémit. Il avait souvent lu de pareilles horreurs dans les livres qui traitent du néo-manichéisme* ; mais c'était la première fois que ses oreilles entendaient un tel cri d'enfer, que ses yeux voyaient les feux de l'abîme éclairer de leur sombre lueur un visage humain. « Seigneur Jésus ! murmura-t-il, je vous demande pardon de ce blasphèmes. » Puis se tournant vers le blasphémateur :

— Laissons ce sujet, car je ne veux plus entendre de ces abominations. Mais si vous ne craignez pas le jugement de Dieu, ne redoutez-vous pas, au moins, la justice des hommes ? Je puis vous dénoncer, si non aux tribunaux, du moins à l'opinion publique.

— Mais vous ne le ferez pas. Je nierai, et où sont vos preuves ?

De sa main gauche, Lamirande indiqua le vieillard que son bras droit soutenait toujours.

— Il ne parlera pas, fit Montarval, je le connais.

— Mais ma parole suffira, dit Lamirande. Entre mon affirmation et votre dénégation, les honnêtes gens n'hésiteront pas.

— Au besoin, le vieux niera avec moi pour me

---

* Néo-manichéisme désigne la forme moderne de l'hérésie de Manès, doctrine qui explique la création par les deux principes opposés du bien et du mal, soit Dieu et le Diable.

sauver du déshonneur. Contre deux négations votre affirmation ne vaudra rien.

— J'attendrai que votre père soit mort pour vous dénoncer.

Montarval perdit contenance, car il comprenait fort bien qu'on ajouterait foi plutôt à la parole de Lamirande qu'à la sienne.

Le vieillard jeta un regard suppliant sur son protecteur.

— De grâce ! monsieur, ne le dénoncez pas, ne le déshonorez pas...

— Mais il mérite les mépris des hommes.

— Oh! de grâce, je vous en prie, ne le dénoncez pas.

— Allons, mon cher monsieur, fit Lamirande, venez-vous en chez moi. Vous êtes brisé par la fatigue et l'émotion ; vous avez besoin de repos. Plus tard nous reviendrons sur ce pénible sujet. Venez !

— Vous tenez réellement à m'amener chez vous ? interrogea le vieillard.

— Oui, j'y tiens beaucoup, plus même que je ne puis vous dire.

— Eh bien ! j'irai, mais à une condition : c'est que vous me promettiez de ne jamais le dénoncer.

Lamirande hésita. Faire cette promesse, c'était en quelque sorte s'engager à laisser le crime impuni. Persister dans sa détermination vis-à-vis du fils dénaturé, c'était condamner le père à mourir misérablement sur ce grabat. Puis il songea à l'âme de ce pauvre abandonné... Son âme était peut-être plus malade encore que son corps... Il n'hésitait plus.

— C'est bien ! je vous le promets.

Puis se retournant vers le fils.

— Misérable ! Les hommes ne connaîtront pas

votre crime et votre honte. Mais la malédiction de Dieu vous atteindra. Allez !

— Je vous sais gré de cette bienveillante permission et de vos bons souhaits, fit Montarval qui avait repris son aplomb et son audace accoutumés.

Et sans adresser une seule parole à son père, sans le regarder, il sortit de la chambre en fredonnant un motif d'opéra.

— Il est parti, mon fils est parti ! murmura le malheureux père.

— Permettez-moi de le remplacer auprès de vous, dit Lamirande. Venez ; ne restons pas ici davantage.

L'étranger se laissa conduire comme un enfant. Une voiture attendait Lamirande, et au bout de quelques minutes protecteur et protégé descendaient à la porte d'une modeste demeure de la Haute-Ville.

— Nous voici rendus, dit Lamirande en donnant le bras au vieillard chancelant. Entrons.

— Que dira votre femme en vous voyant installer dans votre maison un étranger, un moribond ?

— Elle dira que vous êtes le bienvenu.

À ce moment, madame Lamirande vint au-devant d'eux. Si le vieillard avait eu des craintes sur la réception qui l'attendait, la vue de cette figure de madone dut le rassurer.

— Ma femme, dit Lamirande, voici un étranger qui est dans le malheur. La divine Providence nous le confie. Nous allons l'accueillir pour l'amour de Jésus-Christ. Pour des motifs que je respecte, il désire n'être pas connu. Nous nous contenterons donc d'avoir soin de lui.

— Monsieur, dit la jeune femme en pressant affectueusement la main du vieillard, pendant que dans ses yeux brillait une lumière céleste, vous êtes mille fois le bienvenu. Nous tâcherons, par nos bons soins, de vous faire oublier vos chagrins qui sont grands, je le vois.

Le pauvre délaissé essaya de remercier ses bienfaiteurs ; mais il ne put que balbutier quelques mots inintelligibles. Les forces lui manquèrent tout à coup, et il serait tombé lourdement sur le parquet si Lamirande ne l'eût soutenu.

On le transporta sur un lit. Il était sans mouvement et sans vie apparente. Madame Lamirande le crut véritablement mort.

— Non, fit Lamirande, il n'est pas mort ; il reprendra même bientôt connaissance, mais il s'en va rapidement. Il n'en a que pour quelques heures. Dis à la servante de courir chez le père Grandmont. Qu'il vienne sans tarder.

Puis le jeune médecin s'empressa de donner au malade les soins que réclamait son triste état. Il eut bientôt la satisfaction de le voir revenir peu à peu à la vie. Enfin, le vieillard ouvrit les yeux et jeta un regard inquiet autour de lui.

— Qu'est-ce ? Où suis-je ? Oh ! je me souviens de tout maintenant... Mon protecteur, que vous êtes bon! Merci ! mille fois merci ! Mais je ne serai pas longtemps un fardeau pour vous. Je sens que je vais mourir...

— Oui, mon ami, dit doucement le médecin, vous allez mourir. Il faut songer à votre âme ; il faut songer à Dieu et à ses jugements, mais aussi à sa miséricorde.

— Ah! répond le mourant, il y a longtemps, bien longtemps que je néglige mes devoirs religieux. Mon cœur s'était endurci. J'étais tombé, non pas dans l'incrédulité, précisément, mais dans l'indifférence. Votre charité a fondu les glaces de mon âme. Je veux me confesser. Voulez-vous envoyer chercher un prêtre.

Je sens que je n'ai pas de temps à perdre.

— Un vénérable père jésuite que j'ai envoyé sera ici dans quelques instants... C'est lui qui entre. Confiez-vous à lui sans crainte. C'est la bonté même. Sa passion, c'est de sauver les âmes, c'est de ramener les pécheurs à Dieu.

Comme il prononçait ces mots la porte s'ouvrit et le père Grandmont entra. Ses cheveux blancs comme la neige encadraient un visage de saint, visage sillonné de profondes rides, mais surnaturellement beau, car on y lisait un amour immense de Dieu et du prochain.

— Que la paix de Notre-Seigneur soit avec vous mes enfants, dit-il, en s'avançant vers le lit. Notre ami a plus besoin de moi que de vous, n'est-ce pas, mon cher docteur ? Et bien ! laissez-nous.

Lamirande et sa femme se retirèrent. Longtemps les deux vieillards restèrent seuls. Quant le père Grandmont vint trouver Lamirande, il était rayonnant d'une joie céleste : il avait réconcilié une âme avec Dieu !

— Ah ! mon cher ami, dit-il, que le bon Dieu est bon ! Voilà une phrase que nous répétons souvent sans y attacher beaucoup d'importance. Mais que c'est donc vrai ! La miséricorde de Dieu ! Qui pourra jamais en mesurer l'étendue ? Non seulement elle est infinie, sans bornes ; non seulement elle est prête à pardonner tout péché ; mais elle est agressive ; elle nous poursuit jusqu'à notre dernier soupir ; jusqu'à notre dernier soupir nous n'avons qu'à nous jeter dans cet océan d'amour pour atteindre le port éternel. Oh ! pourquoi tant de pécheurs ne profitent-ils pas du temps de la miséricorde qu'on appelle la vie ? Pourquoi repousser la miséricorde de Dieu pour affronter sa justice qui est non moins infinie... Allez, mon ami, faites préparer la chambre. Je vais lui administrer l'Extrême-Onction et lui donner le saint Viatique.

Quelques instants plus tard, Lamirande, sa femme, sa petite fille Marie et l'unique servante de ce modeste ménage étaient pieusement agenouillés autour du lit de douleur, pendant que le père Grandmont administrait au mourant les derniers sacrements de l'Église.

Le vieillard tomba bientôt après dans une syncope prolongée. Puis reprenant tout à coup connaissance et serrant convulsivement la main de Lamirande, il murmura :

— Merci ! Jésus ! Marie ! Joseph ! Mon fils !

Ce furent ses dernières paroles.

Chapitre III

Gratia super gratiam, mulier sancta et pudorata.

La femme sainte et pleine de pudeur, est une grâce qui passe toute grâce.

Eccli. XXVI, 19.

Jetons un regard sur le passé. Quinze années avant les événements que nous venons de relater, Joseph Lamirande, âgé de vingt-cinq ans, venait d'être admis à la pratique de la médecine. Il avait choisi cette profession uniquement pour faire du bien à ses semblables ; car une modeste aisance que lui avait laissée son père, le dispensait de gagner son pain de chaque jour. Il savait, toutefois, que l'aisance n'est pas donnée à quelques privilégiés pour qu'ils passent leurs jours dans l'oisiveté et la mollesse. Au contraire, plus l'homme est débarrassé des soucis matériels de l'existence, plus il doit consacrer sa vie au service du prochain. Celui qui ne se procure le nécessaire qu'au prix d'un rude et incessant labeur est quelque peu excusable de songer à lui-même d'abord, aux autres ensuite. Mais le chrétien que Dieu a exempté du soin de pourvoir à sa propre subsistance, n'est-il pas tenu à se dépenser pour les autres ? C'était donc pour se rendre utile à ses concitoyens que Lamirande avait embrassé la profession médicale. Il devint bientôt notoire que ceux qui pouvaient payer les services d'un homme de l'art ne devaient pas s'adresser à lui. Les très pauvres étaient

59

ses seuls patients ; et il les soignait avec la même attention, la même assiduité que met dans l'exercice de sa profession auprès des riches le médecin qui a la légitime ambition de se créer une clientèle lucrative.

Le jeune docteur Lamirande était lié d'amitié, depuis longtemps, avec la famille Leverdier, dont le chef était mort, laissant une veuve et des orphelins dans des circonstance difficiles. Lamirande avait aidé la mère à faire instruire ses enfants. L'aîné, Paul, plus jeune de quelques années seulement que son protecteur, doué d'un talent brillant, s'était livré de bonne heure au journalisme. Lamirande le suivait avec intérêt, le dirigeait par ses bons conseils, et entrevoyait avec satisfaction le jour où son jeune ami serait à la tête d'un journal et pourrait donner libre carrière à son ardent patriotisme. Les deux hommes s'aimaient comme des frères.

Du vivant du père, la famille Leverdier avait adopté une orpheline, Marguerite Planier, un peu plus âgée que Paul. Douce, affectueuse, dévouée, intelligente, les qualités de son esprit et de son cœur l'emportaient même sur les charmes de son visage qui était cependant d'une beauté peu ordinaire.

Dans son immortel poème, le chantre des Acadiens peint son héroïne, Évangéline*, par ce vers remarquable, l'un des plus beaux de la langue anglaise : *When she had passed, it seemed like the ceasing of exquisite music*. « Quand elle s'était éloignée, on aurait dit qu'une musique exquise avait cessé de se faire entendre. »

Cette harmonie délicieuse, Lamirande voulut en jouir toute sa vie.

---

* L'œuvre de Henri Wadsworth Longfellow (1807-1882), poète américain.

Un soir du mois de juin, il se promenait avec son ami sur les hauteurs de Sainte-Foye, sous les beaux arbres qui bordent chaque côté du chemin et dont les branches gracieusement courbées se joignent et se confondent, formant un long tunnel de verdure.

— Mon ami, dit le jeune médecin, que dirais-tu si un lien nouveau s'ajoutait à ceux qui nous unissent déjà?

— Je dirais que voilà un nouveau bonheur pour moi, répondit Leverdier avec enthousiasme. Mais quel est ce nouveau lien ? Pourtant je le devine, et pour cela je n'ai pas besoin d'être sorcier. Tout sage que tu es, les battements de ton cœur sont assez visibles, crois-m'en. Tu aimes ma sœur adoptive, elle t'aime, et vous allez vous marier ; car rien ne s'y oppose et personne n'interviendra pour gâter votre bonheur. Certes, ce n'est pas comme dans les romans où le héros et l'héroïne ne parviennent à s'unir qu'après s'être arraché tous les cheveux, avoir versé des torrents de larmes et essayé de débarrasser la terre de leur inutile présence. Vous n'en serez pas moins heureux... Mais soyons sérieux. Vraiment, je suis enchanté...

— Et pourtant je ne t'ai pas encore dit de quoi il s'agit, dit Lamirande en souriant doucement. Avoue que les prémisses posées ne renferment pas les conclusions. Je songeais peut-être à te proposer la fondation d'un journal...

— Cependant, je ne me trompe pas, dit avec impétuosité le jeune homme.

— Eh bien ! mon cher ami, répondit Lamirande, devenu grave, tu ne te trompes pas. Je ne puis te dire combien je suis heureux de voir que ce projet t'agrée. J'avais peur...

— Tu avais peur de quoi ? Tu es trop sincère pour

dire que tu ne te croyais pas digne d'entrer dans notre famille! de quoi donc avais-tu peur?

— Toi qui es si bon devineur, tu dois être capable de te l'imaginer.

— Non, j'avoue qu'ici je perds mon latin entièrement.

— Je craignais de trouver en toi un rival !

— Un rival !

— Mais oui ! tu n'ignores pas que Marguerite n'est pas plus ta sœur qu'elle n'est la mienne ; et je ne conçois pas qu'on puisse la connaître comme tu la connais sans l'aimer... comme je l'aime.

— Si c'est là toute ta crainte, rassure-toi. J'aime ma grande sœur Marguerite comme ma jeune sœur Hélène, et pas autrement. L'idée qu'elle doit être ta femme, loin de me causer le plus léger chagrin, me remplit de bonheur... Du reste, tu le sais, d'ici à longtemps mes jeunes frères auront besoin de moi. Je ne pourrai même pas songer à me marier avant dix ans.

Longtemps les deux amis se promenèrent sous les beaux arbres, devisant sur le grand bonheur qui était entré dans la vie de l'un d'eux et que l'autre partageait fraternellement. Le soleil s'enfonça derrière les Laurentides empourprées ; les ombres, les frais et le silence du soir se répandirent sur la campagne endormie ; et les deux heureux causaient toujours. Leurs cœurs étaient calmes comme la nature en ce moment. Il leur semblait que jamais les grands ormes caressés doucement par la brise ne seraient dépouillés de leur parure ni tordus par les tempêtes de l'automne ; il leur semblait aussi que jamais la paix et la joie qui remplissaient leur âme ne pourraient faire place à l'inquiétude, à la tristesse, à l'amertume.

Enfin, ils se dirigèrent vers la ville. En passant devant la chapelle de Notre-Dame-du-Chemin, dont la porte était encore ouverte, Lamirande, poussée par une sorte d'inspiration, dit à son compagnon : « Nous sommes heureux, n'oublions pas les malheureux. Parmi ceux que nous aimons il y en a peut-être que la douleur accable. Entrons dire un *Ave Maria* pour celui ou celle des nôtres qui souffre le plus en ce moment ».

Sans aucun doute ce fut pour la sœur unique de Paul que les deux amis, sans le savoir, offrirent leur courte mais fervente prière.

Hélène Leverdier avait seize ans. Joyeuse, enjouée, charmante, ses grands yeux gris riaient toujours et n'avaient jamais pleuré depuis la mort de son père. Elle était la vie de la maison. Quelles rêveries innocentes passaient par cette jeune tête ? Nul n'aurait pu les deviner ; elle-même n'aurait guère pu les définir. Lamirande la regardait comme une enfant et la traitait comme si elle eût été réellement la sœur de celle qu'il voulait épouser. Voyait-elle que Lamirande et Marguerite s'aimaient ? Aimait-elle cet homme grave, plus âgé qu'elle de près de dix ans ? Savait-elle seulement ce que c'est que l'amour ? Elle n'aurait probablement pas pu répondre à ces questions. Elle ne s'était rendu compte que d'une chose, c'est qu'elle était parfaitement heureuse lorsque Lamirande était auprès d'elle et que, sans être malheureuse lorsqu'il n'y était pas, elle attendait toujours son arrivée avec impatience.

Ce même soir du mois de juin, à l'heure du crépuscule, Marguerite fit à Hélène la douce confidence de son bonheur. Un sanglot navrant et une expression d'indicible douleur firent comprendre à Marguerite ce que jusque-là Hélène elle-même avait à peine soupçonné.

—Pauvre sœur ! s'écria l'aînée en ouvrant ses bras à l'enfant.

Hélène s'y jeta et pleura longtemps. Enfin, elle put murmurer :

— Tu as surpris un secret que j'ignorais presque moi-même... Qu'il n'en soit plus jamais question, même entre nous. Oublie ce que tu as vu ; ou si tu ne peux l'oublier, n'y pense qu'en priant pour moi... Mon cœur est brisé, mais avec la grâce de Dieu il ne deviendra pas coupable. Prie pour moi, chère Marguerite, afin que je ne t'envie jamais ton bonheur!

Marguerite ne put que répéter en serrant l'enfant sur son cœur:

— Pauvre sœur ! Pauvre sœur !

Devenue la femme de Lamirande, Marguerite fut heureuse ; mais le souvenir de ce soir d'été, de ce pâle visage angoissé, entrevu à la lumière indécise du crépuscule, la poursuivait toujours et tempérait son bonheur d'une amertume salutaire.

Pour Hélène, elle avait lutté et prié ; et elle avait remporté la victoire que Dieu accorde toujours à ceux qui luttent et qui prient ; victoire qui ne supprime pas la souffrance mais qui la rend supportable en la sanctifiant. Personne, à part Marguerite, ne s'était jamais douté de la blessure, puis de la cicatrice qu'elle portait au cœur. La jeune fille enjouée était subitement devenue grave, sans mélancolie, voilà tout ce que le monde avait remarqué. Ses grands yeux ne riaient plus, mais ils avaient acquis une profondeur et une douceur infinies.

* * *

Les anges que Dieu donna à Lamirande ne firent que passer sur la terre pour s'envoler aussitôt au ciel ; tous, moins la petite Marie. Malgré le chagrin naturel que lui causa la perte de ses enfants, le jeune médecin s'inquiétait parfois de l'intensité de son bonheur domestique. Si je fais un peu de bien à mes semblables, se disait-il, n'en suis-je pas amplement récompensé dès cette vie ? Et s'il faut souffrir pour mériter le ciel, que deviendrai-je, ô mon Dieu ! Cependant, il ne demandait pas d'épreuves, croyant humblement que le ciel ne lui en envoyait pas à cause de sa faiblesse.

Quelques années avant l'époque où s'ouvre notre récit, il était entré dans la vie politique, par pur dévouement, pour mieux servir l'Église et la Patrie. La pensée d'arriver par ce moyen aux honneurs ne lui vint seulement pas à l'esprit. Et pourtant il aurait pu légitimement aspirer aux premières places, car il était doué d'une intelligence supérieure, d'une éloquence peu ordinaire, d'un extérieur agréable, d'un caractère sympathique. Mais il avait remarqué que ceux qui recherchent les grandes charges de l'État n'en font pas toujours, une fois qu'ils les ont obtenues, un usage utile au pays ; et craignant de faire comme tant d'autres, il se contenta de son titre de simple député au parlement fédéral.

Son ami, Paul Leverdier, avec son aide, avait enfin réussi à fonder un journal libre de toute attache de parti : *la Nouvelle-France*.

Revenons maintenant à l'année 1945.

Chapitre IV

Odi et projeci festivitates vestras :
et non capiam odorem coetuum
vestrorum.

Je hais vos fêtes et je les abhorre ;
je ne puis souffrir vos assemblées.

AMOS V, 21.

Grand mouvement politique à Ottawa, capitale de la
Confédération. La Chambre des députés est convoquée
en session extraordinaire. Le Sénat est aboli depuis
longtemps. Les députés, les journalistes, les entrepreneurs des travaux publics, les solliciteurs de faveurs
ministérielles arrivent de toutes parts ; il encombrent
les hôtels, ils envahissent les bureaux publics, les couloirs de la Chambre, les clubs, les salons. Quel tourbillon d'affaires plus ou moins inavouables et de plaisirs
plus ou moins illicites !

Les journées sont consacrées aux combinaisons,
aux intrigues, aux complots en petit comité, aux spécu-
lation véreuses, aux achats et aux ventes de votes et de
consciences en conciliabule plus petit encore ; les nuits
se passent en dîners et en bals.

Un mois s'est écoulé depuis la rencontre de Lamirande et de Montarval, dans la masure de la rue de
l'Ancien-Chantier.

La neige couvre le sol. Ce manteau, d'une blancheur éclatante, a caché la boue, l'herbe desséchée et
les feuilles mortes. La terre tout à l'heure désolée, noire

et souillée, est maintenant belle et pure ; elle resplendit et renvoie au ciel un reflet des clartés qu'elle en reçoit. Belle neige ! image de la miséricorde divine qui couvre d'un vêtement immaculé les laideurs de l'âme pécheresse mais repentante. Ce n'est plus l'innocence baptismale ; ce n'est plus le printemps avec ses tendres fleurs, ses doux gazouillements d'oiseaux, ses murmures de mille ruisseaux, ses brises embaumées, ses bruissements de feuilles, son encens exquis, sa musique suave comme la prière de l'enfance. Non rien n'est comparable à la beauté printanière ni à l'innocence de l'âme régénérée que le souffle du péché n'a point ternie. Mais quand les ardeurs de l'été ont brûlé la terre, quand les pluies et les tempêtes de l'automne l'ont couverte de boue et jonchée des dépouilles de la forêt, la neige descend, douce, blanche et pure ; et la terre redevient belle aux yeux des hommes. Ainsi, quand les passions ont ravagé l'âme, quand les crimes et les vices l'ont défigurée, la grâce de Dieu descend sur elle et la couvre d'un manteau, le manteau du pardon, qui réjouit la vue des anges. Mais la terre souillée reçoit son manteau sans le solliciter ; l'âme coupable doit demander le sien à Celui qui ne méprise jamais un cœur contrit et humilié.

Lamirande et Leverdier se livraient à de telles réflexions, tout en cheminant, par un magnifique clair de lune, vers la somptueuse résidence de sir Henry Marwood, premier ministre de la Confédération. Sir Henry demeurait dans le quartier fashionable d'Ottawa appelé prosaïquement *Sandy Hill*. Le chef du cabinet donnait, ce soir-là, une brillante réception, suivi d'un grand dîner politique. Lamirande et Leverdier y avaient été invités, ils ne savaient trop pourquoi, et ils se rendaient à l'invitation assez à contrecœur.

— Qu'est-ce que nous allons faire à ce fricot-là, dit

Leverdier, rompant tout à coup le silence. Nous allons y rencontrer un tas de francs-maçons, des farceurs politiques, de brasseurs d'affaires malpropres, et pas un de nos amis. Ce sera merveilleusement assommant, mon cher... Si nous n'y allions pas, après tout...

— Non, reprend son compagnon, faisons ce sacrifice. Je t'assure que je n'y vais pas par goût. Ces dîners où l'on reste des heures à table, où les mets sont apprêtés avec une recherche efféminée, où l'on mange simplement pour manger, me paraissent inspirés beaucoup plus par le démon de la gourmandise et de l'intempérance que par l'ange de l'hospitalité. Cependant, en soi, ce n'est pas un mal d'assister à un dîner politique, et nous avons besoin de nous mêler à cette réunion. Nous dirons tout à l'heure, avant d'arriver, le *Sub tuum*, afin d'obtenir la protection de Celle qui, aux noces de Cana, sollicita un miracle pour l'avantage de banqueteurs.

— L'idée est d'autant meilleure qu'aux dangers ordinaires des banquets s'ajoute pour nous l'ennui d'une dure corvée.

— C'est une corvée nécessaire, mon cher ami. Il nous faut absolument savoir, dans la crise actuelle, ce que tous ces illustres gredins pensent, disent et se proposent de faire. Nous avons besoin de le savoir pour les combattre plus efficacement.

— Mon cher Lamirande, je commence à croire que ton préservatif contre les excès de table est le seul remède qui vaille quelque chose contre le mal politique qui nous ronge. Tes discours et mes articles sont magnifiques, je veux bien le croire, mais il faut avouer qu'ils n'ont pas un succès éclatant. Si nous serrions nos discours et nos articles, et si nous sortions nos chapelets !

— Oui, sortons nos chapelets, prions davantage, mais luttons ferme en même temps, luttons jusqu'au bout, luttons même contre tout espoir humain. Quand nous aurons fait notre petit possible et que nous l'aurons fait de notre mieux ; quand nous aurons prié de toutes nos forces, écrit de toutes nos forces, parlé de toutes nos forces, le bon Dieu ne demandera pas davantage et fera le reste.

— Tu parles d'or, mon cher député, répliqua le journaliste. Dieu m'est témoin que je ne veux pas renoncer à la lutte. Je voulais dire seulement que le succès sera accordé plutôt à nos prières qu'à nos travaux. Du reste, le succès ! — par succès j'entends le retour pratique du monde au christianisme — viendra-t-il jamais ? Je ne le crois pas. Il me semble que ce superbe édifice qu'on nomme la civilisation moderne, n'ayant pas pour base celui qui est l'unique fondement, doit s'effondrer dans une barbarie pire que celle qui détruisit l'orgueilleux empire romain... je lutte parce qu'il faut lutter, et non parce que j'ai quelque espoir de voir le moindre succès en ce monde... Le grand succès sera dans la Vallée de Josaphat.

— Sans doute, répliqua Lamirande, il ne faut pas travailler uniquement pour le succès en ce monde. Il faut accepter d'avance tous les insuccès qu'il plaira à Dieu de nous envoyer. Mais il est permis de lutter avec espoir de réussir, même ici-bas ; il est permis de souhaiter que Dieu daigne féconder nos efforts et exaucer nos prières, non pas pour que nous en éprouvions une jouissance personnelle, mais pour que notre pays soit sauvé de la ruine universelle. Tout s'abîme dans la barbarie maçonnique, pire que celle d'Attila et de Genséric, c'est vrai ; mais qui nous dit que Dieu ne voudra pas épargner ce petit coin du monde qui nous est si cher, ce Canada français dont l'histoire est si belle, afin qu'il soit le point de départ d'une nouvelle civilisation ? Je ne puis m'empêcher de l'espérer.

— Est-ce que le succès ne gâterait pas le peu de mérite que nous pouvons avoir ? interrogea Leverdier.

— Non. Il suffit, pour que le succès le plus éclatant ne gâte rien, que nous soyons toujours soumis à la volonté de Dieu... Toutefois, la réussite est dangereuse, je l'avoue. Sais-tu, mon cher Leverdier, qu'il est beaucoup plus difficile, et sans doute plus méritoire, d'accepter *chrétiennement* le bonheur que l'adversité ?

— Je ne saisis pas bien ta pensée. *Explain !* comme vous dites au Parlement !

— Eh bien ! le malheur, en nous faisant toucher du doigt l'inanité des choses de ce monde, nous ramène naturellement à Dieu, à moins d'une perversion absolue. Le bonheur, au contraire, nous porte à oublier notre fin dernière. Dans la prospérité, dit Tertullien, l'âme arrête ses regards au Capitole ; mais dans l'adversité, elle les élève vers le ciel, où elle sait que réside le vrai Dieu. Les heureux de ce monde qui se tiennent unis à Dieu sont rares, sans doute, mais ils doivent recevoir une récompense toute spéciale dans le ciel, car ils passent par une épreuve particulièrement difficile. Être riche sans être attaché à la richesse, c'est déjà un effort méritoire ; mais être entouré d'amis et de parents qui vous aiment et que vous aimez, connaître les pures joies de la famille sans en goûter les amertumes, jouir de la santé, voir ses projets réussir, être *heureux*, en un mot, sur la terre, et cependant soupirer sans cesse après la céleste Patrie, comme le chrétien doit le faire, n'est-ce pas là l'idéal, le chef-d'œuvre de la grâce ?

Quelques instants de silence suivirent cette effusion de Lamirande. Les deux amis marchaient lentement, appuyés l'un sur l'autre. Leurs pensées s'élevaient de plus en plus vers le ciel dans un magnifique élan d'amour et de saint enthousiasme.

Il y a des moments où la présence de notre âme se fait sentir en dedans de nous d'une manière physique et matérielle, si j'ose m'exprimer ainsi. Elle est là, aussi tangible que notre cœur de chair. Elle cherche à s'échapper de sa prison. Elle monte toujours ; elle gonfle notre poitrine au point de causer une véritable douleur, douleur délicieuse cependant. Il nous semble que quelque chose va se briser en nous, qu'une partie de notre être va nous quitter pour se lancer dans les espaces. Lutte mystérieuse et enivrante de l'âme immortelle contre le corps qui la tient captive et enchaînée ; lutte que tous doivent éprouver quelquefois ; lutte qui se produit indépendamment de notre volonté ! Qui n'a pas été ainsi bouleversé tout à coup, soit dans un moment de ferveur ; soit en entendant de la belle musique, surtout les chants de l'Église ; soit en présence de la grande nature, des beautés du firmament, ou de quelque acte de sublime dévouement chrétien ? Ah ! c'est notre âme qui entend la voix de son Créateur et qui se lance instinctivement vers Lui !

Lamirande et Leverdier étaient en proie, tous deux, à ces profondes émotions, et ils marchaient en silence.

— Nous voici, dit enfin Leverdier. C'est le moment de nous réfugier en lieu sûr. Et les deux amis récitèrent ensemble à mi-voix, le *Sub tuum*.

— Rien ne nous presse, fait Lamirande, disons le *Salve Regina* pour demander la conversion d'un ami qui m'est bien cher.

Puis ils sonnent à la porte d'une fastueuse maison dont les larges fenêtres laissent échapper sur la neige des flots de lumière.

— Qui est cet ami dont tu demandes la conversion ? demande Leverdier en attendant qu'on ouvre la porte.

— C'est Georges Vaughan, l'un des députés de Toronto à la Chambre fédérale. Nous allons le rencontrer ce soir, sans doute. C'est une âme naturellement droite et belle ; mais malheureusement il n'a pas la foi.

— Il croit au moins en Dieu ?

— Non, il ne semble croire en rien du tout en dehors et au-dessus de cette vie.

— C'est un monstre alors !

— C'est un malheureux plutôt. Encore une fois, son âme est naturellement belle. Prions pour que Dieu lui accorde le don inestimable de la foi.

À ce moment la porte s'ouvre. Un laquais les aide à se débarrasser de leurs paletots ; un autre les conduit au salon où sont déjà réunies les sommités de la politique canadienne. L'immense pièce est inondée d'une clarté douce et pénétrante produite par un appareil électrique que dissimulent les riches lambris ; une odeur enivrante remplit l'atmosphère, tandis qu'un orchestre invisible fait entendre une harmonie qu'on dirait lointaine. Des groupes discutent avec animation les récents événements politiques.

Sir Henry Marwood vient au-devant des nouveaux arrivés et leur fait un accueil gracieux. Il accable Lamirande surtout de paroles flatteuses.

— Qu'est-ce que le vieux renard me veut ? pensa Lamirande. Rien de bon, c'est certain. Soyons sur nos gardes !

C'était une figure remarquable que celle de sir Henry Marwood ; une figure remarquable par son irrégularité et sa laideur autant que par un air extraordinairement intelligent et rusé. Ses petits yeux, que faisait paraître encore plus petits un nez d'une grosseur prodigieuse, pétillaient d'esprit ; mais ils ne pouvaient pas rencontrer le regard calme et lumineux du jeune député.

—Mon cher Lamirande, dit sir Henry avec effusion, que je suis donc content que vous soyez venu avec votre ami Leverdier. Voyant que vous tardiez un peu, je craignais d'être privé du plaisir de votre compagnie ce soir. Sans doute, vous ne pensez pas comme moi sur une foule de questions, mais j'aime le talent et les convictions partout où je les trouve. Tous deux vous pensez fortement et vous exprimez vos pensées avec énergie et originalité. C'est assez pour que je vous admire.

—Le talent est sans doute admirable quand il est employé pour le bien, dit Lamirande ; mais doit-on l'admirer quand il se consacre au mal ?

—Le talent, l'intelligence, cher monsieur, c'est toujours chose digne d'admiration, parce que c'est un don de l'être Suprême, une parcelle de l'âme universelle.

—Dans l'intelligence humaine il faut, ce me semble, considérer deux choses : l'œuvre de Dieu qui est toujours belle et l'œuvre de l'homme, c'est-à-dire l'usage que l'homme fait de ses facultés. Malheureusement, cette dernière œuvre est souvent mauvaise et laide.

—Voilà que vous vous lancez dans les régions de la haute philosophie. Vous planez ; mes pauvres vieilles ailes ne me permettent pas de vous suivre. Je me contente de vous admirer.

—Tous ces compliments cachent quelque piège, pensa Lamirande. Puis tout haut :

—Je crains que vous ne m'admiriez pas autant

dans quelques jours quand vous m'aurez entendu dire ma façon de penser sur votre projet...

— Mais mon projet, vous ne le connaissez pas ! Il vous plaira peut-être, quoique vous soyez, d'ordinaire, assez difficile.

— Je ne connais pas votre projet, il est vrai, mai je vous connais, sir Henry, et votre projet ne peut manquer de vous ressembler. Or, vous ne l'ignorez pas, vos idées et vos aspirations ne sont pas les miennes.

— Sans doute, sans doute ; mais enfin vous direz ce que vous voudrez de mon projet, vous ne m'empêcherez pas d'admirer votre talent. D'ailleurs, j'aurai à vous parler d'autre chose que de la politique tout à l'heure.

À ce moment, le baron de Portal vint à passer. Sir Henry l'appela.

— Monsieur le baron, permettez que je vous présente deux de nos hommes politiques canadiens-français les plus distingués. M. Lamirande est député et je vous assure qu'il ferait honneur à n'importe quelle chambre, même à la Chambre française. Son ami, M. Leverdier, journaliste, serait remarqué même à Paris. M. le baron de Portal est arrivé tout récemment au Canada. Il voyage pour s'instruire et désire particulièrement être mis au courant de nos affaires politiques. Monsieur le journaliste est bien celui qui peut rendre cet agréable service à monsieur le baron, n'est-ce-pas ?

Leverdier comprit sans peine que sir Henry voulait être seul avec Lamirande. Il s'empressa donc d'accepter l'invitation, et entama la conversation avec M. le baron de Portal.

— Certainement, dit-il, si M. le baron le désire, je me ferai un plaisir de l'initier à nos affaires politiques qui sont plutôt intéressantes que belles.

75

Et le journaliste lança à sir Henry un petit sourire malicieux.

— Ah! le coquin, s'écria le premier ministre, en faisant un petit geste, moitié amical, moitié menaçant, il ne me vantera pas, bien sûr. N'importe, il a du talent, lui aussi, et j'admire le talent, même quand il s'exerce contre moi !

Et prenant Lamirande par le bras, il s'éloigna avec lui.

Le baron de Portal et Leverdier allèrent s'asseoir sur une causeuse. Leur entretien nous renseignera sur l'état politique du Canada en l'an de grâce 1945.

— Je m'intéresse beaucoup à votre pays, dit le baron, mais j'avoue que vos affaires politiques m'intriguent quelque peu. Où en êtes-vous à l'heure présente ? Je sais vaguement que le Canada était naguère colonie britannique et qu'il ne l'est plus. Expliquez-moi donc cela, je vous en prie, monsieur le journaliste.

— Volontiers, reprit Leverdier. La chose est bien simple. depuis quelques années, vous le savez comme moi, l'Angleterre, jadis si fière, est tombée au rang des puissances de troisième ordre. À l'extérieur, elle a perdu les Indes, ou à peu près. La Russie ne tardera pas à s'emparer de ce qui lui reste de son empire oriental. En Afrique, l'Allemagne lui arrache ses colonies, morceau par morceau. L'Australie a secoué le joug impérial. L'Irlande vient de reconquérir son entière indépendance. L'Écosse s'agite de nouveau ; et, à l'intérieur, les sociétés secrètes qu'elle a réchauffées et proposées l'ont bouleversée et affaiblie. Elle avait encore le Canada. Mais un beau matin, le gouvernement des États-Unis, ayant à sa tête un président américanissime, et profitant d'une difficulté diplomatique où l'Angleterre avait évidemment tort, s'est avisé de poser, comme ultimatum, la rupture du lien colonial. Nous soupçonnons fortement nos francs-maçons du Canada et ceux des États-Unis d'avoir été au fond de cette affaire. Quoi qu'il en soit, l'Angleterre, réduite à l'impuissance, dut se rendre à cet ultimatum. Il y a trois mois à peine, elle donnait avis officiel au Canada que le 1er mai prochain le gouverneur-général serait rappelé et qu'il n'aurait pas de remplaçant.

— C'est-à-dire que vous voilà libres, fit le baron.

— Oui, reprit le journaliste, nous voici libres. Mais qu'allons nous faire de notre liberté ? Le cadeau est quelque peu embarrassant. Très certainement le cabinet de Washington avait une arrière-pensée en nous faisant octroyer notre indépendance : c'est dans le dessein de nous faire l'honneur de nous annexer de force, sous un prétexte quelconque. Mais la Providence s'en mêle, et voilà tout à coup nos entreprenants voisins en guerre avec l'Espagne à propos de l'île de Cuba ; tandis que du côté du Mexique il y a des nuages très noirs ; sans compter les grèves qui éclatent de plus en plus nombreuses, prenant les proportions d'une guerre civile chronique. Plus moyen de songer à s'annexer le Canada. Nous cherchons donc à nous constituer en pays tout à fait autonome.

— Cela doit être une tâche assez facile.

— Malheureusement non. trois voies s'ouvrent devant nous : le *statu quo*, l'*union législative* et la *séparation*. Un mot d'explication sur chacune. Si nous adoptions ce que l'on appelle le *statu quo*, la transition se ferait à peu près sans secousse. Nous resterions avec notre constitution fédérative, notre gouvernement central et nos administrations provinciales. Le gouverneur-général, au lieu d'être nommé par l'Angleterre, serait élu par nous, voilà toute la différence. Le parti conservateur, actuellement au pouvoir à Ottawa, est favorable au *statu quo*. Ce parti se compose des *modérés*. Les *modérés*, cela veut dire, en premier lieu, tous les gens en place, avec leurs parents et amis, ainsi que ceux qui ont l'espoir de se placer, avec leurs parents et leurs amis ; ensuite, les entrepreneurs et les fournisseurs publics avec tous ceux qui les touchent de près ou de loin ; enfin, les personnes qui n'ont pas assez d'énergie et d'esprit d'indépendance pour vouloir autre chose que ce que veulent les journaux qu'ils lisent et les chefs politiques qu'ils suivent.

— Le parti du *statu quo* doit être formidable par le nombre! Je me demande s'il reste quelque chose pour les deux autres partis.

— Dans toutes les provinces il y a des partisans de l'union législative. Ce sont principalement les radicaux les plus avancés, les francs-maçons notoires, les ennemis déclarés de l'Église et de l'élément canadien-français. Dans la province de Québec ce groupe est très actif. À sa tête est un journaliste nommé Ducoudray, directeur de *la Libre-Pensée*, de Montréal. Il va sans dire que les unionistes cachent leur jeu, autant que possible. Ils demandent l'*union législative* ostensiblement pour obtenir plus d'économie dans l'administration des affaires publiques. Mais ce n'est un secret pour personne que leur véritable but est l'anéantissement de la religion catholique. Pour atteindre la religion, ils sont prêt à sacrifier l'élément français, principal appui de l'Église en ce pays.

— Voilà un parti que ne se recommande guère aux honnêtes gens ! J'ai hâte de vous entendre parler du troisième.

— Le troisième groupe est celui des *séparatistes*. M. Lamirande, que vous avez vu tout à l'heure, en est le chef, et votre humble serviteur en fait partie. Nous trouvons que le moment est favorable pour ériger le Canada français en État séparé et indépendant. Notre position géographique, nos ressources naturelles, l'homogénéité de notre population nous permettent d'aspirer à ce rang parmi les nations de la terre. La Confédération actuelle offre peut-être quelques avantages matériels ; mais au point de vue religieux et national elle est remplie de dangers pour nous ; car les sectes ne manqueront pas de la faire dégénérer en union législative, moins le nom. D'ailleurs, les principaux avantages matériels qui découlent de la Confédération pourraient s'obtenir également par une simple union postale et douanière. Notre projet, dans la province de Québec, a l'appui des catholiques militants non aveuglés par l'esprit de parti. Le clergé, généralement, le favorise, bien qu'il n'ose dire tout haut ce qu'il pense, car depuis longtemps le prêtre, chez nous, n'a pas le droit de sortir de la sacristie. Dans les autres provinces cette idée de séparation paisible a fait du chemin. Il y a un groupe assez nombreux qui est très hostile à l'union législative et qui préférerait la séparation au projet des radicaux. Ce groupe se compose des catholiques de langue anglaise et d'un certain nombre de protestants non fanatisés. Il a pour cri de ralliement : Pas d'Irlande, pas de Pologne en Amérique ! Il ne veut pas que le Canada français soit contraint de faire partie d'une union qui serait pour lui un long et cruel martyre. Le chef parlementaire de ce parti est M. Lawrence Houghton, protestant, mais homme intègre, honorable et rempli de respect pour l'Église, de sympathie pour l'élément français. Voilà, monsieur le baron, un aperçu de la situation politique du Canada en ce moment. J'espère que je me suis exprimé avec assez de clarté ?

— Votre récit m'a vivement intéressé, cher monsieur, et je vous en remercie. Je suis séparatiste, moi aussi, je vous l'assure, et je ne conçois pas qu'un Français catholique puisse être autre chose, sans trahir sa religion et sa nationalité. Mais, dites-moi, le parlement d'Ottawa est-il actuellement réuni pour régler cette question ?

— Oui, monsieur le baron. Le gouvernement fédéral, dont notre hôte est le très habile et très rusé chef, a réussi à faire voter pour toutes les législatures des « résolutions » qui autorisent le parlement d'Ottawa à régler définitivement la question de notre avenir politique et national. Nous avons combattu ce projet devant la législature de Québec, voulant réserver aux provinces au moins le droit de veto ; mais ç'a été en vain : l'esprit de parti, l'intrigue et la corruption l'ont emporté sur nous. Nous voici donc à Ottawa pour tenter un dernier et suprême effort, sans grand espoir de succès, toutefois.

— Quelle sera, pensez-vous, l'issue de la lutte ?

— Sous prétexte d'améliorer la constitution actuelle, sir Henry va déposer, ces jours-ci, le projet d'une nouvelle loi organique. Ce sera, j'ai tout lieu de le croire, une véritable union législative déguisée sous le nom de confédération. On prétendra maintenir les grandes lignes du *statu quo* ; en réalité, ce sera l'étranglement de l'Église et du Canada français. Entre nous, sir Henry est franc-maçon de haute marque, c'est-à-dire profondément hostile à l'Église. S'il ne propose pas ouvertement l'union législative, c'est qu'il craint un échec, voilà tout.

— Vous le soupçonnez de jouer double jeu ?

— Certainement, et ce n'est pas un jugement téméraire, je vous l'assure. S'il a invité Lamirande et moi, c'est dans quelque dessein perfide.

— Pourvu qu'il ne vous compromette pas ! Le voilà en tête-à-tête avec votre ami.

— Ne craignez pas pour Lamirande, il est solide comme le roc et assez intelligent pour ne pas se laisser prendre par sir Henry. Nous nous sommes rendus à son invitation exprès pour connaître un peu les pièges qu'il tend et les intrigues qu'il veut nouer.

Pendant ce colloque entre le journaliste et le baron, sir Henry Marwood avait conduit Lamirande un peu à l'écart. Il le tenait toujours affectueusement par le bras.

— Mon cher monsieur Lamirande, dit le vieux diplomate de sa voix la plus câline, il y a longtemps que je désire m'entretenir familièrement, à cœur ouvert, avec vous. Vous m'avez souvent combattu, mais je me suis toujours vivement intéressé à vous. Vous êtes un jeune homme de talent et d'avenir. Je vous considère comme le véritable représentant de votre race. Votre race, quoi que vous en pensiez, je ne lui veux que du bien. Je désire l'honorer en votre personne.

— Vous êtes bien trop flatteur, répondit froidement Lamirande qui entrevoyait déjà où son interlocuteur voulait en venir.

Il me croit capable de me vendre, pensa le député. Hélas! il a vu tant des nôtres se livrer à lui pour un peu d'or ou quelques misérables honneurs.

Son premier mouvement fut de repousser avec indignation l'offre que sir Henry n'avait pas encore clairement formulée. Mais il se ravisa. Ne brusquons rien, se dit-il ; par les efforts qu'il fera pour se débarrasser de moi, je pourrai juger de la noirceur du projet qu'il nous prépare.

Lamirande gardant le silence, sir Henry continua :

— Je sais que votre ambition n'est pas personnelle,

que vous ne désirez rien pour vous-même, que votre unique passion est de rendre service à votre pays, à vos compatriotes. J'admire ce noble désintéressement. Vous êtes député, non par goût, mais par devoir, n'est-ce pas ? et si une autre position, où vous pourriez rendre encore plus de services aux vôtres, vous était offerte, vous l'accepteriez, n'est-il pas vrai ?

— Sans doute, répondit Lamirande, je ne suis pas député par goût, mais je ne vois guère d'autre poste où je pourrais, en ce moment, être de quelque utilité réelle à mes compatriotes.

— J'en vois un, moi, et je vous l'offre ; c'est celui de consul général du Canada, du futur Canada libre, à Paris ou à Washington, à votre choix !

Pour que le vieux scélérat m'offre un tel prix se dit Lamirande en lui-même, il faut qu'il ait grand besoin de m'éloigner du pays. Son projet doit être diabolique ! Après un moment de silence, il jeta sur sir Henry un regard qui força le tentateur à baisser les yeux.

— Certes, dit-il, votre offre est magnifique, trop belle ; elle est même suspecte. Je vous prie de croire que mon poste, pour le moment, est ici, et ici je resterai.

— Mais vous n'y pensez pas ! Quel bien vous pourriez faire à Paris, en établissant des relations plus intimes entre la France et le Canada ; ou à Washington, en travaillant à l'avancement de ceux de vos compatriotes qui sont encore là-bas.

— Je pourrrais peut-être y faire un peu de bien, mais mon devoir est de rester ici et de travailler à vous empêcher de faire du mal. Du reste, pourquoi m'offrez-vous cette position maintenant ? Pourquoi n'avez-vous pas attendu le règlement de notre avenir national ? Croyez-vous, sir Henry Marwood, que je ne lis pas jusqu'au fond de votre âme ?

La voix de Lamirande vibrait d'émotion. Sir Henry ne pouvait pas regarder le jeune député en face. Le vieil intrigant, qui avait mené à bonne fin cent affaires de ce genre, se sentait dominé, écrasé. Toutefois, changeant de ton, il fit un dernier effort, un coup d'audace.

— Très bien ! dit-il, d'une voix devenue subitement dure et cassante. Jouons cartes sur table. Mon projet ne vous conviendra pas, j'en suis convaincu. Vous le combattez ; mais vous le savez aussi bien que moi, tout ce que vous pourrez faire n'empêchera pas mon projet d'être accepté par la Chambre. Dès lors, pourquoi rejeter un poste où vous pourriez être utile à vos amis, à votre race ? Vous allez les priver, par simple entêtement, pour le simple plaisir de me faire la guerre, d'avantages très considérables. Est-ce juste. Est-ce patriotique ?

— Mais si vous ne redoutez rien de mon opposition, pourquoi tant d'efforts pour obtenir mon silence ? Et si c'est par sympathie pour notre race que vous agissez, pourquoi exiger que j'achète cette position au prix d'une infâme trahison ? Sir Henry, je suis chez vous et je ne vous dirai pas les paroles que vous méritez d'entendre. Mais vous comprendrez sans peine qu'après ce qui vient de se passer je ne puis rester davantage sous votre toit ni m'asseoir à votre table. J'ai bien l'honneur de vous saluer.

Puis il s'éloigna avec dignité, laissant le premier ministre tout abasourdi. Dans sa longue expérience des hommes et des choses, sir Henry n'avait jamais rien vu de semblable.

— Après tout, je l'admire, murmura-t-il. Et cette fois il était sincère en le disant.

Lamirande se dirigea vers l'endroit du salon où Leverdier causait encore avec le baron de Portal.

— Bien fâché, mon cher, dit-il, d'interrompre ton entretien avec M. le baron, mais il faut que je m'en aille et tu voudras sans doute partir avec moi.

Leverdier saisit la situation, et, s'excusant auprès du baron, il alla rejoindre son ami.

— Il a voulu t'acheter, sans doute, et tu l'as planté là! très bien ! Mais faut-il absolument que nous nous en allions tout de suite ? Je voudrais bien savoir un peu ce qui se brasse.

— J'en sais assez ! Allons-nous en ! Je te raconterai cela tout à l'heure. Allons-nous en au plus tôt. Ce n'est pas un endroit pour des chrétiens ici. L'atmosphère est toute remplie, tout épaisse de démons. On les voit presque. Viens-t'en !

Leverdier n'hésitait plus. En se dirigeant vers la porte du salon les deux amis rencontrèrent un jeune Anglais à la figure ouverte et agréable.

— Mon cher Vaughan, s'écria Lamirande, que je suis content de te rencontrer ! Je te présente mon ami Leverdier, mon bras droit ; ou plutôt je devrais dire que c'est moi qui suis son bras droit ; car il est journaliste, c'est-à-dire faiseur et défaiseur de députés. Toi, mets ton paletot et viens nous accompagner jusqu'à la rue Rideau. Tu reviendras ensuite à temps pour le dîner.

— Vous ne dînez donc pas ici ? demanda Vaughan surpris. Qu'est-ce que cela signifie ?

— Viens, et nous causerons de cela au clair de la lune.

Tout en cheminant du côté de l'hôtel du parlement, Lamirande raconta à ses amis ce qui venait de se passer entre le premier ministre et lui. Puis s'adressant à Vaughan :

— Comment trouves-tu le procédé de ton respectable chef ?

— D'abord, répliqua le jeune Anglais, il n'est pas mon chef. J'ai des idées politiques qui me guident, mais des chefs politiques qui me mènent, je n'en ai pas. Du reste, tu sais jusqu'à quel point j'abhorre ces abominables manigances qu'on appelle la diplomatie. Tout cela est honteux et indigne de la nature humaine.

— Pourtant, mon pauvre ami, la nature humaine devient l'esclave de ces manigances du moment que la religion cesse de la soutenir et de la fortifier.

— Sans vouloir me vanter, je puis dire que le seul respect de ma dignité humaine me protège contre ces bassesses.

— Tu n'as pas fini de vivre. Attends l'avenir avant de te prononcer définitivement. Tu n'as peut-être pas encore rencontré une tentation sérieuse sur ta route. Pour moi, je suis convaincu que, tôt ou tard, tu te jetteras, soit dans les bras de l'Église, soit dans quelque abîme effroyable. Car le sentiment de sa dignité, sans la grâce divine, ne saurait soutenir l'homme et le prémunir contre les chutes jusqu'au bout de sa carrière. Mais parlons politique... Tu n'as pas de chef, dis-tu ; tu renies sir Henry et ses procédés ; tu ppartages toutefois ses idées, tu soutiens ses projets, librement et honnêtement, soit ; mais ces idées et ces projets, sir Henry ne les fait prévaloir que grâce à ces *abominables manigances* que tu condamnes avec tant de chaleur. Cela ne te fait-il pas douter un peu de la bonté de ces idées et de ces projets ? N'est-il pas raisonnable de dire que ce qui est vraiment bon n'a pas besoin, pour réussir, de ces moyens ignobles ?

— Je condamne ces moyens et je ne voudrais jamais les employer moi-même ; mais je reconnais qu'il est difficile d'obtenir un succès quelconque dans le monde politique sans y avoir recours, à cause de l'esprit de vénalité qui règne partout.

— Et la fameuse dignité humaine, qu'en fais-tu ?

— Si tout le monde avait le sentiment de cette dignité, elle suffirait ; mais tout le monde ne l'a pas.

— Pourquoi tout le monde ne respecte-t-il pas cette dignité humaine, puisque ce sentiment est purement naturel ? Pourquoi tous les hommes ne sont-ils pas honnêtes ?

— Le sais-je, moi ! Pourquoi tous les hommes n'ont-ils pas la beauté physique ? Pourquoi y a-t-il des infirmes, des bossus, des sourds-muets, des borgnes, des aveugles ?

— D'un autre côté, il y a trop d'ordre, trop d'harmonie dans le monde visible pour qu'un homme raisonnable puisse parler du *hasard*. Admets donc un Dieu Créateur de toutes choses ; une divine Providence qui surveille et gouverne toutes choses ; une vie future où chacun sera récompensé selon ses œuvres ; une chute originelle qui a gravement affaibli et vicié la nature humaine ; un Dieu Sauveur qui a racheté l'homme déchu et lui a donné les moyens de reconquérir l'héritage céleste ; admets ces vérités et tu pourras résoudre tous les redoutables problèmes que nous offre l'humanité.

— J'admets volontiers que ton système est d'une logique rigoureuse : tout s'y tient et s'enchaîne. S'il y a quelque chose de vrai en fait de religion, c'est la doctrine catholique. Mais... nous parlerons de cela plus tard. Maintenant, au revoir. Il faut que je m'en retourne.

Les trois compagnons se séparent. Vaughan retourne chez sir Henry, tandis que Lamirande et Leverdier regagnent leur hôtel.

— Tu avais bien raison, dit Leverdier ; c'est un

grand malheureux plutôt qu'un monstre. Si nous pouvions apprendre aux hommes à croire comme nous leur apprenons à lire !

—La foi est un don gratuit que Dieu accorde à qui il veut. Remercions-le de ce qu'il a daigné nous faire ce don inestimable, tandis que tant d'autres, qui en auraient fait peut-être un meilleur usage que nous, ne l'ont pas reçu. Prions surtout pour ceux qui n'ont pas la foi. Ils sont comme les paralytiques dont parle l'Évangile qui ne pouvaient pas se porter d'eux-mêmes à la rencontre du Sauveur pour être guéris : il leur fallait le secours de voisins charitables. Les autres malades qui représentent les pécheurs qui ont la foi, pouvaient se rendre sans aide aux pieds du Christ. Si grandes que fussent leurs infirmités, si horribles que fussent leurs plaies, ils étaient moins à plaindre que les paralytiques, puisqu'ils pouvaient se placer sans aide sur le chemin de l'Homme-Dieu et crier : Jésus, Fils de David, ayez pitié de nous ! Imitons les âmes charitables de la Judée qui transportaient les perclus aux bords des chemins où Jésus devait passer. Portons les perclus spirituels, ceux qui n'ont pas la foi, portons-les par nos prières et nos bonnes œuvres au-devant du divin Maître afin qu'il les guérisse !

Pendant que les deux croyants s'entretenaient ainsi en regagnant leur appartement, Vaughan s'en allait lentement du côté opposé. Il était pensif. Les paroles de Lamirande l'avaient étrangement bouleversé. Un malaise vague, indéfinissable, comme le pressentiment d'un malheur, l'oppressait. Des aspirations confuses, qu'il ne pouvait pas analyser, agitaient son âme.

George Vaughan avait rencontré Lamirande plusieurs années auparavant dans un voyage à Québec. Dès les premières paroles échangées il s'était établi entre eux une vive sympathie. Tous deux possédaient un caractère franc, loyal, ouvert ; tous deux éprouvaient de l'attrait pour la vraie politique et une invincible répulsion pour cette politique de contrebande dont la base est la corruption et dont le principal moyen d'action est l'intrigue. Mais là se bornaient la ressemblance entre eux. Autant le Canadien français était croyant, autant le jeune Anglais était sceptique.

Plus tard, s'étant retrouvés à Ottawa, la sympathie des premiers jours se changea en une véritable et sincère amitié. Vaughan ne se demandait guère d'où lui venait cette singulière affection pour Lamirande ; ou plutôt il l'attribuait à une grande similitude de goûts et de caractère. Lamirande, plus clairvoyant, était convaincu que le courant mystérieux qu'il avait senti s'établir entre cet étranger et lui dès leur première rencontre ne pouvait s'expliquer par une cause naturelle. Croyant fermement au surnaturel, il s'était dit que cette amitié était l'œuvre de l'ange gardien de Vaughan ; que cet esprit céleste avait choisi ce moyen pour conduire au salut l'âme confiée à ses soins.

Vaughan, avons-nous dit, était sceptique. Ce poison de l'incrédulité, il se l'était inoculé, dès son enfance, dans les écoles publiques de sa province. Devenu jeune homme il avait passé plusieurs années à Londres et à Paris, et la vie qu'il y mena, sans être une vie de débauche, n'était pas faite pour le rendre croyant. Mais s'il était sceptique, il n'était pas athée militant. Il ne niait pas l'existence d'un Dieu Créateur. Il lui semblait même qu'il devait y avoir un Principe universel quelconque. À la rigueur, il pouvait passer pour déiste. À ceux qui lui parlaient du monde surnaturel il répondait invariablement : « Je ne nie rien et je n'affirme rien ».

Cependant, après s'être lié avec Lamirande, il avait étudié la religion catholique ; et à l'époque où nous le voyons il la connaissait mieux que bien des catholiques. Il répétait souvent, comme nous l'avons entendu dire ce soir, que s'il y avait quelque chose de vrai en fait de surnaturel, c'était la doctrine de l'Église. Mais s'il avait la science que l'homme peut acquérir par ses forces naturelles, il n'avait pas la foi que Dieu seul communique à l'âme par la grâce. Ses entretiens avec Lamirande sur la religion le troublaient toujours ; néanmoins, il n'aurait pas voulu y renoncer pour la plus belle fortune du monde, car tout incroyant qu'il était, la foi de son ami le fascinait. Ce soir, il est plus tourmenté qu'à l'ordinaire. « Ah ! se dit-il avec un soupir, en rentrant chez sir Henry, si je pouvais croire comme Lamirande ! » C'est la première fois que son cœur, rempli jusqu'ici de sentiments vagues, émet un vœu aussi nettement formulé.

Les convives se mettent à table, et bientôt Vaughan, entraîné par le tourbillon de la conversation, oublie son trouble de tout à l'heure. Il est devenu, encore une fois, l'homme du monde affable, correct, spirituel mais sceptique.

Au dîner, Vaughan se trouve placé à côté de M. Aristide Montarval, député de la ville de Québec. Une élection partielle avait eu lieu au commencement de décembre, par suite de la démission inexpliquée du député siégeant ; et Montarval qui, jusque-là, ne s'était guère mêlé de politique et qui passait pour un radical avancé, s'était tout à coup présenté comme conservateur contre un autre conservateur de vieille date. À la surprise générale, sir Henry l'avait accepté, lui nouveau converti, comme candidat ministériel, de préférence à son concurrent. Ce titre de candidat ministériel, joint à l'appui des radicaux qui ne semblaient pas trop froissés de le voir se présenter comme conservateur, lui avait valu un éclatant triomphe qui ne laissa pas d'intriguer le monde politique. Cette élection, sur laquelle il plane un certain mystère, est l'un des sujets de conversation à la table de sir Henry. Montarval est très riche, et s'est déjà distingué comme orateur. C'est une belle acquisition pour le parti conservateur, se dit-on de toutes parts ; car il est bien connu que le nouveau député, sans prendre une part ostensible aux affaires politiques, avait toujours professé et propagé les idées avancées. Sir Vincent Jolibois, le principal représentant de l'élément français dans le cabinet, avait même manifesté timidement des scrupules de reconnaître l'orthodoxie ministérielle et conservatrice de cette candidature. Il s'en était ouvert à son collègue et chef, sir Henry Marwood. Celui-ci l'avait rassuré en disant que Montarval avait un talent remarquable et que le talent est toujours digne d'admiration. Sir Vincent s'était rendu à ce raisonnement sans réplique. D'ailleurs, avait-il dit à un ami qui, lui aussi, avait des craintes au sujet de cette candidature néo-conservatrice, il faut maintenir la discipline dans les rangs du parti, et du moment que notre chef est satisfait nous devons l'être également. de même qu'il ne faut pas être plus catholique que le pape, de même aussi il ne faut pas être plus conservateur que le chef du parti.

C'est ainsi que le radical Montarval était devenu conservateur. *La Nouvelle-France* ayant hasardé une simple observation sur la facilité avec laquelle le parti conservateur absorbait et s'assimilait les aliments les plus indigestes, il y eut dans la presse un tollé général contre Leverdier. Pendant quinze jours on le traita, dans les deux langues, de grossier, de malappris, d'hypocrite, de jaloux, d'ambitieux, etc. Même *la Libre-Pensée*, qui avait abîmé Montarval pour s'être fait réactionnaire, fournit sa bonne part à ce concert malsonnant d'imprécations.

Vaughan lia conversation avec son voisin ; et comme on parle volontiers de ceux qu'on aime, il voulut entretenir le nouveau député de leur collègue absent, Lamirande. À la mention de ce nom, il remarqua dans les yeux de Montarval une telle expression de haine qu'il se sentit glacé.

— Décidément, se dit-il en lui-même, notre nouveau collègue n'est pas un homme sympathique ! Quelle différence entre Lamirande et lui ! Lamirande attire, celui-ci repousse. Les deux pôles d'un aimant, quoi ! Est-ce magnétisme animal ? Est-ce autre chose ?

Le festin se prolongea jusqu'à une heure avancée et se termina sans incident remarquable.

Chapitre V

Rendus à leur modeste appartement, rue Wellington, Lamirande et Leverdier se mirent à discuter sérieusement la situation politique.

—Elle est très grave, dit Lamirande, car je suis convaincu que sir Henry Marwood médite quelque coup de Jarnac plus perfide qu'à l'ordinaire. Mais que faire ?

—Pour moi, dit Leverdier, je vais écrire sur le champ un article qui fera un peu d'émoi dans le camp ministériel, j'en réponds.

—C'est très bien ; et pendant que tu seras ainsi occupé je vais brocher quelques lettres pour mettre nos amis au courant de la situation.

Député et journaliste se mirent à la besogne de bon cœur. Voici l'article qu'écrivit Leverdier et qu'il intitula :

DORMEZ EN PAIX !

« La semaine prochaine, sir Henry Marwood soumettra aux Communes son projet pour régler définitivement le sort politique du Canada.

« Pour nous, Canadiens français, il s'agit de notre

93

avenir national. Tout ce que nous avons de plus cher et de plus sacré est en jeu : notre religion, notre langue, nos institutions, nos lois, notre autonomie.

« Existerons-nous comme peuple demain ? Voilà le problème redoutable qui se dresse devant nous.

« La presse ministérielle et soi-disant conservatrice répand sur le pays les flots de son optimiste somnifère. Dormez, dit-elle, aux habitants de la province de Québec, dormez en paix, dormez sur toutes vos oreilles, car sir Henry est premier ministre et sir Vincent est son très humble serviteur.

« Quelle inquiétude pouvez-vous avoir ? Sir Henry est franc-maçon, c'est vrai, mais il respecte l'Église, il raffole de notre langue qu'il parle couramment, il admire nos institutions. Il était jadis partisan déclaré de l'union législative, mais aujourd'hui il verserait son sang pour le maintien du *statu quo*. L'autonomie des provinces n'a pas d'ami plus sincère que ce centralisateur converti. Qu'on dorme en paix, puisque ce gardien né de nos droits veille.

« Des esprits chagrins, disait l'autre jour *le Mercure*, organe en chef des ministres dans la province de Québec, des esprits chagrins cherchent à créer du malaise parmi nos populations en soulevant des préjugés contre nos hommes publics, contre les chefs conservateurs qui ont reçu de Dieu la mission de conduire notre pays dans les voies du progrès moral et matériel. »

« Méchants esprits chagrins, dormez donc plutôt ! »

« De quel droit, esprits chagrin, rappelez-vous sans cesse que le chef du cabinet est affilié à la secte maçonnique ; que sir Vincent, collègue de sir Henry, a jadis, voté pour l'école neutre et obligatoire ; que M. Vilbrèque, autre collègue de sir Henry, dans un accès d'anglomanie, a déploré, un jour, les dépenses excessives que l'usage de la langue française occasionne ; que M. Dutendre, troisième collègue français de sir Henry, a déclaré que les législatures provinciales ne sont, après tout, que de grands conseils municipaux. Ce sont là des *préjugés* que vous soulevez très indignement contre de braves gens qui distribuent le *patronage*, les *impressions* et les *subventions* d'une façon tout à fait orthodoxe. Sir Vincent n'a-t-il pas dit, l'été dernier, dans son grand discours-programme, qu'un « pays où le *patronage* est distribué d'une manière judicieuse et équitable est un pays bien gouverné, c'est-à-dire heureux. »

« Pourquoi doutez-vous, esprits chagrins ? »

« Il s'agit d'élaborer un projet de constitution qui sauvegarde les droits de l'Église, les droits des parents sur l'éducation de leurs enfants, les droits de l'élément français, l'autonomie provinciale ; donc confions, en toute sûreté, la réalisation de ce projet à des francs-maçons, à des partisans de l'État enseignant, à des ennemis de notre langue et de nos institutions provinciales. La discipline de parti le veut ainsi. Or il n'y a que les « esprits chagrins » qui préfèrent la logique à la discipline de parti.

« Douter de l'efficacité du *patronage* bien distribué, c'est un crime ; s'insurger contre la discipline de parti au profit de la logique, c'est un acte de folie.

« Donc, habitants de la province de Québec, dormez en paix, car sir Henry et ses brillants collègues veillent sur nous. »

* * *

Leverdier donna lecture à Lamirande de ces quelques lignes.

— Ce n'est pas un article extraordinaire, dit le journaliste, mais il fera hurler la presse ministérielle, et en hurlant, elle se compromettra. Que pouvons-nous faire davantage pour le moment ? Nous sentons bien, toi et moi, qu'il se trame ici quelque noir complot. Mais nous ne saurions faire partager nos convictions au public. Raconter ta conversation avec sir Henry, c'est nous exposer à un démenti catégorique de sa part, car ce n'est pas un mensonge qui ferait reculer le vieux scélérat. D'ailleurs, nos propres gens sont tellement entichés de lui qu'ils regarderaient cette tentative de corruption comme un acte très gracieux. Voyez ! diraient-ils cet excellent sir Henry a voulu honorer notre race, et cet entêté de Lamirande l'a grossièrement insulté ! Nous sommes bien malades !

— En effet, l'avenir est très sombre, répliqua Lamirande ; mais ne perdons pas espoir même quand tout sera désespéré. N'oublions pas que Lazarre était enseveli et sentait déjà mauvais lorsque le Seigneur l'a ressuscité !

Chapitre VI

Et ambulant per vias tenebrosas.

Ils marchent par des voies ténébreuses.

PROV. II, 13.

Deux jours après la réception et le banquet chez sir Henry, les journaux de la capitale annoncèrent que le premier ministre était tellement indisposé qu'il ne pouvaient ni assister aux séances de la Chambre ni reçevoir des visiteurs. La vérité vraie, c'est qu'il avait quitté Ottawa le lendemain du dîner et s'était rendu secrètement à Kingston où il gardait le plus strict incognito.

Vers neuf heures du soir, il sortit de l'hôtel où il était descendu et se rendit à une maison isolée d'un des faubourgs de la ville. Il frappa d'une manière toute particulière. Quelqu'un à l'intérieur lui pose des questions auxquelles il répond ; puis la porte s'ouvre, et sir Henry se trouve dans le lieu de réunion du Suprême Conseil de la Ligue du Progrès. Ce Suprême Conseil se compose de deux délégués de chaque Conseil Central. Celui qui préside est le même que nous avons vu diriger le Conseil Provincial de Québec. L'un des représentants du Conseil Central de Montréal est Ducoudray, rédacteur de *la Libre-Pensée*, que nous avons aussi vu figurer à la vieille capitale.

À peine sir Henry est-il arrivé que la séance s'ouvre par une horrible prière à Satan que le président

97

récite en se tournant vers un immemse triangle placé au fond de la salle. Devant ce triangle, dont la principale pointe est en bas, emblême de Lucifer, de l'encens brûle sur un autel.

— Mes frères, dit le président, nous voici au complet. Je vous félicite de votre exactitude à vous rendre aux séances du Suprême Conseil. Aussi, grâce au zèle que vous déployez dans vos travaux, pouvons-nous envisager l'avenir avec confiance. Lors de notre dernière réunions, j'avais l'honneur de vous communiquer officiellement la nouvelle que nos efforts avaient pleinement réussi ; qu'avec le concours intelligent de nos frères en Angleterre et aux États-Unis, le lien colonial était rompu. C'était le premier pas dans la bonne voie. Mais ce n'était qu'un premier pas. Vous le savez, notre dessein était de faire entrer immédiatement le Canada dans l'union américaine. Malheureusement, les graves événements que vous connaissez, nous ont forcés à ajourner indéfiniment la réalisation de ce projet. Il a fallu adopter un autre but politique. Le comité exécutif a estimé que, vu l'impossibilité d'incorporer le Canada aux États-Unis, c'était l'union législative de toutes les provinces qui nous offrait le meilleur moyen d'extirper radicalement du sol canadien l'infâme superstition qui empêche notre peuple de marcher dans les sentiers du véritable progrès. Cette décision a été ratifiée par le Suprême Conseil à sa dernière réunion. Le comité exécutif a donc exercé l'influence dont notre ordre dispose sur les législatures provinciales pour les amener toutes à remettre au parlement fédéral le règlement définitif de la question de notre avenir politique. Aujourd'hui, j'ai l'honneur de vous annoncer officiellement que cette partie de notre programme est exécutée. Le frère Marwood, à ma demande, a aussitôt convoqué le parlement fédéral. Nous avons maintenant à délibérer sur ce qu'il convient de faire à Ottawa. Que vous en semble-t-il ? La parole est aux frères qui ont quelques observations à faire, quelque projet à soumettre à ce Suprême Conseil ?

Après un instant de silence.

—Le frère président, fit un affilié, a sans doute quelque proposition à nous soumettre ; nous l'écoutons.

—En effet, j'ai un projet à soumettre au Conseil ; mais je voudrais, auparavant, entendre les observations que mes frères peuvent avoir à faire sur la situation.

—Nous pourrions mieux délibérer, dit le même affilié, si le frère président voulait bien nous faire connaître d'abord son projet. Il est bien rare que le Conseil ait à modifier les plans de son chef.

—En bien ! reprend le président, voici comment j'envisage la situation. Nous ne saurions réussir à faire accepter l'union législative en la proposant ouvertement au parlement. Les députés canadiens-français, les députés catholiques des autres provinces et le groupe Houghton n'en voudront jamais. Il faut donc que le projet gouvernemental soit assez habilement conçu et rédigé pour établir effectivement l'union législative tout en conservant les apparences et le nom d'une confédération. Il faut que nous nous contentions aujourd'hui de déposer les germes de l'union ; plus tard, et peu à peu, nous développerons notre œuvre jusqu'à son entier épanouissement. Il faut que dans chaque garantie accordée aux provinces il y ait un mot, une phrase équivoque que nous puissions, en temps opportun, interpréter en faveur du pouvoir central. Voici un projet de constitution que j'ai préparé, avec l'aide du comité exécutif, et que je soumets à la considération du Suprême Conseil. Le frère secrétaire voudra bien en donner lecture.

Le frère secrétaire, qui n'est autre que le frère Ducoudray, lit le document qui est un véritable chef-d'œuvre d'habileté infernale. Pas un article sans piège dissimulé avec un art surhumain ; pas une disposition sans équivoque savamment agencée. Tous les frères sont dans l'admiration. Le projet est agréé presque sans discussion.

— Il est donc statué, dit le président, par le Suprême Conseil de la Ligue du Progrès, que le projet de constitution que nous venons d'adopter doit être présenté au parlement sans délai. Le secrétaire gardera l'original dans les archives du Suprême Conseil et il en remettra une copie authentique au frère Marwood. Il est ordonné, de plus, que le frère Marwood fera voter ce projet par le parlement fédéral et qu'il ne pourra point le modifier ou le laisser modifier sans le consentement du Comité exécutif. Est-ce là le plaisir de ce Suprême Conseil ?

Tous manifestent leur assentiment, et le frère secrétaire fait au registre les inscriptions voulues par le règlement de la Ligue.

— Et si le parlement refuse de voter ce projet, demande le frère Marwood, que faudra-t-il faire ? J'ai peur que, malgré l'incontestable habileté de la rédaction, Lamirande et Houghton ne fassent voir la véritable portée de cette nouvelle constitution.

— Nous avons fait la part très large à la prudence, répond le président ; maintenant, il faut de la hardiesse, de l'audace pour réussir. Si la Chambre regimbe, vous la ferez dissoudre. Un appel aux électeurs nous sera favorable, car nous prendrons les moyens voulus pour qu'il le soit. L'esprit de parti et la corruption sont toujours les forces vives de la politique. Comptez là-dessus, frère Marwood, sur notre admirable organisation qui enveloppe tout le pays, et spécialement sur l'aide de notre Dieu, le Dieu de la Liberté, du Progrès et de la Vengeance. Mais ce Lamirande, est-ce bien certain que vous ne pourrez pas le corrompre ?

— Le corrompre ! Vous ne l'ignorez pas, frère Président, j'ai fait de mon mieux ; et les frères savent que je ne manque pas précisément de talent quand il s'agit de me débarrasser d'un adversaire gênant. Eh bien ! je n'ai pas pu l'entamer. Et je connais assez les hommes pour savoir que c'est inutile de recommencer mes efforts auprès de lui.

Puis le frère Marwood raconte au Suprême Conseil ce qui s'était passé entre Lamirande et lui, le soir du banquet.

Le président se penchant vers Ducoudray, lui dit tout-bas.

— Rappelle-toi bien tous ces détails que Marwood vient de nous raconter ; prends-en note. Cela nous servira en temps et lieu.

— Je ne vois pas, dit Ducoudray, comment nous pourrons tourner cet incident contre Lamirande. C'est plutôt en sa faveur...

— Tu verras plus tard l'usage que nous pourrons en faire.

Bientôt le Suprême Conseil se disperse. Le président et le frère Marwood se rendent ensemble à Ottawa tandis que Ducoudray emporte les archives avec lui à Montréal.

Chapitre VII

Prudentia carnis mors est,

La prudence de la chair est mort.

ROM. VIII. 6.

Leverdier ne s'était pas trompé : son article souleva une tempête. *Le Mercure*, principal organe ministériel, ouvrit le feu par un écrit pompeux. En voici quelques extraits :

« Nous sommes arrivés à une époque décisive de notre histoire ; le moment est solennel : une nation va naître. De simple colonie que nous étions tout à l'heure, nous passons à l'état de peuple libre et entièrement indépendant. Le moment est donc solennel, avons-nous dit, et nous devrions tous tenir un langage digne de la grandeur des événements qui se préparent.

« Nous avons profondément regretté de lire, ces jours-ci, dans une feuille obscure de Québec, un article très déplacé, et par la forme et par le fond. La forme est légère, triviale, badine, ironique. Ce n'est pas ainsi qu'il convient de discuter les graves questions du jour. Pour le fond, c'est pis encore : appel aux préjugés religieux et nationaux, manque de charité chrétienne, manque de respect envers l'autorité constituée, manque de déférence envers nos chefs politiques. Tous les manquements à la fois y sont.

« L'auteur de cet écrit pousse l'indélicatesse et la

passion jusqu'à rappeler que notre chef politique, le premier ministre de ce pays, fait partie de la franc-maçonnerie. Sans doute, nous condamnons la franc-maçonnerie puisque notre église la condamne ; mais il ne faut pas oublier que les églises protestantes ne la condamnent pas, et que sir Henry est protestant. Il ne faut pas oublier que non seulement les églises protestantes ne condamnent pas la franc-maçonnerie, mais que plusieurs ministres protestants, et des plus éminents, appartiennent à cette société. Ce qui prouve, et que les religions protestantes ne voient pas la franc-maçonnerie d'un mauvais œil, et que la franc-maçonnerie n'est pas hostile, comme certains exaltés le prétendent, à toute religion, au chritianisme même.

« Malgré ces vérités incontestables, on fait un crime à sir Henry d'être franc-maçon. On veut jeter le doute et le trouble dans l'esprit de notre population ; on veut lui rendre suspects les chefs de l'État ; on sape l'autorité ; on attise le feu des préjugés nationaux et religieux. Tout cela est révolutionnaire et anti-social. Nous vivons dans un pays de population mixte, ne l'oublions jamais ; nous sommes la minorité en ce pays, ne l'oublions pas, non plus. Vivons donc en paix avec les protestants, les Anglais et les francs-maçons. C'est notre devoir puisque la Providence nous a placé au milieu de ces divers éléments. Respectons leurs opinions si nous voulons qu'ils respectent les nôtres. Donnons-leur fraternellement la main. Ne les aigrissons pas si nous ne voulons pas qu'ils se coalisent contre nous pour nous écraser. Soyons de notre époque et de notre pays. Ayons confiance dans la sagesse et le patriotisme de nos chefs. Confions-nous à leur loyauté, et soyons assurés que nos privilèges seront respectés. Ne portons pas une main sacrilège sur la Confédération. Contentons-nous de la perfectionner, en nous laissant guider, dans cette œuvre si délicate, par les chefs qui ont reçu la mission de conduire le pays. Ceux qui demandent l'union législative ne sont pas plus révolutionnaires que les utopistes dangereux qui voudraient désunir les provinces. Nous sommes dans un juste milieu ; restons-y. »

Toutes la petite presse ministérielle se mit aussitôt à faire entendre la même note avec des variations qui étaient principalement des attaques violentes et personnelles contre Lamirande et Leverdier qu'on accusa de jalousie, d'ambition, de haine. Plusieurs de ces écrivains, qui étaient grassement payés pour chanter les louanges des ministres, s'indignaient à la pensée que cette scandaleuse croisade contre l'autorité civile entreprise par *la Nouvelle-France* et ses partisans était inspirée par l'amour du lucre ! Et, invariablement, ces discours se terminaient par un fervent appel à la charité chrétienne.

La Libre-Pensée, organe des radicaux ouvertement favorables à l'union législative, fit feu et flammes, elle aussi, contre les séparatistes. Crétins, calotins, hypocrites, impuissants, rongeurs de balustres, cagots, cafards, jésuites de robe courte, escobars, arriérés, éteignoirs, tenants du Moyen Âge, ennemis du progrès, fanatiques, inquisiteurs, Torquemadas au petit pied, descendants encroûtés de Pierre l'Ermite, tartufes, Basiles, voilà le canevas sur lequel ce journal et ses satellites brodaient. Tous demandaient, à hauts cris, au nom de l'économie, l'union législative. Nous sommes trop gouvernés, répétaient-ils sans cesse. Plus de provinces, plus de législatures provinciales, plus de mesquins préjugés de races et de religion. Abattons tout cela et établissons un gouvernement unique, fort, large, économe, et une seule nationalité.

À Québec se publiait dans ce temps-là un journal intitulé *le Progrès catholique*, dirigé par Hercule Saint-Simon que le lecteur a déjà vu, en compagnie de Lamirande, faire une visite d'enquête pour le compte de la Saint-Vincent-de-Paul.

Homme de talent réel, mais peu sympathique, le rédacteur du *Progrès* avait dans le regard quelque chose de faux et de froid qui faisait éprouver un étrange malaise à tous ceux qui venaient en contact avec lui. Doué d'une certaine allure énergique, violente même, il passait, aux yeux de ceux qui ne voient que la surface des choses, pour un homme fortement trempé, pour un caractère. Avant l'époque où commence notre récit, il s'était jeté avec une grande ardeur dans le mouvement séparatiste, à la suite de Lamirande et de Leverdier. Mais tout en les proclamant ses chefs, tout en arborant leur drapeau, il ne voulait pas toujours suivre leurs conseils ni adopter leur langage ferme et modéré, leurs procédés marqués au coin de la sagesse. Depuis un mois surtout il semblait s'être fait casseur de vitres de profession.

Sans doute, il faut parfois casser les vitres, en réalité, comme au figuré. Un homme est renfermé dans une chambre où l'air respirable manque complètement. La porte est fermée à clé, barricadée ; toutes les issues sont hermétiquement closes. L'homme étouffe. Déjà il est sans connaissance. Que faire ? Vous cassez une vitre. L'homme respire, il est sauvé. Dans le monde moral, il y a des situations analogues où il est nécessaire de casser les vitres. C'est le seul moyen qui reste de faire circuler un peu d'air pur dans les prisons où la routine et les préjugés ont renfermé et asphyxient leurs victimes. Mais M. Saint-Simon ne faisait guère plus

106

autre chose que casser les vitres. Il en cassait partout, toujours et à propos de rien. Le bruit des vitres cassées avait attiré sur lui tous les regards sans toutefois lui gagner les cœurs.

Le rédacteur du *Progrès catholique* répondit donc à l'article de *la Nouvelle-France* par un éclat formidable. Il intitula son écrit : « Est-ce la guerre que l'on veut ? » Dans cet écrit, non seulement il demandait la sortie de la province de Québec de la Confédération, mais il poussait les Canadiens français à s'organiser militairement, à se procurer des armes et à se rendre à Ottawa pour surveiller les délibérations du parlement. Il fit une charge incroyable contre tous les protestants, sans distinction, déclarant qu'ils étaient tous ligués contre les catholiques pour les massacrer. Et il terminait son article d'énergumène en donnant clairement à entendre que le jour où la province de Québec serait délivrée du joug fédéral, les Anglais qui s'y trouveraient n'auraient qu'à se bien tenir.

En lisant cet article, Leverdier eut un mouvement de sainte colère. Il quitta précipitamment le cabinet de lecture du parlement, traversa le couloir et, appelant un page, fit mander Lamirande qui était à son siège de député.

— As-tu vu la dernière bêtise de Saint-Simon ? s'écria-t-il.

— Oui, fit tranquillement Lamirande, j'ai vu cet écrit, c'est plus qu'une bêtise, c'est un crime.

— Cet homme-là est-il fou ?

— Non, mon ami, il n'est pas fou. Il est quelque chose de pire qu'un fou.

— Je ne vois guère rien de pire et de plus dangereux qu'un fou qui se mêle d'écrire, répliqua vivement Leverdier.

— Un traître est plus dangereux qu'un fou, fit Lamirande.

— Grand Dieu ! s'écria le journaliste, tu le soupçonnes de nous trahir ! Tu vas plus loin que moi, je ne l'accuse que d'un manque incroyable de tact et de jugement.

— Je vais plus loin que toi, en effet. Je ne porte pas un jugement téméraire en te disant que Saint-Simon nous trahit froidement.

— Mais sur quoi te bases-tu pour croire à tant de perfidie chez cet homme qui, après tout, prétend défendre la même cause que nous ?

— Tu n'ignores pas que l'on peut trahir une cause tout en prétendant la défendre. C'est même le procédé favori de nos jours. C'est le raffinement de la trahison.

— Oui, mais enfin, as-tu quelque preuve contre lui ? Sur quoi s'appuient tes soupçons ?

— Ce ne sont pas des soupçons, c'est une certitude morale, une conviction profonde.

— Mais encore, dis-moi sur quoi elle repose, cette certitude morale ? Tu n'as pas l'habitude de juger à la légère et sans preuves. J'avoue que l'article est affreux, abominable. En le lisant, j'ai frémi d'indignation, et si j'avais eu le malheureux sous la main, je ne sais pas trop ce que je lui aurais fait. Mais, après tout, ne peut-on pas mettre cet écrit sur le compte de la bêtise humaine, qui est grande, tu le sais.

— Oui elle est grande, mais la perversité humaine est grande aussi. Ce sont deux immensités dont Dieu seul peut voir les limites. Si je n'avais que l'écrit de Saint-Simon pour me guider, je jugerais l'incident probablement comme toi. Mais je sais que ce malheureux était naguère affreusement travaillé par le démon de la richesse et j'ai lieu de craindre qu'il n'ait succombé à la tentation. J'ai appris, ce matin même, que depuis quelque temps Saint-Simon voit M. Montarval dans l'intimité.

— Je sais, en effet, qu'ils sont intimes.

— Je l'ignorais jusqu'ici. Mais ce que je n'ignorais pas, c'est que M. Montarval est l'homme le plus épouvantable que j'aie jamais vu... un monstre... J'en frissonne encore. Je ne puis t'en dire davantage, je me suis engagé au silence sur certains détails. Cet engagement ne me lie peut-être pas d'une façon absolue ; mais, enfin, qu'il me suffise de te dire que celui qui fréquente assidûment Aristide Montarval ne saurait être autre chose qu'un misérable. Les événements ne me donneront que trop tôt raison.

Bien que quelque peu intrigué, Leverdier n'insista pas davantage. Il connaissait trop bien son ami pour douter de la sûreté de son jugement. Après un moment de silence, le journaliste reprit :

— Mais l'article, que faut-il en faire ?

— Je viens de faire tout en mon pouvoir pour réparer le mal. Au commencement de la séance, j'ai désavoué l'écrit et son auteur. J'ai déclaré que cet article insensé n'exprime pas nos sentiments ; que nous ne sommes pas animés par la haine des autres peuples qui habitent ce pays, mais pas l'amour de notre race, de notre nationalité, de notre religion, de notre langue et de nos traditions ; que nous croyons mieux sauvegarder toutes ces choses sacrées en nous retirant de la Confédération, maintenant que l'occasion s'en présente ; mais que nous ne menaçons personne. Je crois que tu feras bien de répéter la même chose dans ton journal. Pour le moment ; il n'y a rien autre chose à faire. Les événements vont se précipiter. Attendons.

Chapitre VIII

Nihil est iniquius quam amare pecuniam : hic enim et animam suam venalem habet.

Il n'y a rien de plus injuste que d'aimer l'argent ; car un tel homme vendrait son âme même.

ECCLI. X. 10.

Hercule Saint-Simon s'était lancé dans le journalisme sans préparation morale, sans avoir purifié ses intentions. Il voulait faire le bien au moyen de son journal ; mais, tout en faisant le bien, il comptait arriver en même temps à l'aisance d'abord, puis à la richesse. Le pain quotidien, c'est-à-dire le nécessaire pour un homme de sa position sociale, n'était pas assez : il lui fallait les douceurs de la vie. Et comme le journalisme vraiment catholique est plus fécond en déceptions et en déboires qu'en succès financiers, il s'aigrissait et s'irritait de plus en plus. Voyant qu'il n'avait pas l'abnégation voulue pour continuer son œuvre, ingrate au point de vue mondain, il aurait dû l'abandonner et chercher ailleurs, par des moyens légitimes les biens terrestres qu'il convoitait. Mais il aimait le journalisme à cause du prestige et de l'influence que cette profession confère à celui qui l'exerce avec talent. Le bruit des polémiques le grisait, les discussions auxquelles on se livrait autour de son nom flattaient sa vanité. Rester journaliste honnête, même journaliste catholique, tout en devenant riche, tel était d'abord son rêve.

Il commença par faire des réclames, moyennant finance, en faveur de certaines entreprises commerciales et industrielles. Comme ces entreprises étaient honorables, il pouvait, à la rigueur, se dire qu'il recevait le prix d'un travail légitime ; mais ses besoins factices augmentant toujours et ce genre d'affaires lui paraissant bientôt restreint, il agrandit le cadre de ses opérations. Lorsque les promoteurs de grandes entreprises ne venaient pas à lui, il allait à eux, et leur donnait habilement à entendre que le moyen le plus sûr de ne pas trouver en lui un adversaire acharné, c'était de payer grassement son concours. Puis, glissant toujours sur la pente, il mit sa plume au service d'affaires douteuses, interlopes, enfin absolument mauvaises.

Pourtant la richesse n'arrivait pas encore assez vite. Son caractère de journaliste catholique, qu'il conserva toujours, apparemment, le gênait. Aux temps agités où commence notre récit, il entrevit la possibilité de faire fortune d'un seul coup. Mais pour atteindre ce but, il lui faudrait abandonner ses nationaux dans leurs luttes patriotiques, se livrer aux ennemis de sa race, favoriser leurs menées ténébreuses, trahir, en un mot, la cause sacrée de la patrie et de la religion. Le malheureux se cramponnait à cette idée qui lui revenait sans cesse : je n'irai pas jusqu'au bout, et quand je serai riche, indépendant de tout le monde, je pourrai facilement, et en peu de temps, réparer le mal que j'aurai fait.

Il en était là, lorsque nous l'avons entendu émettre ses sophismes sur la puissance de l'or et la nécessité de la richesse pour accomplir le bien dans le monde politique. À l'époque de sa conversation avec Lamirande était-il déjà perdu ? Depuis longtemps il était tenté, affreusement tenté par le démon qui fit tomber un des Douze. Toutefois, comme nul n'est jamais éprouvé au-dessus de ses forces, il aurait pu résister à ce redoutable assaut, s'il eût suivi le sage conseil de son véritable ami : une courte et fervente prière, un seul cri de détresse vers le Cœur de Jésus, et il était sauvé.

Lorsque les disciples allaient être engloutis par les vagues, ce fut une prière de quatre mots qui écarta le danger : *Domine, salva nos, perimus !*

Mais un mouvement d'orgueil étouffa ce cri qui montait déjà à ses lèvres. C'était une dernière grâce qu'il repoussait.

En quittant Lamirande, il était entièrement sous l'empire du Tentateur. Une rage étrange contre tous ses anciens, et particulièrement contre le meilleur de tous, s'était emparée de son âme. Autant il estimait et admirait jadis le jeune député, autant maintenant il le détestait. Auparavant, même au milieu de ses faiblesses et de ses misères, il aurait voulu imiter les vertus de Lamirande, posséder son désintéressement, sa force de caractère. Ces salutaires aspirations s'étaient subitement changées en une jalousie atroce et cruelle. Trop lâche pour s'élever jusqu'aux hauteurs où se tenait son ancien ami, il aurait voulu l'entraîner avec lui dans la fange où il allait se plonger. Et se sentant impuissant à ravaler ce chrétien à son propre niveau, il prit la détermination de lui faire autant de mal que possible.

Il était dans cette disposition d'esprit lorsqu'un soir il rencontra M. Montarval au club qu'il avait la mauvaise habitude de fréquenter sous prétexte d'y recueillir des nouvelles et des idées.

—Eh bien ! monsieur Saint-Simon, s'écria M. Montarval, comment va le journalisme à bons principes ? À merveille, sans doute, car lorsqu'on travaille pour votre bon Dieu il paraît que tout le reste, la bonne chère, les beaux habits, les meubles de luxe et les chevaux pur sang, il paraît, dis-je, que tout cela vous vient par surcroît. Est-ce bien le cas ? Dites donc ?

Au lieu de répondre avec fierté à ce persiflage blasphématoire, le malheureux rougit en balbutiant :

— Il ne faut pas prendre tout à la lettre dans la Bible... On y trouve, beaucoup d'allégories et de choses obscures... Tout ce que je puis dire, c'est que le journalisme comme je l'ai fait jusqu'ici ne donne malheureusement pas la fortune. C'est bien dommage, car c'est une profession que j'aime.

— Il y aurait peut-être moyen de rendre cette profession plus lucrative, répliqua Montarval qui dardait sur Saint-Simon son regard perçant.

Le journaliste se troubla, baissa les yeux et murmura un *peut-être* à peine intelligible. Mais c'en était assez pour fixer Montarval sur la valeur de son homme.

— Venez chez moi, dit-il ; nous converserons là à notre aise.

Saint-Simon le suivit, et quelques instants après ils gravissaient le perron qui conduisait à la somptueuse demeure du jeune Français. Cette résidence princière dominait la terrasse Frontenac et le fleuve Saint-Laurent. De ses fenêtres Montarval avait une vue magnifique. À droite, Saint-Romuald et les campagnes du sud bornées au loin par une frange de montagnes bleues ; en face, Notre-Dame et Saint-Joseph-de-Lévis ; à gauche, l'île d'Orléans et la riante côte de Beaupré adossée aux Laurentides. La maison était meublée avec un luxe oriental. Tout y respirait la mollesse et la volupté. C'était la réalisation du rêve de Saint-Simon.

Montarval conduisit le journaliste à une vaste

pièce, moitié salon, moitié cabinet de travail. Un valet, répondant à son appel, apporta du vin et des cigares.

— Maintenant, dit-il, nous pouvons causer sans crainte d'être dérangés. Ainsi, continua-t-il, le journalisme à bons principes ne mène pas à la fortune ! Un sage a dit que la vertu sans argent est un meuble inutile.

— En effet, répliqua Saint-Simon, le manque de ressources paralyse la presse en ce pays ; il paralyse, en général, nos hommes publics. Dans un pays constitutionnel, pour pouvoir se livrer avec avantages au journalisme ou à la politique, il faut posséder la fortune. Pourquoi vous qui êtes riche ne vous lancez-vous pas dans la politique ? Vous y feriez bientôt votre chemin.

— J'y ai songé quelquefois, et j'y songe dans le moment, répond Montarval. Il me serait facile, sans doute, de me faire élire ; mais un député, pour arriver rapidement, a besoin d'un journal sur lequel il puisse compter. Je pourrais bien en fonder un, me direz-vous. Oui, mais, je l'avoue, je m'entends peu aux affaires. J'aurais peur, si je m'aventurais dans le journalisme, d'y laisser la peau et les os. Je serais prêt à payer une somme ronde pour avoir l'appui d'un journal, sans être disposé à risquer ma fortune.

Montarval s'arrêta ici pour donner à ses paroles le temps de produire tout leur effet sur le journaliste. Il versa un verre de vin et le présenta à Saint-Simon qui le saisit d'un mouvement nerveux et le but d'un trait, sans regarder son tentateur. Celui-ci, dégustant son tokai tranquillement, continua :

— Ne pourrions-nous pas en venir à une entente, vous et moi ? Vous êtes journaliste, vous connaissez votre métier, mais les fonds vous manquent. Moi, j'ai des fonds, mais pas d'expérience. Nous possédons chacun un excellent avoir, mais, pour faire fructifier nos capitaux respectifs, il faudrait les unir. Qu'en dites-vous ?

— L'idée me paraît excellente. Veuillez me faire connaître les détails de votre projet.

— Oh ! c'est bien simple. Je vous donnerai, disons vingt mille piastres ; ou plutôt, pour que l'affaire soit plus régulière, je vous les prêterai contre billet ; mais avec l'entente formelle que je ne vous en demanderai pas le remboursement aussi longtemps que le journal me donnera satisfaction.

— Mais quelle ligne de conduite le journal devrait-il tenir pour vous donner satisfaction ? Faudrait-il changer entièrement de ton ?

— Pas du tout. Je ne demanderais guère de changements, car si je me présente ce sera comme conservateur...

— Comme conservateur ! fait Saint-Simon avec étonnement. Il me semblait que, sans vous mêler de politique, vous aviez des idées un peu...

— Avancées, vous voulez dire. Des folies de jeunesse ! Pour faire quelque chose de sérieux, il faut en rabattre beaucoup et devenir conservateur, bon gré mal gré. Si je veux avoir un journal à ma disposition, c'est uniquement pour reproduire mes discours et me tourner discrètement un petit compliment de temps à autre, sans que la réclame y paraisse trop.

— Dans ces conditions, répond Saint-Simon, devenu très pâle, je ne vois rien qui s'oppose à l'affaire que vous voulez bien me proposer.

— Alors, terminons-la sans plus de retard. Je vais vous faire un chèque pour la somme mentionnée et vous me donnerez votre billet à vue...

Une demi-heure après, Saint-Simon sortait de chez Montarval. Il était un homme vendu, un vil esclave. Il

116

le comprenait parfaitement et avait un profond dégoût de lui-même. Mais le démon de l'argent était toujours à ses côtés et lui tenait ce langage : « Après tout, on ne te demande pas un si grand sacrifice ; quelques bouts de réclame par-ci, par-là. Presque tous les journaux en font ».

— Mais, lui disait son ange gardien, si l'on te demande quelque infamie, que feras-tu ?

— Tu remettras l'argent en payant le billet, et tout sera dit, murmura le démon.

— Et si tu as dépensé l'argent, pourras-tu payer le billet qui est fait à présentation ?

— Dépose l'argent à la banque, et contente-toi de toucher l'intérêt. De cette façon tu seras toujours en état de faire honneur au billet si l'on veut exiger de toi quelque chose qui répugne à ta conscience.

Ce dernier argument du démon prévalut sur les avertissements de l'ange, et Saint-Simon déposa à la banque le prix de sa liberté. Et le démon, qui est habile, le laissa en paix pendant quelques jours. Quand la première horreur qui avait envahi l'âme du journaliste se fut émoussée, le mauvais esprit revint à la charge.

— Il te faudrait faire telles améliorations dans ton établissement, mieux monter ta maison afin de recevoir convenablement ceux qui vont te visiter ; ta table, ta cave, tes habits laissent à désirer.

— Et le billet, disait tout bas l'ange gardien ; comment paieras-tu le billet si l'on te demande de te déshonorer ?

— Oh ! tu pourras facilement trouver à faire un emprunt si le public voit que tes affaires ont l'air de prospérer. L'argent attire l'argent. D'ailleurs, ajoutait effrontément le malin esprit, il ne faut pas se méfier de la Providence.

— Il faut s'y fier, mais non pas la tenter, répondit l'ange.

Mais, comme la première fois, Saint-Simon écouta le Tentateur, et se livrant à ses penchants naturels, dépensa, en quelques jours, plusieurs milliers de piastres.

Montarval, qui faisait surveiller tous les mouvements de sa victime, jugea que le moment était venu de faire un pas de plus. Rencontrant de nouveau Saint-Simon au club, il lui dit :

— Je n'aime pas tout à fait le ton de votre journal, et comme vous ne voudriez sans doute pas le changer, à cause de vos principes inflexibles, il serait peut-être mieux de rescinder notre marché avant qu'il soit trop tard.

Le journaliste bondit sous ces paroles méprisantes comme si un bras vigoureux lui eût cinglé le visage d'un coup de fouet. Que n'aurait-il donné en ce moment pour être en état de jeter à la face de son corrupteur son or maudit ! Il eut un instant la pensée de rompre avec Montarval, d'emprunter de l'argent pour payer son billet ; ou s'il n'y réussissait pas, de laisser son séducteur saisir son imprimerie et ses meubles. Il eut une violente aspiration vers la liberté et un profond dégoût pour l'ignoble esclavage où il se voyait descendre. Mais c'était un mouvement purement humain, sans vraie force, par conséquent. Les difficultés de sa position, les sacrifices qu'il lui faudrait faire, difficultés et sacrifices que le démon avait soin de grossir démesurément, l'effrayèrent. Allons, se dit-il, pas de sottise ; voyons au moins ce qu'il me veut. Puis, tout haut :

— En quoi le journal ne vous plaît-il pas, monsieur ?

— Vous le savez, répondit Montarval, je me fais conservateur. Je demande, par conséquent, le *statu quo*.

Je suis également opposé à l'union législative et à la séparation des provinces. Votre journal est séparatiste. Cela ne pourra pas faire, vous le comprenez comme moi.

— Si je cessais, pour un temps, de parler de cette question brûlante...

— Cela ne suffirait pas. C'est du positif et non du négatif qu'il me faut... Je crois qu'il vaudra mieux rescinder notre marché. C'est si facile. Remettez-moi mon chèque et je vous remettrai votre billet. Nous n'en serons pas moins amis...

— Alors vous exigez que je combatte le mouvement séparatiste dont j'ai toujours été le défenseur enthousiaste ! C'est ce qu'on appelle vulgairement virer de bord. En navigation, c'est une manœuvre assez facile à exécuter ; en journalisme, cela se pratique souvent, mais c'est toujours désagréable.

— Précisément, fit Montarval, et c'est parce que je prévois que vos principes seront un obstacle à cette manœuvre que je vous propose tout de suite la rupture de notre marché... Quand serez-vous prêt à payer le billet, ou à remettre le chèque, car vous l'avez peut-être encore en votre possession ? Je ne désire pas vous presser. Il est aujourd'hui mercredi, disons samedi prochain, avant midi...

Le journaliste eut un nouveau mouvement de révolte, mais plus faible que le premier. Le démon lui souffla à l'oreille :

— Après tout, c'est une question purement politique. D'excellents catholiques sont opposés au mouvement séparatiste et favorables au *statu quo*. Tu peux facilement expliquer ton changement de front par des raisons spécieuses.

— Malheureux, dit l'ange, tu ne vois donc pas que

tu glisses rapidement vers l'abîme ? Tu ne vois donc pas que ce qui peut être une opinion honnête chez d'autres serait, chez toi, le fruit de la corruption et une trahison. Puisque l'on emploie de tels moyens en faveur du *statu quo*, c'est que cette solution cache quelque piège. D'ailleurs, tu connais l'homme qui te tente ; tu sais que c'est un misérable...

Montarval regardait fixement sa victime. On eût dit qu'il suivait sur la figure pâle et défaite du journaliste les péripéties de la lutte qui se livrait dans cette âme affaiblie.

— Eh bien ! dit-il, en se levant comme pour s'en aller ; c'est entendu que vous me remettrez les vingt milles piastres d'ici à samedi midi... Je passe toujours les matinées chez moi.

— Attendez ! s'écria le misérable journaliste. Après y avoir bien réfléchi, je ferai le changement que vous désirez. C'est une question où il est bien permis de modifier son opinion. Je me prononcerai graduellement en faveur du *statu quo*.

Un sourire diabolique crispa les lèvres du tentateur, mais Saint-Simon ne le vit pas car il avait les yeux baissé.

— Je n'exige pas autant que cela, dit Montarval. Je vous demande de combattre les séparatistes, mais je ne veux pas que vous donniez votre appui au *statu quo* ; pas pour le moment, du moins. Et pour rendre votre tâche plus facile, je veux que vous combattiez l'idée de séparation, non en la blâmant, mais en l'exagérant de toutes manières, en faisant de ce mouvement un épouvantail pour tous les Anglais du pays, en le compromettant aux yeux des Canadiens français. Vous saisissez bien ma pensée, n'est-ce pas ?

— Oui, parfaitement.

—Eh bien ! au revoir. J'espère que, désormais, votre journal aura des articles *très forts* en faveur de la séparation. Si la chose ne vous convient pas vous avez toujours l'alternative que vous savez. Au revoir !

Et là-dessus ils se quittèrent.

Dès ce moment, Saint-Simon cessa de lutter. Il se livra à son rôle infâme avec tant de zèle que Montarval lui en témoigna son admiration. D'exagération en exagération, d'excès en excès, il en était arrivé finalement à écrire l'article criminel que Lamirande désavoua publiquement devant le parlement.

Ce désaveu lui valut un torrent d'injures de la part du journaliste déchu qui traita son ancien ami de pusillanime, de peureux, de lâche, de traître à sa race. Il poussa le cynisme jusqu'à dire que Lamirande était vendu corps et âme aux Anglais !

Chapitre IX

Notus a longe potens lingua audaci.

L'homme puissant et audacieux en paroles se fait connaître de bien loin.

ECCLI. XXI, 8.

La mine a éclaté. Sir Henry a déposé son projet de constitution et la discussion est engagée.

Le premier ministre ouvre le feu par un petit discours mielleux et cauteleux, où il essaie de cacher sous des fleurs de rhétorique le venin de son œuvre. Il adresse même des compliments très flatteurs aux Canadiens français, les comble d'éloges, rappelle les principaux traits de leur histoire. Il termine sa harangue en exprimant l'espoir que, toute agitation cessant, on votera son projet. La paix, la prospérité et la grandeur future du pays l'exigent.

À peine le premier ministre a-t-il prononcé son dernier mot que Lamirande est debout, terrible dans sa colère de chrétien et de patriote. Pendant deux heures et demie, il parle, il tonne, il fulmine. Sous sa puissante logique, toute la perfidie de cette constitution élaborée au fond des loges apparaît en pleine lumière. Il met à nu tous les pièges, toutes les chausse-trappes qu'une main sournoisement habile avait cachés dans chaque article du projet. Il démontre que sous le régime proposé l'autorité des provinces ne serait plus qu'un vain mot ; que les législatures, dépouillées de leur

123

autonomie, seraient à la merci du gourvernement central ; que les tribunaux provinciaux seraient sans prestige ; que toutes les sources du revenu seraient absorbées par le fisc d'Ottawa ; que sous prétexte de favoriser l'instruction, l'État s'en emparerait ; que la langue française pourrait être abolie comme langue officielle, même dans la province de Québec, le jour où la majorité de la Chambre des communes le voudrait ; en un mot, qu'on menait le pays tout droit, mais hypocritement, à l'union législative.

À mesure qu'il déchirait tous les voiles et mettait à découvert les ruses du gouvernement, une émotion croissante s'emparait des députés et du public qui encombrait les tribunes. Quand il eut fini de parler, la consternation était peinte sur le visage des ministres et de leurs principaux partisans. Un grand silence se fit, suivi bientôt d'une sourde rumeur. Les députés se réunirent par groupes, inquiets, bouleversés. Personne ne se levait pour prendre la parole.

Enfin, sir Henry Marwood, très agité, se contenant à peine, fait remarquer au président qu'il est six heures. La séance est levée au milieu de la plus grand confusion. Presque tous les députés français, Lawrence Houghton et ses amis, entourent Lamirande et le félicitent chaleureusement.

Sir Henry jette un coup d'œil sur cette scène tumultueuse et son expérience des assemblés délibérantes lui dit que Lamirande l'emporte, que le projet sera sûrement rejeté. Il quitte précipitamment la salle des délibérations. Dans le couloir il rencontre Montarval.

— Nous sommes perdus, dit le premier ministre, à voix basse. Le projet ne passera pas. Lamirande l'a tué du premier coup. Nous avons trop forcé la note. Qu'allons-nous faire ?

— C'est bien simple, répond Montarval ; vous allez me faire dissoudre cette chambre-là dès ce soir. Rendez-vous immédiatement à Rideau Hall et conseillez la dissolution au gouverneur. Il faut qu'il soit ici à huit heures pour renvoyer les députés devant le peuple.

— Mais se sera un coup d'état !

— Sans doute, mais c'est de l'audace qu'il faut maintenant. Nous n'avons plus que cette ressource et nous devons en user largement. D'ailleurs, vous avez un prétexte tout trouvé, et pour le gouverneur et pour le public : en face de cette opposition inattendue, vous désirez consulter l'électorat.

— Et si le verdict populaire nous est défavorable ?

— Il faut prendre les moyens voulus pour qu'il ne le soit pas. Il faut semer l'argent à pleines mains ; mettre le trésor à sec, si c'est nécessaire ; exciter le fanatisme des provinces anglaises et compter sur la corruption et l'esprit de parti dans la province de Québec. De l'audace, vous dis-je, de l'audace !

— Mais je vais avoir une crise ministérielle sur les bras. Après le discours de Lamirande, les ministres français vont démissionner.

— Qu'importe ! J'en remplacerai un, et vous trouverez toujours deux imbéciles ambitieux pour prendre les autres portefeuilles. D'ailleurs, l'émotion va se calmer, car nous l'étoufferons avec de l'or. Ne perdez pas votre sang-froid et marchez.

Le premier ministre suivit ce conseil, et à huit heures du même soir la Chambre était dissoute.

Chapitre X

Sum ego homo infirmus.

Je suis un homme faible.

SAP. IX, V.

Sir Vincent Jolibois, collègue de sir Henry, remit son portefeuille dans un mouvement de véritable indignation. C'était son premier acte d'énergie depuis plus d'un quart de siècle qu'il était dans la politique. Ce fut aussi son dernier. Peu habitué à vouloir, à penser par lui-même, à agir avec indépendance, à former des résolutions viriles, et à s'y maintenir, le peu de caractère qu'il avait reçu de la nature s'était peu à peu complètement atrophié.

Au sortir de l'émouvante séance où Lamirande avait démasqué la perfidie du premier ministre, tout bouleversé encore par cette parole brûlante, sir Vincent s'était rendu chez sir Henry et l'avait prié d'accepter sa démission. Si celui-ci avait résisté un peu, peut-être serait-il revenu sur ses pas. Mais le vieux chef fit l'indigné et posa en victime. Il accepta la démission de son collègue, séance tenante, et lui fit sentir, en même temps, toute l'inconséquence de sa conduite. Est-ce au moment où la tempête gronde, dit-il, que les officiers doivent abandonner le navire ? Si vous ne pouviez pas accepter ma politique il faillait me le dire plus tôt et ne pas attendre qu'elle fût soumise aux députés.

Ce reproche était fondé. Sir Vincent avait eu

connaissance du projet, mais n'en avait pas vu la perfidie. Il était donc dans une fausse position. Il sortit de chez sir Henry le trouble dans l'âme : sans portefeuille et avec la conscience d'avoir mal rempli son devoir.

Lamirande apprenant que sir Vincent s'était retiré du cabinet alla le trouver aussitôt.

— On m'apprend, sir Vincent, dit-il en entrant chez l'ex-ministre, que vous avez démissionné. Je viens vous offrir mes respectueuses félicitations et vous prier de vous mettre immédiatement à la tête du mouvement séparatiste.

— Oui, j'ai démissionné, malheureusement... je veux dire forcément ; car je ne puis pas prendre la responsabilité de la politique du gouvernement en face de l'interprétation que la chambre semble y donner à la suite de votre discours.

— Mais cette interprétation n'est-elle pas la seule possible ?

— Oh ! je le suppose. C'est bien malheureux, tout de même. Voilà les esprits excités, le parti conservateur exposé à un désastre. Ne pensez-vous pas, mon cher monsieur Lamirande, qu'il eût été mieux de ne pas critiquer si vivement le projet du gouvernement ? Il aurait sans doute été facile de s'entendre et d'introduire dans le projet certains amendements, certaines garanties pour la province... Vous avez sans doute très bien parlé ; mais un peu de diplomatie ne nuit pas, voyez-vous. C'est bien malheureux, tout cela.

— Ne voyez-vous pas, sir Vincent, que quelques amendements n'auraient pas pu sauvegarder notre position. Le projet est radicalement mauvais, d'un bout à l'autre. C'est un vaste piège. Vous en êtes convaincu, puisque vous avez démissionné.

— Oui, j'ai cru que c'était un piège... Le projet est

certainement mauvais ; mais peut-être aurions-nous pu nous entendre. C'est trop tard maintenant, le mal est fait. Les esprits sont excités, ma démission est acceptée, je ne suis plus ministre, et je ne puis plus rien.

— Oui, sir Vincent, vous pouvez encore beaucoup, précisément parce que vous n'êtes plus ministre. Vous pouvez vous mettre à la tête de la province. À part les radicaux, qui sont relativement peu nombreux, tous les Canadiens français se rallieront autour de vous si vous arborez résolument le drapeau national.

— Mais ce mouvement national bouleverse les esprits. Le parti conservateur en souffre. Je suis essentiellement conservateur, moi, je ne veux rien de révolutionnaire, rien d'extrême. Je suis partisan de la modération et de la conciliation. Puis les protestants et les Anglais, il ne faut pas les irriter. Saint-Simon va trop loin, et il se dit de votre parti. Croyez-moi, monsieur Lamirande, il vaut mieux s'en tenir au *statu quo*. C'est un moyen terme, voyez-vous, entre l'union législative et la séparation ; tout le monde devrait en être satisfait.

— Mais pouvez-vous nous garantir un *statu quo* véritable ? Ne craignez-vous pas que les intrigues de sir Henry ne l'emportent sur nous et qu'il ne réussisse à nous imposer une union législative déguisée, si nous traitons avec lui sur son terrain ?

— Sir Henry est très habile, c'est incontestable, et je ne saurais promettre de l'empêcher de nous jouer quelques mauvais tour. Si j'étais resté dans le cabinet, peut-être... Je crains qu'il ne soit difficile maintenant d'obtenir un projet de confédération acceptable. Il aurait fallu beaucoup de diplomatie. Nous devons conserver nos droits, sans doute, tout en faisant des sacrifices... C'est bien malheureux !

— Puisque la politique du *statu quo* présente tant

de difficultés et de périls, ne vaut-il pas mieux en adopter une autre ? Vous savez ce que veulent les séparatistes — les vrais, non pas Saint-Simon. N'est-ce pas une politique juste et raisonnable, une politique nettement définie qui ne saurait admettre aucune surprise ?

— C'est si contraire aux traditions du parti conservateur ! C'est un projet vraiment révolutionnaire. Que deviendrait le grand parti conservateur fédéral si votre politique venait à prévaloir ?

— Vous ne mettez pas les intérêts d'un parti au-dessus de ceux de la patrie !

— Non, mais votre politique est-elle pratique ? La province de Québec peut-elle former un pays indépendant ?

— Rien ne s'y oppose. Grâce au retour d'un grand nombre des nôtres des États-Unis, nous avons aujourd'hui une population homogène de plus de cinq millions. N'est-ce pas suffisant pour former un état autonome, vivant de sa vie propre ?

— C'est un état catholique et français que vous voulez fonder ; une Nouvelle France.

— Certainement. C'est vers ce but que notre peuple aspire depuis qu'il existe, c'est vers ce but que la divine Providence nous a conduits à travers mille obstacles. L'heure de Dieu sonne enfin. C'est le moment pour nous de prendre notre place parmi les nations de la terre.

— Et que ferez-vous des protestants et des Anglais que nous avons au milieu de nous ?

— Vous le savez, leur nombre diminue avec une telle rapidité qu'il est facile de prévoir le jour où nous aurons pratiquement l'unité religieuse et l'unité de langue. En attendant, nous traiterons la minorité avec la plus large générosité, comme nous l'avons toujours fait, du reste.

— Vous voudriez une religion d'État. Cela n'est guère compatible avec la liberté de conscience et la liberté des cultes qui sont le fondement de la société moderne.

—Fondement peu solide, il faut l'avouer, puisque tout s'écroule. La reconnaissance par l'État de la seule véritable religion n'exclut pas, du reste, une juste tolérance civile des autres cultes là où cette tolérance est nécessaire pour éviter un plus grand mal.

—Je ne veux pas discuter ces questions avec vous. Vous avez peut-être raison, en théorie, mais je ne puis pas me mettre à la tête de ce mouvement. C'est contraire aux traditions du parti. Si ce projet venait à manquer, que ferais-je ? Compromis à tout jamais, je serais réduit à l'impuissance. Ne pouvez-vous pas trouver un moyen terme, quelque chose que tout le monde puisse accepter ?

Convaincu que ce serait une perte de temps d'argumenter davantage avec cet homme sans volonté et sans dévouement, Lamirande se retira et alla retrouver son ami Leverdier.

—Tu avais bien raison, mon ami, dit-il, impossible de rien faire avec sir Vincent. Il faut pourtant un chef. Les deux autres ministres français ont-ils démissionné ?

—Non, certes, et ils ne le feront pas. Je viens de rencontrer le directeur du *Mercure* qui sort d'une conférence avec eux. C'est presque incroyable, mais ils restent dans le cabinet, par patriotisme, bien entendu ! S'ils quittaient leurs postes, vois-tu, sir Henry les remplacerait par des Anglais. En y restant, ils pourront peut-être obtenir l'introduction de quelques amendements dans le projet. C'est brillant, n'est-ce pas ?

— Pauvre pays ! soupira Lamirande ; pas d'hommes, pas de chefs !

— Il n'en faut pas tant de chefs ! Un seul suffit. Tu es notre chef, soit dit sans vouloir blesser ta modestie.

— Moi, chef !

— Oui, toi, il n'y a pas à en douter. C'est toi qui nous mèneras à la victoire si nous devons y aller, à la défaite, si c'est la volonté de Dieu. Mais il n'y a que toi qui puisse conduire notre petite armée. Inutile de chercher ailleurs.

— Mais les masses ne voudront pas me suivre, et aujourd'hui il s'agit d'avoir la majorité au parlement.

— Il s'agit de faire son devoir. Dieu fera le reste.

— Tu as raison, mon ami, ne cherchons pas des chefs humains. Tout nous manque de ce côté. Nous n'avons guère de prestige politique, il est vrai, mais nous ferons notre devoir. Nous exposerons au peuple de la province aussi clairement et aussi énergiquement que possible les périls de la situation et le moyen de les écarter, et à la grâce de Dieu !

Chapitre XI

O generatio infidelis et perversa!

Ô race incrédule et dépravée!

LUC IX, 41.

Quelques jours plus tard Lamirande, Leverdier et un petit groupe d'amis, hommes de valeur réelle, mais peu connus dans les cercles politiques, lancèrent un manifeste ferme et calme, aux quatre coins de la province. Cet appel produisit une profonde émotion. On eût dit d'abord que tout le parti conservateur allait se rallier autour du jeune député. Dès le commencement de la crise, tous les journaux catholiques canadiens-français furent unanimes à dénoncer le projet de sir Henry comme une trahison, une infamie, un attentat contre le Canada français. Même *le Mercure* ne put résister au courant populaire : il publia des articles violents contre le premier ministre. Partout on convoqua des assemblées. La politique du gouvernement fut vigoureusement condamnée et la nécessité de faire sortir la province de la Confédération hautement proclamée. Si les élections eussent eu lieu dans les quinze jours qui suivirent la dissolution du parlement, pas un seul partisan de sir Henry n'aurait été élu dans toute la province.

* * *

À peine sir Vincent eût-il démissionné que la nouvelle se répandit que M. Montarval l'avait remplacé. Ce choix augmenta le mécontentement général. Les conservateurs n'avaient guère confiance en lui, car ses anciennes accointances avec les radicaux n'étaient un secret pour personne. Son manque de religion le rendait plus que suspect aux yeux des catholiques. *La Libre-Pensée* et les autres journaux révolutionnaires avaient beau répudier le nouveau ministre, le traiter de rétrograde, de réactionnaire et même de clérical, ils ne réussirent guère à donner le change à l'opinion qui se souleva contre le cabinet et menaça de l'emporter.

Pendant quinze jours, les ministres ne donnèrent pas signe de vie. Ils ne se montrèrent nulle part, ne firent aucune communication aux journaux, ne se laissèrent même pas interroger par les reporters. C'était une tactique habile, car en se tenant cois, ils n'ajoutèrent aucun aliment nouveau au feu qu'ils avaient allumé. Ce n'était certes pas un feu de paille ; mais même le bois le plus dur, même la houille finit par se consumer. Contre des gens qui ne se défendent pas le bras le plus vigoureux est à moitié désarmé.

Seule la fureur de Saint-Simon allait toujours *crescendo*. *Le Progrès* n'était plus un journal, c'était un volcan en pleine éruption, vomissant, à jet continu, flammes, fumée, cendres, eau bouillante, pierres brûlantes et lave ; de la boue, surtout. Il en amoncela des montagnes sur la tête des ministres. Il leur appliqua des épithètes tellement injurieuses, tellement outrageantes que même ceux qui étaient les plus outrés contre eux finirent par dire : c'est trop fort ! De plus, il prêcha une véritable guerre d'extermination contre les Anglais et les protestants. Ses écrits furent reproduits par la presse anglaise des autres provinces et passèrent au loin pour être l'écho fidèle des sentiments et des aspirations de la masse des Canadiens français. Lamirande et Leverdier avaient beau répudier de toutes leurs forces le langage atroce du *Progrès*, ils ne parvenaient pas à détruire entièrement l'effet désastreux de ces appels insensés. Pendant les quinze premiers jours, Saint-Simon avait réussi à faire, dans les provinces anglaises, un mal incalculable à la cause du Canada français.

La province de Québec, toutefois, restait unie. Les majorités que les ministres auraient pu obtenir dans les autres provinces n'auraient probablement pas été suffisantes pour tenir tête à la députation compacte du Canada français. Il fallait donc, à tout prix, briser l'union qui s'était momentanément établie parmi nos compatriotes.

* * *

Oh ! la puissance maudite de l'or ! *Auri sacra fames !* s'écriait le poète latin, il y a deux mille ans. La nature humaine n'a pas changé depuis lors : l'exécrable soif de la richesse est toujours sa plus honteuse infirmité. Sans doute, l'orgueil, la luxure, l'intempérance font de terribles ravages, de nombreuses victimes. Mais existe-t-il une autre passion qui dégrade l'homme autant que l'affreuse cupidité ? Existe-t-il un autre vice qui le conduit dans d'aussi insondables abîmes d'infamie ? Qu'on ne l'oublie pas, c'est la soif de l'or qui a fait commettre le crime unique de Judas. Il avait été choisi par le divin Sauveur et élevé par lui à la dignité suréminente d'Apôtre ; il était destiné à devenir une des colonnes de l'Église, un des évangélisateurs des peuples, un de nos pères dans la foi.

Il devait donc posséder des qualités réelles qui le

135

désignaient au choix du divin Maître. Mais il avait un défaut : il aimait l'argent d'une manière désordonnée. Et ce défaut, malgré les grâces surabondantes qu'il dut recevoir pendant les trois années qu'il passa dans l'intimité de Jésus, le conduisit au crime le plus énorme et le plus invraisemblable qui ait été commis depuis que le monde existe. Le plus énorme, puisque jamais on n'avait vu et que jamais on ne verra pareil attentat contre une semblable Personne ; le plus invraisemblable, parce que jamais mobile aussi chétif n'a fait commettre forfait aussi grand. Judas ne pouvait avoir aucune haine à assouvir, aucune injure à venger, aucune ambition à satisfaire, aucun triomphe à espérer. Il a livré son Maître, qu'il devait pourtant aimer un peu, pour la misérable somme de trente pièces d'argent, le prix d'un petit champ !

Ou l'argent qui est ainsi maître des âmes, dit Huysmans*, est diabolique, ou il est impossible à expliquer.

C'est en méditant sur le crime de Judas que l'on parvient à se faire une idée de la puissance épouvantable de l'or sur le coeur de l'homme.

Cette puissance infernale, Montarval et sir Henry Marwood la connaissaient. C'est sur elle qu'ils comptaient surtout.

Deux semaines après la dissolution de la chambre, Lamirande et Leverdier se rencontrèrent au bureau de rédaction de *la Nouvelle-France* . Ils avaient bien travaillé, chacun de son côté. Dans une série d'articles, brillants et solides, le journaliste avait exposé la situation avec autant de force que de dignité. Le député s'était prodigué dans les réunions publiques, électrisant

---

* Georges-Charles Huysmans (1848-1907), écrivain français.

ses auditeurs par sa parole vibrante et chaude, par son patriotisme aussi éclairé qu'ardent.

— As-tu remarqué *le Mercure* depuis trois jours ? demanda le journaliste à son ami.

— Je dois t'avouer qu'à part le tien je n'ai guère lu les journaux depuis que la campagne est ouverte. Que dit le dieu du commerce... et des voleurs ? *Mercure*, singulier nom pour un journal catholique !

— C'est un nom prédestiné. Qu'est-ce que le dieu du commerce dit ? Il ne dit rien. Il fait beaucoup, par exemple ; il fait son métier : du commerce, des affaires.

— Explique-toi donc ; je n'y comprends rien. Il me semble avoir vu dans ton journal des articles pas trop mal tournés reproduits du *Mercure*.

— Oui, mais cela a cessé net. Avant-hier, pas un mot sur la situation, mais un long article sur le monopole de la lumière électrique à Montréal. Hier, même silence sur la crise, accentué par une savante étude sur le commerce des grains à Chicago. Voici le numéro de ce matin qui m'arrive ; pas une allusion à ce qui préoccupe tous les esprits ; par contre, on y parle chemins de fer le long de trois colonnes.

— Les rédacteurs se sont peut-être épuisés. Tout le monde n'a pas ta fécondité, mon cher journaliste.

— Si les rédacteurs n'ont plus rien à dire, ils pourraient au moins jouer des ciseaux. Surtout, ils pourraient laisser faire leurs correspondants et leurs reporters. Plus de comptes rendus des réunions publiques. Quelques lignes perdues au fond des *Faits divers*. Un étranger qui lirait *le Mercure* des trois derniers jours ne pourrait jamais s'imaginer que nous passons par une crise qui met en péril notre avenir national. Mon cher ami, tu connais assez les hommes pour savoir que ce n'est pas là un simple effet de l'épuisement intellectuel de ces messieurs. C'est le cœur qui est épuisé.

— J'avoue que cela a mauvaise mine.

— Oui, très mauvaise mine. Du reste, voici un mot que je viens de recevoir d'un ami de Montréal. Il dit : « Tu as dû remarquer le silence du *Mercure* depuis trois jours, et tu dois en soupçonner la cause : les gens de ce journal sont gelés. Le directeur est monté à Ottawa, ces jours derniers. Je sais qu'il s'est entretenu longuement avec les ministres. Depuis son retour *le Mercure* a pris l'intéressante attitude que tu vois. Je tiens de bonne source que les impressions gouvernementales abondent dans les ateliers du *Mercure*. On y travaille jour et nuit ». Voilà ce que m'écrit mon correspondant de Montréal. Comme tu vois, le dieu du commerce fait des affaires.

— C'est-à-dire que ces malheureux se sont vendus au gouvernement, corps et âme !

— Ils appellent cela « recevoir des explications » !

— Mon Dieu ! s'écria Lamirande, vous n'aurez donc jamais pitié de nous ! Hélas ! Nous ne méritons guère que vos rigueurs, car nous ne savons plus faire le moindre sacrifice pour Vous. Nous ne savons même pas nous dévouer à la défense de nos propres intérêts, du moment que ces intérêts ne se traduisent pas par des chiffres. Voilà le fruit de cette éducation pratique à outrance qu'on nous donne depuis un quart de siècle. Les mots : honneur, dignité nationale, patriotisme, dévouement, sont des expressions vides de sens pour un grand nombre.

— Pourtant, dit Leverdier, il y a encore du bon chez nos populations rurales. Tu as dû le constater ces jours-ci, plus que jamais.

— Oui, sans doute, il y a encore du bon, il y a

138

encore de la foi ; mais aussi il existe je ne sais quelle apathie, même au milieu de l'effervescence actuelle. On sent qu'il faudrait peu de chose pour tout compromettre, pour arrêter l'élan patriotique, et nous livrer, impuissants, au pouvoir de nos ennemis. Les masses sont indignées contre le gouvernement, mais elles ne voient pas ce que nous sentons, toi et moi et quelques autres ; elles ne voient pas que la politique des ministres est d'inspiration maçonnique. Il faudrait quelque fait éclatant pour leur crever les yeux ; il faudrait prendre les loges en flagrant délit de conspiration, les montrer au peuple décrétant notre ruine. Nous savons, nous, que la secte infernale est au fond de ce qui se passe. Mais comment le *prouver*, de manière à créer chez le peuple la certitude voulue ? Pour remuer les masses il faut des *faits indéniables*. Une preuve par induction ne suffit pas. Que ne donnerais-je pour pouvoir déchirer le voile qui cache à nos compatriotes la perfidie des loges !

—J'ai souvent songé à cela, répond le journaliste. Si j'étais riche, il me semble que je dépenserais volontiers toute ma fortune à fabriquer une clé d'or assez longue pour ouvrir toutes les loges et toutes les arrière-loges du pays.

—Je ne crois guère à la puissance de l'or pour le bien. Il est tout puissant pour le mal ; mais nous ne voyons pas que Notre-Seigneur et les Apôtres s'en soient beaucoup servis pour fonder l'Église et convertir le monde. C'est par le dévouement et le sacrifice qu'ils ont changé la face de la terre. Si nous ne réussissons pas mieux, mon cher ami, soyons en convaincus, c'est parce que nous ne savons pas nous immoler.

—Pourtant, sans nous vanter, dit Leverdier, il me semble que nous pouvons nous rendre le témoignage de travailler, avec un vrai désintéressement, pour la cause que nous défendons. Ni toi, ni moi, ni plusieurs autres que je pourrais nommer n'avons pour mobile notre avancement personnel.

— Sans doute, nous avons un certain désintéressement ; mais il ne faut pas confondre le désintéressement avec l'esprit de sacrifice. Un homme est *désintéressé* lorsqu'il prête son capital sans exiger le moindre intérêt ; mais fait-il un véritable sacrifice ? J'ai bien peur que si nous nous examinions de près, notre esprit de sacrifice ne nous paraîtrait pas dépasser les limites d'une vertu fort ordinaire. Supposons que, pendant que nous parlons, un ange viendrait tout à coup nous dire, de la part de Dieu, que notre cause triompherait si nous consentions à perdre la vie, ou l'honneur, ou même la santé ; si nous voulions passer le reste de nos jours privés de la parole ou de la vue ; quelle serait notre réponse, mon pauvre ami !

— Toi, au moins, je le sais, tu consentirais à n'importe quel sacrifice !

— Hélas ! je n'en suis pas aussi certain que toi.

* * *

Le quatrième jour, *le Mercure* sortit de son mutisme et consacra un article à la brûlante question du jour. Dès les premières lignes, la noire trahison éclata. Voici ce que disait ce journal :

« Depuis plus de deux semaines un vent de révolution souffle sur notre province. Nous l'avouons, nous nous sommes laissé entraîner par le courant, par l'affolement général. Sans être allés aussi loin que plusieurs de nos confrères, nous avons écrit des choses que nous regrettons. Après trois jours de silence et de réflexion, nous voyons que c'est notre devoir de revenir sur nos pas et nous le faisons courageusement. Revenir sur ses pas n'est pas une opération qui flatte l'amour-propre du journaliste, mais c'est parfois un devoir, un devoir aussi impérieux que désagréable. Quand celui qui a la mission de guider l'opinion s'aperçoit qu'il fait fausse route, ce serait pour lui un crime sans nom que de persévérer, par orgueil, dans la voie néfaste où il s'est engagé. Ce crime nous ne le commettrons pas ; nous ferons notre devoir, quelque pénible qu'il soit.

« Où peut, où doit nous conduire l'agitation fiévreuse dans laquelle la province est plongée depuis quinze jours ? À quoi cette campagne dans laquelle nous nous sommes engagés, si inconsidérément, va-t-elle aboutir ? À rien du tout, ou bien à la guerre civile. Et c'est parce que cette réponse s'impose à notre esprit avec la même force que la lumière du soleil frappe nos yeux, que nous avons pris la détermination de crier à nos compatriotes : Arrêtez ! pendant qu'il est encore temps.

« Les violences de langage de quelques-uns des agitateurs parmi nous ont profondément irrité les populations des provinces anglaises.

« Nous ne pouvons pas espérer que la politique séparatiste y reçoive le moindre appui. Dans la nouvelle Chambre il n'y aura pas dix députés des autres provinces qui consentiront à la sortie de notre province de la Confédération. Quand même les soixante-cinq députés que nous envoyons à Ottawa seraient unanimes à demander cette sortie, jamais ils ne pourraient l'obtenir par des voies constitutionnelles.

« Donc, comme nous le disions tout à l'heure, la campagne inconsidérée dans laquelle nous nous sommes lancés aboutira infailliblement, soit à rien du tout, soit à la guerre civile. À la guerre civile, il ne faut pas songer. Pourquoi, alors, nous donner tant de mal pour nous trouver en face d'un résultat radicalement nul ?

« Sans doute, le projet que le gouvernement a soumis n'est pas acceptable dans sa forme actuelle. Il devra être modifié dans plusieurs de ses détails. La province doit exiger des garanties. Mais, en même temps, si nous voulons être vraiment utiles à notre pays, si nous voulons être des patriotes pratiques, et non pas des utopistes et des visionnaires, il nous faut accepter le projet gouvernemental en principe et abandonner toute idée de séparation. Quoi que nous fassions, nous ne pouvons pas écarter l'union fédérative des provinces. Dès lors, la seule politique sage n'est-elle pas de travailler à rendre cette union la plus acceptable possible ? »

* * *

Cet article habile et perfide, que Montarval lui-même avait sans doute rédigé, produisit par toute la province un grand émoi. Il donna le ton à presque tous les journaux ci-devant ministériels qui, les uns après les autres, rentrèrent dans les rangs et répétèrent, avec quelques amplifications et variantes, les sophismes du *Mercure*. Il ne resta guère que *la Nouvelle-France*, à Québec, et *le Drapeau national*, à Montréal, pour défendre la politique de séparation. *Le Progrès catholique*, de Saint-Simon, continua à compromettre, par ses sorties de plus en plus violentes, la cause dont il se disait l'unique soutien véritable. Les journaux radicaux demandaient toujours ouvertement l'union législative ; mais leur voix n'avait que peu d'écho. Le péril, pour la cause nationale, c'était la perfide politique du gouvernement :

une union législative habilement déguisée sous le nom et les apparences d'une confédération.

* * *

Les journalistes ministériels étaient rentrés dans les rangs, ainsi qu'un grand nombre de chefs et de sous-chefs, de capitaines et de lieutenants. Il n'était guère plus possible de continuer les réunions populaires hostiles à la politique gouvernementale. Les orateurs faisaient défaut partout. Les uns se disaient malades, ou trop occupés ; d'autres avouaient cyniquement qu'ils avaient changé d'opinion, que les idées du *Mercure* leur paraissaient sages. De tous ceux qui avaient l'habitude de la parole, Lamirande et Leverdier restaient presque seuls pour faire la lutte. Ils avaient beau se multiplier ils ne pouvaient pas être partout en même temps. Beaucoup d'assemblées convoquées par le comité national durent être contremandées ; d'autres eurent lieu, mais tournèrent au profit des *lâcheurs*. Les ministres français commençaient à se montrer dans certaines parties de la province. Ils furent quelque peu sifflés, mais quinze jours auparavant on les aurait lapidés.

Cependant, malgré ce revirement des journalistes, des orateurs politiques et des organisateurs d'élections, le gouvernement n'osait pas encore risquer la bataille suprême. Les *brefs** , attendus de jour en jour, ne venaient pas. Les couches profondes du peuple étaient encore indignées contre les ministres et fortement attachées à Lamirande qui inspirait une grande confiance partout où il se montrait. Le terrain n'était

---

* Brefs d'élection, document officiel décrétant les élections.

donc pas suffisamment préparé pour assurer la victoire aux ministres. Tant que Lamirande serait debout, le gouvernement ne pouvait pas compter avec certitude sur le triomphe. Il fallait abattre ce gêneur. Mais comment ?

Chapitre XII

*Fel draconum vinum eorum, venenum
aspidum insanabile.*

*Leur vin est un fiel de dragons, c'est
un venin d'aspics qui est incurable.*

DEUT. XXXII, 33.

La science moderne a mis aux mains des scélérats des
armes meurtrières. À la fin du dix-neuvième siècle, des
explosifs violents, capables de fendre les montagnes,
étaient très en vogue dans le monde des malfaiteurs. Il
y a cinquante ans, les attentats par les bombes étaient
fréquents. Mais la bombe était brutale et peu commode.
Si elle répandait la terreur avec la mort, elle livrait fata-
lement celui qui s'en servait à la rigueur des lois ou à
la fureur de la multitude. Au milieu de ce vingtième
siècle, la bombe est passée de mode. On a fait des progrès dans l'art de tuer. De tout temps, sans doute, ont
existé des poisons subtils, des ptomaïnes qui donnaient
la mort sans laisser de traces ; et de tout temps, aussi,
des crimes nombreux doivent être attribués à ces toxi-
ques mystérieux. Jadis, cependant, ces redoutables
substances n'étaient à la portée que du petit nombre.
Aujourd'hui, la science est démocratisée. La chimie est
plus nécessaire aux peuples, selon les idées modernes,
que la théologie ; les laboratoires publics plus utiles
que les églises. Connaître Dieu, ses lois, et ses grandeurs, les merveilles du monde spirituel, la destinée

surnaturelle de l'homme et les moyens qu'il lui faut employer pour l'atteindre, connaître ces choses sublimes et simples à la fois, c'est un savoir démodé dont le genre humain peut se passer. Mais la chimie, voilà la science nécessaire à tous ! Aussi, que voyons-nous ? La bombe a disparu avec le progrès et la vulgarisation de la chimie. Elle est remplacée, avantageusement pour l'assassin, par les cultures microbiennes qui permettent de détruire sa victime en se cachant derrière le choléra, le typhus, la variole, la phtisie. On a pu même, triomphe suprême de la science, inventer des maladies nouvelles en croisant savamment les différentes races de bacilles. Quelques gouttes versées dans un breuvage donnent la mort la plus naturelle possible. La docte faculté peut s'étonner des nombreux cas sporadiques de maladies violentes qui jadis ne se rencontraient guère sans prendre la forme épidémique ; elle peut se demander où est le foyer d'infection ; elle peut même soupçonner parfois qu'un crime a été commis ; mais elle ne saurait fournir à la justice le moindre indice qui permette à celle-ci de sévir. Un tel, que tel autre avait intérêt à faire disparaître, est frappé tout à coup d'une maladie contagieuse qui n'existait nulle part dans les environs. Les médecins peuvent bien concevoir des doutes, mais aux magistrats qui s'inquiètent ils sont bien obligés de dire : « Cet homme est mort de mort naturelle ».

* * *

Au fond d'une vaste pièce, richement meublée, moitié salon, moitié bureau de travail, il fut décidé, une nuit, que Lamirande, le gêneur, mourrait de la fièvre nouvelle qui, à cette époque, intriguait les médecins des deux mondes. Le Comité exécutif n'y était pas. Le maître seul avait pris cette détermination. Une de ses créatures fut chargée de mettre l'arrêt à exécution, au premier moment favorable

*   *   *

—Il faut que je me rende à Ottawa, demain, dit Lamirande un soir à sa femme. Une dépêche de Houghton m'y appelle pour une affaire très importante.

—Veux-tu que je t'accompagne, mon mari ? Quelque chose me dit que tu seras exposé à un grand danger pendant ce voyage.

—As-tu fait un mauvais rêve ? demande Lamirande en souriant.

—Non, et je ne crois pas aux rêves ; mais je crois aux pressentiments, ou plutôt à ces étranges avertissements que les anges peuvent et doivent nous donner parfois... Laisse-moi t'accompagner ?

—Mais, chère Marguerite, s'il y a un malheur dans l'air, ne vaut-il pas mieux que tu restes afin que, s'il m'arrive quelque chose, tu sois laissée pour élever notre enfant ?

—Quelque chose d'irrésistible me dit pourtant que mon devoir est de t'accompagner en cette circonstance, que je pourrai, je ne sais comment, te protéger contre quelque danger. Veux-tu que j'aille avec toi... ne me refuse pas, je t'en prie ?

—Puisque tu insistes, tu viendras, ma chère femme. Un petit voyage, du reste, te fera du bien et chassera ces idées noires. Car si je crois fermement aux anges et à leurs avertissements, je crois non moins fermement à l'influence naturelle du corps sur l'âme. Une légère indisposition est suffisante pour nous faire tout voir sous les couleurs les plus sombres. Oui, nous irons ensemble à Ottawa.

Le voyage se fit sans le moindre accident.

Le vague pressentiment de Marguerite s'était dissipé comme un nuage. En revenant à Québec, Lamirande et sa femme, avec d'autres voyageurs, prirent un repas à la gare des Trois-Rivières, le train étant en retard à cause de la neige. À peine s'étaient-ils mis à table qu'un jeune garçon, inconnu et pauvrement vêtu, qui se tenait près de la porte de la salle à manger, poussa un cri effroyable et tomba comme foudroyé. Tous se lèvent, instinctivement. Seul un homme assis près de Lamirande reste à sa place. Nul ne le remarque ; nul ne le voit étendre rapidement la main au-dessus de la tasse de thé que l'on vient de mettre à côté du couvert de Lamirande. Celui-ci s'est rendu auprès de l'adolescent qui se tord dans d'affreuses convulsions. Marguerite et les autres voyageurs, ainsi que les serviteurs, l'ont suivi. Personne ne fait attention à l'homme resté seul à table.

— Le voilà qui revient à lui déjà, fait Lamirande au bout d'un instant. Je n'ai jamais vu une attaque d'épilepsie, apparemment très grave, disparaître aussi rapidement. C'est vraiment extraordinaire.

Puis tous se remettent à table.

— Vois donc, on s'est trompé, dit Marguerite à son mari ; on m'a donné le café et tu as le thé. Échangeons.

Et Lamirande donne sa tasse à Marguerite et prend celle de sa femme.

Ce fut le seul incident du voyage.

* * *

Encore la vaste pièce richement meublée, moitié salon, moitié bureau de travail. Il est nuit. Le maître tient ce monologue :

— Une vulgaire inattention, la gaucherie d'un garçon de café l'a fait échapper à la mort, mais à quel prix ! C'est sans doute mieux ainsi. Eblis a dû inspirer lui-même cette erreur. Il verra mourir sa femme et son art sera impuissant à la sauver. Les douleurs de la fièvre qui lui était destinée auraient été des jouissances à côté des tortures morales qu'il va endurer. À cela s'ajoutera le désespoir de ne pouvoir quitter sa femme pour prendre part à la lutte. Décidément, c'est bien mieux ainsi ! Le grand Eblis est plus avisé que ses serviteurs ! Mais il faut, pourtant, que cet homme néfaste soit abattu. Il est préférable, sans doute, qu'il ne meure pas, puisqu'Eblis l'a épargné. Mort, son souvenir aurait fait du mal. On aurait peut-être eu des soupçons sur la cause de sa maladie. Mais il faut que son influence soit à jamais détruite, que ses compatriotes cessent d'avoir confiance en lui. Ce sera cent fois plus efficace que sa mort.

Ainsi se parlait à lui-même le maître, dans le silence de la nuit.

Chapitre XIII

Calumnia conturbat sapientem, et perdet robur cordis illius.

La calomnie trouble le sage, et elle abattra la fermeté de son cœur.

ECCLI. VII. 8.

Redoutable puissance de la calomnie ! Les ruines de l'univers, dit le poète latin, écraseraient le juste sans l'effrayer. Mais un mot perfide, un simple geste, même le silence peut, en flétrissant la réputation d'un homme, remplir son âme d'indicibles angoisses.

Deux jours après le monologue du maître, *la Libre-Pensée* publia ces lignes :

« Nos lecteurs le savent, nous n'avons aucune sympathie politique pour le gouvernement et son chef, sir Henry Marwood. Mais celui-ci, au moins, est un gentilhomme qui a droit au respect. Nous combattons ses projets, mais c'est par conviction. Nous connaissons quelqu'un qui les combat uniquement par dépit. M. Lamirande le grand clérical, veut-il, bien nous donner quelques renseignements, très précis, qu'il possède à ce sujet ? S'il ne veut pas, nous serons obligé de les donner nous-mêmes ».

Lamirande dédaigna cette vague insinuation. Il ne pouvait même pas comprendre à quoi le journal sectaire faisait allusion, tant ses motifs étaient purs. Leverdier eut un soupçon de ce qui allait venir.

— Mais ce n'est pas possible ! Du reste, si peu franc qu'il soit dans ses manoeuvres politiques, sir Henry, qui est un gentilhomme, nierait pareille accusation si elle venait à se formuler contre moi en termes précis.

— Ces gens-là peuvent faire n'importe quoi pour te ruiner.

— Je te crois un peu pessimiste.

Leverdier ne l'était pourtant pas. Deux ou trois jours plus tard, *la Libre-Pensée* porta formellement son accusation. Il affirma, avec un grand luxe de détails, en indiquant le jour, l'heure et l'endroit où la conversation avait eu lieu, que Lamirande, pendant une réception chez sir Henry, avait dit au premier ministre qu'il donnerait son appui au projet ministériel, mais qu'en retour il voulait avoir la promesse d'une position de consul à Paris ou à Washington. Le tout était appuyé par la déclaration solennelle, dûment attestée devant un juge de paix, d'un domestique de sir Henry, nommé Duthier. La conversation avait eu lieu près d'une fenêtre où Duthier s'était retiré pour se reposer un instant. Caché par les rideaux il avait tout entendu sans être vu. Il avait d'abord gardé le silence, mais voyant la guerre injuste que M. Lamirande faisait à son bien aimé maître, il avait cru que c'était un véritable devoir pour lui de parler.

Ce Duthier était un inconnu, arrivé depuis peu de temps au pays, on ne savait trop d'où. Tout d'abord, bien peu de personnes ajoutèrent foi à ce récit, absolument invraisemblable, vu le caractère et l'état de fortune de Lamirande. Celui-ci, naturellement, opposa une dénégation formelle à cette atroce accusation, et invita privément sir Henry à mettre fin à la calomnie. Au moment même où il s'attendait à recevoir un mot de réponse, quelle ne fut sa stupéfaction de lire, dans un journal d'Ottawa, le compte-rendu suivant d'une entrevue qu'un reporter avait eue avec le premier ministre :

« M. Lamirande ayant nié l'accusation portée contre lui par le nommé Duthier, domestique chez sir Henry, nous avons envoyé un représentant du *Sun* auprès du premier ministre pour savoir exactement à quoi nous en tenir à ce sujet. Voici la conversation qui a eu lieu :

— Q. Vous avez sans doute lu, sir Henry, l'accusation portée par un de vos domestiques contre M. Lamirande et la dénégation formelle de celui-ci. Dans l'intérêt de la vérité je viens vous prier de vouloir bien dire au public ce qu'il en est.

— R. Je regrette infiniment cet incident. M. Lamirande est un jeune homme d'un grand talent qui a bien tort de me faire la guerre, mais que j'admire beaucoup, tout de même.

— Q. Vous a-t-il tenu le langage que Duthier lui prête ?

— R. Ah ! ces domestiques ! Duthier a eu bien tort de faire cette déclaration. Je regrette beaucoup cet incident. Aussi ai-je renvoyé immédiatement cet homme de mon service. Quand un domestique entend par hasard quelque chose, c'est son devoir de se taire. Des indiscrétions comme celle que vient de faire ce malheureux Duthier sont intolérables !

— Q. Dois-je donc conclure que Duthier n'est coupable que d'une indiscrétion ?

— R. Vous devenez indiscret vous-même !

— Q. Il y a donc eu conversation entre vous et M. Lamirande au sujet de la position de consul à Paris ou à Washington ?

— R. M. Lamirande lui-même ne nie pas qu'une

telle conversation ait eu lieu.

— Q. Vous ne voulez pas me dire quelle était la nature de cette conversation ?

— R. Pensez-vous, par hasard, que je vais commettre des indiscrétions comme un domestique ? Je vous le répète, je déplore profondément cet incident, et ma ferme détermination c'est de ne pas l'aggraver en m'y mêlant d'aucune façon. Vous pouvez clore votre interview, car, avec toute votre habileté, vous ne réussirez pas à me faire révéler ce qui a pu se passer entre M. Lamirande et moi dans une conversation tout à fait confidentielle. C'est inutile d'insister davantage.

Là-dessus notre représentant prit congé de sir Henry. »

* * *

La perfidie de ces paroles atterra Lamirande. Il comprit qu'il y avait conspiration contre lui entre le premier ministre et le domestique, et que ce serait inutile d'insister auprès de sir Henry pour obtenir justice. Il raconta dans *la Nouvelle-France* exactement ce qui s'était passé entre sir Henry et lui. Il appuya son dire d'une déclaration de Leverdier et de Vaughan qui affirmaient que c'était bien là ce que Lamirande leur avait confié aussitôt après l'entrevue. Sir Henry se fit interroger de nouveau et nia perfidement, mais sans rien préciser.

Dans la province de Québec l'opinion se partagea. Tous les hommes sincères, surtout ceux qui connaissaient personnellement Lamirande, furent convaincus que le jeune député était la victime d'une affreuse calomnie, et ils n'en conçurent pour lui que plus d'affection, d'estime et de sympathie. Cependant, tous ceux qui, pour une raison ou pour une autre, voulaient se remettre à la remorque des ministres, profitèrent de ce prétexte pour se déclarer ouvertement contre le chef du mouvement séparatiste. Pas un sur cent, toutefois, ne croyait réellement à l'accusation ; mais il n'y a rien de plus intransigeant, de plus farouche que l'homme qui, par intérêt, fait semblant de croire à une calomnie. Aussi l'ardeur de ceux qui prétendaient ajouter foi à l'histoire de Duthier et aux habiles réticences de sir Henry fut-elle extraordinaire. Elle atteignit non seulement Lamirande lui-même, mais les principes qu'il défendait. C'était une vraie déroute pour la cause nationale. Les ministres virent que c'était le moment *psychologique*. Ils firent lancer les « brefs » et fixèrent les élections à une date aussi rapprochée que possible, dans les derniers jours de janvier 1946.

Chapitre XIV

Omnia excelsa tua et fluctus tui super me transierunt.

Toutes vos eaux élevées comme des montagnes, et tous vos flots ont passé sur moi.

Ps. XLI, 8.

Atrocement calomnié, accusé de vénalité, lui qui était le désintéressement même ; soupçonné de ne combattre le gouvernement que par dépit, lui qui ne connaissait que des sentiments nobles, qui repoussait la politique ministérielle pour obéir aux inspirations du plus sublime patriotisme, Lamirande était accablé, submergé par un dégoût immense. Avec la grâce de Dieu, obtenue par la prière et la communion fréquente, il put éloigner de son âme la haine, le désir de vengeance, toute passion mauvaise ; mais il ne put échapper à une indicible tristesse qui l'enveloppait et le pénétrait comme un épais et froid nuage.

Pour comble de malheur, sa douce Marguerite tomba gravement malade, en proie à la fièvre mystérieuse qui, depuis plusieurs années, avait fait son apparition sur divers points du globe. La docte faculté avait réussi à lui donner un nom savant tiré du grec, et à décrire très minutieusement la forme et les mœurs du microbe qui en était l'incontestable auteur. Mais le moyen de détruire cette *petite vie* qui donnait la mort,

157

elle ne l'avait pas encore trouvé. Comme ses confrères, dont il consulta plusieurs, Lamirande était réduit à l'impuissance en face de cet infiniment petit. On ne pouvait même pas s'imaginer où madame Lamirande avait contracté cette maladie dont il n'existait pas, en ce moment, un seul autre cas dans tout le Canada.

Retenu presque jour et nuit auprès de sa femme qui empirait toujours, Lamirande ne peut prendre qu'une part fort restreinte à la lutte suprême. Leverdier se multipliait. Il avait posé sa candidature dans un comté voisin de Québec. Puis, parcourant les campagnes de tout le district, il essayait de ranimer l'ardeur des patriotes. Il brochait des articles pour son journal au beau milieu des comités des patriotes. Il brochait des articles pour son journal au beau milieu des comités électoraux, tandis que cinquante personnes parlaient à tue-tête autour de lui et l'interrompaient à chaque instant. Il écrivait une phrase, puis il fallait répondre à une question ; au milieu d'une période, il était obligé de s'arrêter pour régler une dispute, ou donner une direction.

Pendant ce temps, Lamirande était condamné à une inactivité relative qui le torturait. Malgré l'angoisse qui lui tenaillait le cœur à la vue de sa bien aimée Marguerite qui s'en allait vers la tombe, il ne se laissa ni absorber ni dominer par la douleur. Le patriotisme l'emporta chez lui même sur l'amour conjugal. Il ne pouvait pas se résoudre à quitter sa femme pour longtemps ; mais il dirigeait les travaux du comité central, aidait à la rédaction de *la Nouvelle-France* et allait parler aux assemblées convoquées à Québec et dans les environs. Quant à sa propre élection, il n'avait guère besoin de s'en occuper ; car ses commettants, qui le connaissaient depuis des années et qui l'aimaient, lui étaient restés fidèles. C'était là sa seule consolation au milieu des épreuves, des déboires, des inquiétudes poignantes dont il était accablé.

Chapitre XV

Qui se existimat stare videat ne cadat.

Que celui qui croit être ferme, prenne garde de ne pas tomber.

I Cor. X, 12.

Saint-Simon se présentait dans le comté de Québec, entre le candidat du gouvernement et celui de Lamirande, comme séparatiste, bien plus séparatiste que Lamirande et ses amis qu'il accusait de trahir la cause nationale.

Un jour, il convoqua une assemblée des électeurs de la Jeune-Lorette et mit Lamirande au défi de l'y rencontrer. Celui-ci accepte le défi, bien que de telles rencontres, où la discussion est rarement digne, lui répugnent souverainement. Mais refuser de faire face à son accusateur, c'est compromettre les chances, déjà faibles, de son candidat.

Depuis quelques jours le temps avait été superbe. Le soleil brillait dans un ciel d'azur. Pas un souffle de vent, et le thermomètre seul disait qu'il y avait vingt degrés au-dessous de zéro Fahrenheit. Le matin de la réunion, un changement s'était opéré dans l'atmosphère. Le mercure était monté de dix degrés, mais le froid paraissait bien plus intense. L'humidité pénétrait jusqu'aux os. Le soleil s'était levé rouge dans un ciel blafard. Au sud-ouest un banc de nuages gris se montrait ; tandis que du côté opposé, du redoutable nord-est, le vent s'était élevé, très faible d'abord, à peine perceptible, mais augmentant sans cesse à mesure que les nuages s'étendaient et s'épaississaient. Bientôt la neige commence à tomber, fine, drue, pénétrante. C'est un *crescendo* formidable : vent, neige, poudrerie prennent à chaque instant une nouvelle fureur. Les arbres, dont les branches sont roidies par la gelée, font entendre de sinistres craquements et se tordent sous les puissantes rafales.

Malgré la tempête, l'assemblée eut lieu. Du reste, l'avant-midi les chemins étaient encore passables, et pour se rendre de Québec à Lorette on allait le vent arrière. Lamirande, absorbé par ses inquiétudes, ne fit pas attention aux mugissements dont l'air était rempli.

La réunion fut ce qu'elle devait être : désagréable, détestable. Saint-Simon porta contre Lamirande toutes les accusations qui traînaient dans les journaux depuis quelque temps. C'était un ambitieux, disait-il, qui aurait voulu s'assurer une position brillante et qui, ne l'ayant pu obtenir, combattait le gouvernement par dépit. Sur ce thème, le misérable esclave de Montarval broda pendant trois quarts d'heure. Lamirande lui répondit avec autant de dignité et de sang-froid que possible. Un certain nombre de gens sensés et raisonnables lui étaient sympathiques ; mais du sein de l'assemblée beaucoup de voix s'élevaient pour l'insulter.

Jamais Lamirande n'avait éprouvé écœurement aussi profond qu'à la fin de cette réunion ; jamais il n'avait senti dans son cœur un sentiment aussi voisin de la haine.

L'assemblée finie, il fallait songer au retour. Ce fut alors que Lamirande remarqua, pour la première fois, la violence de la tempête qui avait pris des proportions extraordinaires. Le froid n'était pas tombé, et pour retourner à Québec il fallait faire face au terrible *nord-est* qui asphyxiait, à la neige qui cinglait. Pour Lamirande, il n'y avait pas à hésiter. Absent depuis le matin, la pensée de sa femme mourante le torturait et l'aurait fait affronter un danger plus imminent encore. Il avait, du reste, un cheval vigoureux et un cocher prudent et sobre. Dans ces conditions, le retour à Québec était un voyage très pénible, mais ce n'était pas une entreprise folle.

Ce fut, cependant, avec le pressentiment d'un malheur que les gens de Lorette virent Saint-Simon partir quelques minutes avant Lamirande. Son cheval, tout en jambes, était peu propre à lutter contre le vent, et l'on avait pu remarquer que le cocher du journaliste et le journaliste lui-même eurent recours assez copieusement à l'eau-de-vie sous prétexte de se prémunir contre le froid.

La tempête augmentait toujours. La poudrerie était devenue vraiment terrifiante. On ne pouvait pas voir à dix pas en avant ou en arrière de soi. À chaque côté du chemin, dans les champs, rien qu'un vaste tourbillon blanc, confus, fuyant avec une rapidité vertigineuse.

Le cocher de Lamirande, pour se garer de la neige, s'était tourné à gauche.

Tout d'un coup, il se fait une courte accalmie. Mais pendant cet instant, Lamirande a entrevu, à droite, dans le champ, un spectacle qui fige le sang dans ses veines : un attelage à moitié enseveli dans un banc de neige. Il reconnaît le cheval de Saint-Simon, et comme un éclair, la situation se présente à son esprit : le malheureux journaliste et son cocher se sont égarés ; et déjà, sans doute, engourdis par le froid, ils sont condamnés à une mort certaine si on ne vient promptement à leurs secours.

Le cocher de Lamirande, toujours tourné à gauche, n'a rien vu.

Alors des pensées horribles traversent le cerveau de Lamirande, le brûlant comme des traits de feu. Il voit, dans un tableau, instantanément, tout le mal que cet homme néfaste a fait à la cause nationale, toutes ses noires calomnies, toutes ses abominables accusations, toutes ses criantes injustices. Il voit tout cela, et il se dit : c'est la justice de Dieu qui le frappe ; laissons faire la justice de Dieu !

Oui ! cette horreur était entrée dans la pensée de Lamirande et elle était tout près de pénétrer dans la partie supérieure de son âme. Il allait succomber à la tentation, il allait commettre un crime que seul l'œil de Dieu pouvait voir.

Lorsque, dans deux ou trois jours, la tempête finie, on aurait retrouvé les cadavres de Saint-Simon et de son compagnon, qui aurait pu soupçonner seulement que dans une trouée de la poudrerie Lamirande avait vu le commencement de cette tragédie et l'avait laissée s'accomplir ? Il fut donc penché sur le bord de l'abîme que nous côtoyons sans cesse et où tous nous tomberions à chaque instant si la grâce divine ne nous retenait : l'abîme du péché.

Avec un cri d'effroi et d'horreur à la pensée de l'épouvantable chute qu'il allait faire, il se ressaisit. La lutte, en réalité, n'avait duré qu'un instant, le temps de faire quelques pas. Il arrêta son cocher et lui fit part de ce qu'il venait de voir. Heureusement, une maison était proche. Ils obtiennent du secours ; puis, avec précaution, pour ne pas s'égarer à leur tour, ils se dirigent vers l'endroit où Lamirande a entrevu les victimes de la tempête. Ils les trouvent enfin. Les malheureux ayant perdu leur robe de traîneau, n'ont rien pour se mettre à l'abri du froid. Complètement désorientés, épuisés par leurs efforts désespérés pour dégager leur cheval et pour se faire entendre, ils sont déjà à moitié plongés dans le fatal sommeil, avant-coureur de la mort.

Avec grand-peine on peut les ramener à la maison. Lamirande leur donne les premiers soins que réclame leur état, puis continue sa route, remerciant humblement Dieu de l'avoir préservé de l'abîme.

Chapitre XVI

Quoniam melior est misericordia tua super vitas.

Car votre miséricorde est préférable à toutes les vies.

Ps LXII, 4.

Les élections sont terminées. C'est un vrai désastre pour la cause nationale. Les ministres triomphent sur toute la ligne, particulièrement dans la province de Québec. Houghton est plus heureux dans la province d'Ontario. Son groupe revient plus nombreux qu'avant la dissolution. C'est le Canada français qui, trompé, dévoyé, donne au gouvernement la plus forte majorité, à ce gouvernement qui médite la ruine de l'Église et de la nationalité française ! Lamirande est élu avec Leverdier et un petit nombre d'adhérents ; mais la masse de la députation française se compose de partisans du cabinet. Saint-Simon est parmi les vainqueurs, grâce à l'or de Montarval qui, en secret, a soutenu cette candidature en apparence ultra-séparatiste.

Lamirande voit s'écrouler en même temps ses espérances de patriote et son bonheur domestique. Sa femme se meurt : la cruelle maladie a fait son œuvre. Douce, résignée, elle s'en va comme elle a vécu, en parfaite chrétienne ; ce qui ne veut pas dire en indifférente. Jeune encore, elle tient naturellement à la vie. Elle lutte contre la mort qui s'avance. Aimée et aimante, l'idée de la séparation d'avec son mari et son enfant l'épouvante. Mais elle répète avec le Sauveur au jardin des Oliviers : « Mon Dieu, si vous ne voulez pas que ce calice s'éloigne de moi, que Votre volonté soit faite et non la mienne ! »

Pour Lamirande, il ne peut pas accepter la coupe d'amertume. Il quitte la chambre de sa femme et s'en va dans une pièce voisine se jeter à genoux devant une statue de son saint Patron, et là, il répand son âme dans une prière suprême, dans une supplication déchirante : « Grand saint Joseph, répète-t-il sans cesse vous pouvez m'obtenir de Celui dont vous avez été le père nourricier la vie de ma femme. Obtenez-moi cette grâce, je vous en conjure. Dieu a permis la destruction de mes rêves politiques, des projets de grandeur que j'avais formés pour ma patrie. Mais Il ne voudra pas m'accabler tout à fait ! Saint Joseph, sauvez ma femme ! »

Il priait ainsi depuis une demi-heure, les yeux fixés sur la statue. Tout à coup, il s'estime en proie à une hallucination. La douleur, se dit-il, me trouble le cerveau. Car voilà que la statue s'anime. Ce n'est plus un marbre blanc et froid qui est là devant lui, c'est un homme bien vivant. Le lis qu'il tient à la main est une vraie fleur. Et saint Joseph parle :

—Joseph, si vous insistez sur la grâce temporelle que vous demandez, elle vous sera certainement accordée. Votre femme vivra. Si au contraire, vous laissez tout à la volonté de Dieu, le sacrifice que vous ferez de votre bonheur domestique sera récompensé par le triomphe de notre patrie. Vous serez exaucé selon votre prière. Et afin que vous sachiez que ceci n'est pas une illusion de vos sens, voici ! »

Et saint Joseph, détachant une feuille de sa fleur de lis la met dans la main tremblante de Lamirande.

Puis le marbre reprend la place de l'homme vivant, le lis redevient pierre, comme auparavant, mais il y manque une feuille.

Tout bouleversé, Lamirande se précipite dans la chambre de sa femme.

— Qui te parlait tout à l'heure ? lui demande Marguerite. C'était une voix étrange, une voix céleste... Qu'as-tu donc, mon mari ?

Lamirande, se jetant à genoux à côté du lit, et prenant sa femme doucement dans ses bras, lui raconte tout ce qui s'est passé.

— Ce n'était pas un rêve, dit-il, voici la feuille de lis que saint Joseph m'a donnée.

— Marguerite ! continue-t-il, tu vivras. Car tu veux vivre, n'est-ce pas ?

— Je voudrais vivre, Joseph, car Dieu seul sait combien j'ai été heureuse avec toi ; mais si c'est la volonté du ciel que je meure...

— Ce n'est pas la volonté de Dieu que tu meures, puisqu'il a fait un miracle pour me dire que tu vivras.

— Mais si je vis, la patrie mourra !

— Saint Joseph n'a pas dit cela.

— Il ne t'a promis le triomphe de la patrie qu'à la condition que tu fasses le sacrifice de ton bonheur...

— Je ne pourrai jamais demander que tu meures, ma femme, ma vie !

— Mais ne pourrais-tu pas demander que la volonté de Dieu se fasse ?

Lamirande garde le silence.

Marguerite rassemblant, pour un suprême effort, les derniers restes de sa vitalité, poursuit :

— Oui, mon mari, faisons ce sacrifice pour l'amour de la patrie. Tu as travaillé longtemps pour elle, mais tous tes efforts, tous les efforts de tes amis ont été vains. Et voici qu'au moment où tout paraît perdu, Dieu te promet de tout sauver si nous voulons tous deux lui offrir le sacrifice de quelques années de bonheur. C'est un dur sacrifice, mais faisons-le généreusement. Il ne s'agit pas seulement de la prospérité et de la grandeur matérielle du pays, mais aussi du salut des âmes pendant des siècles peut-être. Car si les sociétés secrètes triomphent, c'est la ruine de la religion. C'est cette pensée qui t'a soutenu dans les pénibles luttes de ces dernières semaines. C'est cette pensée qui me soutient maintenant. Pense donc, quel bien en retour de quelques années d'une pauvre vie ! Ce n'est pas souvent que, par sa mort, une femme peut sauver la patrie...

Marguerite dut lutter encore avec son mari, car la mort paraissait plus redoutable à lui qui devait rester qu'à elle qui s'en allait. Perdre sa femme ! Voir sa bien-aimée devenir « ce je ne sais quoi qui n'a de nom dans aucune langue » ; la conduire au tombeau ; la confier aux vers et à la corruption, lorsqu'il pouvait la garder encore longtemps auprès de lui, c'était affreux. Cette pensée lui causait une agonie mortelle.

Enfin, la grâce divine et les prières de Marguerite l'emportèrent sur les répugnances de la nature humaine. Avec sa femme il fit sincèrement cette prière : « Seigneur Jésus ! qu'il soit fait selon votre volonté et non selon la nôtre. Ou plutôt faites que notre volonté soit conforme à la vôtre ».

*　*　*

La cruelle maladie suit son cours. Le lendemain, sur le soir, Lamirande, voyant que la fin approchait, fit venir le père Grandmont. Leverdier et sa sœur Hélène étaient auprès de la mourante depuis le matin. Marguerite reçut les derniers sacrements en pleine connaissance et avec une ferveur angélique. Elle fit ses adieux, simples et touchants, à son mari et à sa fille, à sa sœur et à son frère adoptifs, au père Grandmont. Elle baissa ensuite rapidement et sembla ne plus rien voir ni entendre. Lamirande croyait qu'elle ne sortirait de ce coma que pour se réveiller dans l'éternité. Tout à coup elle fit signe à son mari qu'elle voulait lui parler. Il se pencha tendrement sur elle. Tout bas, elle lui dit : « Hélène t'a toujours aimé. Sans m'oublier, rends-la heureuse. Adieu ! Au ciel ! »

Puis, recommandant son âme à Dieu, elle rendit doucement le dernier soupir.

* * *

Cette nuit-là, Hélène pria et pleura longtemps auprès du corps de Marguerite. Des pensées tumultueuses envahirent son âme et l'effrayèrent. Des désirs qu'elle avait su repousser, qu'elle croyait à jamais éteints, se réveillèrent soudain en elle et la troublèrent. Elle aurait désiré n'éprouver que de la douleur, et un autre sentiment, qu'elle n'osait nommer, se mêlait à son chagrin, l'absorbait. Elle pleurait, mais ses larmes, qu'elle aurait voulues amères et brûlantes, étaient douces. Elle désirait ne demander au ciel que le repos de l'âme de Marguerite et le courage pour Joseph, et c'était pour elle-même qu'elle priait. « Seigneur, disait-elle, vous m'avez accordé la grâce de vaincre mon cœur pendant quinze ans, soutenez-moi dans cette heure suprême. Je puis penser à lui maintenant sans crime, sans injustice envers celle que j'aimais comme une sœur et qui est sans doute auprès de Vous. S'il est possible que je sois enfin heureuse après tant d'années de souffrance, faites-moi cette grâce, ô mon Dieu ! Et s'il ne doit pas en être ainsi, aidez-moi à souffrir encore et à Vous bénir toujours. »

Chapitre XVII

Cogitationes mere dissipatae sunt, torquentes cor meum.

Toutes mes pensées ayant été renversées, elles ne servent plus qu'à me déchirer le cœur.

JOB. XVII, II.

Aussi longtemps qu'il put voir les traits de sa femme que la mort avait en quelque sorte divinisés, Lamirande se sentit calme et fort. À l'église, pendant le service, il versa d'abondantes larmes, mais le chant sublime de la messe de *Requiem* éleva son âme au-dessus des amertumes de la terre et l'introduisit dans les joies et le repos de l'éternité. Ce fut au retour du cimetière, quand il rentra dans sa maison où il avait connu tant de bonheur, vide maintenant, désolée à tout jamais, ce fut en ce moment qu'une tristesse toute humaine s'abattit sur lui. Le ciel qu'il avait entrevu, où son âme semblait pénétrer en quelque sorte, à la suite de l'âme de Marguerite, se ferma sur lui et le repoussa. Il ne voyait plus que cette vallée de larmes, et le chemin qu'il lui restait à parcourir paraissait interminable.

Les sœurs du couvent de Beauvoir étaient venues chercher la petite Marie, croyant bien faire, mais elles avaient enlevé de la maison le dernier rayon de lumière qui naguère encore l'illuminait si gracieusement.

Malgré les efforts de Leverdier, une sorte de désespoir s'empara de Lamirande. Il regrettait presque son sacrifice. Il se disait : j'ai été présomptueux ; j'ai, par orgueil, voulu faire un acte d'héroïsme sans y être appelé, sans avoir la grâce nécessaire. Seuls les saints ont le droit d'entreprendre les choses sublimes ; eux seuls ont la vocation de quitter le terrain des vertus ordinaires pour se livrer aux renoncements surhumains. Pour moi, j'aurais dû humblement choisir la voie moins parfaite mais plus sûre qui m'était offerte ; j'aurais dû demander la vie de ma femme, puisque Dieu avait daigné exaucer ma prière.

Puis le doute l'envahissait. Au lieu d'être un miracle, cette apparition de saint Joseph n'était peut-être qu'un prestige diabolique. Ce ne pouvait être une simple hallucination, puisqu'il avait toujours la preuve matérielle de la réalité objective de la vision : la feuille de lis qui s'adaptait parfaitement au lis brisé de la statue. Mais le tentateur avait peut-être voulu lui tendre un piège en lui proposant un sacrifice qu'il avait accepté par orgueil plutôt que par amour de Dieu, afin de pouvoir se dire : voyez comme je suis fort, je puis renoncer à ce qui m'est le plus cher au monde !

Ensuite, un autre genre de doute survenait. Ce n'était plus le démon qui l'avait tenté et trompé. Il était bien convaincu que l'apparition était céleste ; mais qu'à cause de ses résistances, à cause de ses répugnances à accepter le sacrifice, il en avait perdu tout le mérite ; que la mort de sa femme serait inutile pour le pays. Humainement, tout était perdu. Dieu aurait sans doute fait un miracle pour tout sauver, puisqu'Il l'avait promis, mais c'était à la condition que l'épreuve fût courageusement acceptée. J'ai mal accueilli cette épreuve, se disait Lamirande, j'ai mal fait mon sacrifice. Dieu est donc dégagé de sa promesse. Ma femme est morte et mon pays va mourir !

Toutes ces pensées amères le jettent dans un profond abattement. Il ne peut se résoudre à ouvrir son cœur à Leverdier, lui parler du miracle. Il lui semble que son ami le blâmera comme il se blâme lui-même, doutera comme il doute. Voulant s'épargner cette nouvelle souffrance, il se tait.

Cette douleur sombre, sans larmes, sans épanchement du cœur, inquiète Leverdier.

— Mon ami, dit-il, il faut que tu fasses un effort pour secouer cette tristesse noire qui n'est pas du ciel. Viens avec moi, je vais te conduire à Manrèse. Tu y passeras une journée ou deux avec le père Grandmont.

— Tu as raison, dit Lamirande. Allons !

Et les deux amis se dirigent vers le chemin Sainte-Foye où plus de quinze années auparavant Lamirande avait, pour la première fois, parlé de son bonheur à son jeune ami. C'était alors le printemps ; les oiseaux chantaient les louanges du Seigneur, la campagne était belle et le ciel souriait. Maintenant, c'est le triste hiver ; plus de verdure, plus de chants ; mais des arbres mornes, dépouillés, sous un firmament gris et froid.

Leverdier conduit son ami jusqu'à la porte de la maison de retraite.

— Au revoir, lui dit-il, que saint Ignace te console et te communique son courage.

— Merci ! mon ami, merci !

* * *

Lamirande monta à la chambre du père Grandmont, chambre dont il connaissait bien le chemin. Le vénérable prêtre lui ouvrit les bras. Lamirande s'y jeta comme un enfant et raconta au ministre de Jésus-Christ tout ce qui s'était passé ; toutes ses tentations, toutes ses défaillances.

Ils passèrent ensemble une partie de la nuit devant le saint sacrement, dans la petite chapelle intérieure de la maison, abîmés dans la méditation sur le néant de la vie.

De bonne heure, le père dit sa messe. Lamirande la servit et reçut le Pain céleste qui chassa de son âme les doutes, comme le soleil dissipe les brouillards de la nuit. Le calme et la confiance en Dieu étaient revenus, mais Lamirande se défiait toujours de lui-même.

— Mon père, dit-il, je suis trop faible pour continuer l'œuvre que j'ai entreprise. Vous me dites que mon sacrifice, tout mal fait qu'il a été, sera accepté et que Dieu enverra, en retour, quelque secours inattendu à la patrie. Je le crois. Mais mon rôle est maintenant rempli. Je puis me retirer quelque part où, ne cherchant à pratiquer que des vertus ordinaires, je serai moins exposé à tomber.

— Pas encore, mon enfant, pas encore, dit en souriant doucement le bon religieux. Votre rôle n'est pas accompli, loin de là. Restez dans la politique, c'est-à-dire à votre poste, et attendez patiemment que Dieu réponde à votre sacrifice comme Il l'a promis et comme Il le fera, très certainement. Ces faiblesses humaines que vous déplorez, en les exagérant peut-être un peu, sont une grande grâce. Elles vous tiennent dans l'humilité, sans laquelle il est impossible de plaire à Dieu. Songez à saint Paul qui avait été ravi au troisième ciel, et qui nous dit : « De peur que la grandeur de mes révélations ne me causât de l'orgueil, Dieu a permis que je ressentisse dans ma chair un aiguillon, qui est l'ange de Satan, pour me donner des soufflets ». Je vous trouverais bien à plaindre et bien exposé, mon enfant, si vous étiez exempt de toute faiblesse, si vous ne craigniez de tomber à chaque instant : vous seriez une proie facile au démon de l'orgueil.

— Mais, mon père, non seulement je crains de tomber, je tombe effectivement !

— Et quand même cela serait ! Relevez-vous, voilà tout. Si, pour vous rendre chez vous, vous étiez obligé de parcourir un chemin tout rempli de trous et parsemé de cailloux, la crainte, la certitude même de faire quelques chutes, de vous meurtrir les genoux et les mains, cette certitude, dis-je, ne vous détournerait pas d'entreprendre le trajet. Tomber, cela fait mal, cela humilie ; mais cela n'empêche pas d'arriver au but, pourvu qu'on se relève.

— Mais pour se relever, il faut la grâce...

— Sans doute, et cette grâce est toujours accordée à qui la demande sincèrement. Si beaucoup restent par terre, c'est qu'ils aiment mieux être couchés que debout. Ils demandent peut-être à Dieu la grâce de se relever, mais c'est une demande qu'ils ne désirent pas réellement voir exaucée. Aimant la fange, ou la poussière, ou le gazon fleuri où ils sont tombés, ils veulent secrètement y rester, plutôt que de continuer leur pénible voyage. Tout en demandant à Dieu du bout des lèvres la grâce de se relever, ils seraient désolés si Dieu les relevait de force. Mais Dieu, qui voit dans le secret, ne les relève pas.

— Eh bien ! mon père, je resterai à mon poste aussi longtemps que vous ne me direz pas que ma tâche dans le monde politique est achevée.

— Très bien ! En effet, je vous dirai quand vous pourrez vous en aller. Ce ne sera pas de sitôt, je m'imagine, car il reste beaucoup à faire. Peut-être même Dieu

vous demandera-t-il quelque nouveau sacrifice avant
que tout soit terminé.

— Avec sa grâce je le ferai !

Chapitre XVIII

Ergo cujus vult miseretur.

*Il est donc vrai qu'il fait miséricorde
à qui il lui plaît.*

ROM. IX, 18.

La rentrée des chambres est fixée au 15 février 1946.
Ce jour-là, vers cinq heures du soir, il y avait conciliabule dans les bureaux de rédaction de *la Libre-Pensée,*
à Montréal. Montarval y était avec le rédacteur en chef
du journal, Ducoudray, et quelques autres radicaux bien
connus de la métropole. Il est à peine nécessaire de dire
que le collègue de sir Henry, membre du cabinet conservateur, n'était pas entré dans les bureaux de la
feuille impie par la porte ordinaire, mais par un passage
secret communiquant avec une boutique de perruquier
tenue par un affidé de la secte.

— Eh bien ! s'écria Montarval, nous triomphons ;
nous avons une majorité ministérielle écrasante. Nous
présenterons de nouveau le même projet, avec quelques
modifications insignifiantes dans la forme, afin de faire
croire aux députés de la province de Québec qu'ils ont
obtenu quelques concessions. Quant au fond, il restera
ce qu'il était. J'ai même trouvé le moyen de l'améliorer
quelque peu, chose que je ne croyais pas possible. Il
sera voté, et dans dix ans tout sera entre nos mains.

— Oui, fait Ducoudray, tout a marché selon tes
plans et nos désirs. Dieu sait...

—Encore cette expression !

—Un simple effet de l'habitude, mon cher ministre !

—Je sais que ta première éducation a été tout imprégnée de superstitions chrétiennes. Pourvu que cela ne te joue pas quelque mauvais tour ! Qu'est-ce que tu allais dire ?

—J'allais dire que les élections ont dû coûter affreusement cher. J'espère que toi et sir Henry avez arrangé les choses pour que cela ne paraisse pas trop dans les comptes publics. Un scandale financier au commencement du nouveau régime serait fort ennuyeux.

—Que cela ne t'inquiète pas. Je mets Lamirande, Houghton et leur poignée de fanatiques au défi de trouver la moindre irrégularité dans la caisse publique.

—À propos de Lamirande, reprend le journaliste, c'est notre ennemi, et il fallait l'abattre, l'écraser ; mais si nous avions pu nous exempter d'avoir recours à cette histoire inventée sur son compte... Était-ce bien nécessaire?

—Il ne fallait négliger aucun moyen. Aurais-tu ce que les prêtres appellent des remords de conscience, par hasard ?

—Je n'ai pas de remords, parce que ma conscience a usé toutes ses dents, il y a bien longtemps ; mais les coups comme celui-là, quand ils ne sont pas absolument nécessaires, m'ennuient, m'écœurent... je ne sais quoi...

Et le journaliste se leva et arpenta le bureau, le visage assombri.

—Un cas de spleen bien accentué, fait l'un des assistants, causé par une mauvaise digestion. Une pilule du docteur Cohen après chaque repas pendant trois jours, voilà ce qu'il te faut.

Ducoudray ne répondit rien. Il continuait toujours à marcher de long en large, troublé et agité.

Montarval le regarda pendant quelques instants avec une fixité sinistre. Une lueur d'enfer passa dans ses yeux. Puis il se leva et gagna en silence le couloir secret. En passant par la boutique du perruquier, il glissa quelques mots tout bas à l'oreille de l'affidé. Celui-ci fit un signe d'assentissement, tout en pâlissant.

Les autres visiteurs étant bientôt partis après Montarval, Ducoudray se trouva seul. Le dernier sorti, il ferma la porte à clé et alla s'affaisser dans un fauteuil.

— Qu'ai-je donc ? se dit-il. Est-ce seulement une mauvaise digestion, ou sont-ce réellement des remords ? Il me semblait que depuis des années j'avais étouffé ce que les chrétiens appellent les cris de la conscience. Et cependant j'entends parfois une faible voix qui vient je ne sais d'où et qui me dit : Tu es un misérable ! Est-ce la voix de ce qu'on appelle la conscience ? Serait-ce la voix de ma mère ? J'ai rêvé encore d'elle, la nuit dernière... Son âme peut-elle venir me parler ? L'âme existe-t-elle seulement ? Il me semblait que j'étais tout petit enfant, que j'étais à genoux devant ma mère et qu'elle me montrait à prier. Je crois que je pourrais répéter les paroles qu'elle me faisait dire : « Je vous salue, Marie, pleine de grâce... » Non je ne puis pas continuer...

Longtemps il resta plongé dans une amère rêverie. Puis, se levant brusquement : Il faut secouer cette torpeur, se dit-il, chasser ces idées... C'est trop tard pour moi de revenir sur mes pas. Je suis allé trop loin dans le mal... Voilà que ça revient ! Le mal ! Mais enfin, qu'est-ce que le mal ? qu'est-ce que le bien ? Décidément, il me faut quelque distraction... J'y pense ! C'est ce soir que le fameux père Grandmont commence ce qu'ils appellent une retraite, à Longueuil. Il paraît que le vieux dit des choses bien drôles. Si j'y allais ! Cela changerait mes idées et me donnerait peut-être le sujet d'un joli article pour demain. Rire un peu des jésuites, ça prend toujours.

Puis il sortit, et passa devant la boutique du perruquier. Il ne remarqua pas un homme qui en sortit presque au même moment ; un homme qui portait de grandes lunettes noires et qui avait le collet de son paletot relevé jusqu'aux oreilles ; un homme qui craignait le froid, sans doute. L'homme aux lunettes suivit Ducoudray. Celui-ci entra dans un restaurant et se fit servir un repas. Ensuite il continua son chemin vers Longueuil. Il ne regardait pas derrière lui ; mais l'eût-il fait qu'il n'eût rien vu d'étrange : un homme qui marchait à quelques pas derrière lui, le visage à l'abri du vent, les yeux protégés contre l'éclat de la neige et de la lumière électrique.

Rendu rue Notre-Dame, Ducoudray prit un traîneau de place et donna ordre au cocher de traverser à Longueuil.

La nuit était belle et froide, une de ces nuits presque aussi claires que le jour, si fréquentes au Canada dans les mois d'hiver. La lune, qui avait éteint la plupart des étoiles, versait des flots de lumière argentée sur le « pont » de glace qui couvrait le fleuve géant. La neige réflétait cette lumière en y ajoutant un éclat particulier qui permettait de lire facilement, mais qui pouvait aussi fatiguer des yeux faibles. Ducoudray avait la vue forte et jouissait de cette splendide illumination. Dans un traîneau de place qui suivit le sien, à un arpent de distance, il y avait un homme qui ne pouvait pas endurer cet éblouissement.

Le plus profond silence régnait sur le fleuve, rompu seulement par le tintement des grelots des deux chevaux. Mais Ducoudray n'entendait ni les grelots du cheval qui traînait sa voiture ni ceux du cheval qui suivait. Il était à cent lieues de Montréal, et à trente années de l'an de grâce 1946. Il était dans le paisible village en bas de Québec, bien loin en bas, où il avait passé les années de sa jeunesse, et il n'avait que sept ans. Il était aux genoux de sa mère qui lui faisait faire sa prière du soir. De l'humble mansarde où il priait, l'œil découvrait l'immense étendue du fleuve, large de sept lieues, et les montagnes bleues du nord. Il revoyait ce paysage grandiose et triste, tantôt éclairé par les pâles rayons de la lune, tantôt baigné par les feux du soleil couchant. Il respirait de nouveau les fortes odeurs du *salin* ; il jouait encore sur la grève couverte de galets et de varechs et que le *baissant* avait mis à sec. Puis le *montant* venait couvrir d'abord les rochers au large, puis envahissait tout jusqu'au chemin, mettant à flot la vieille chaloupe.

Tout ce lointain passé lui revenait ce soir pendant qu'il cheminait rapidement vers Longueuil. La pensée de sa mère, morte lorsqu'il n'avait que huit ans, le hantait ; sa mère qu'il avait tant aimée, qui avait veillé sur son berceau, lui avait appris à bégayer les noms de Jésus, de Marie et de Joseph, noms hélas ! que depuis vingt ans il n'avait plus prononcés que pour les blasphémer. Jamais il n'avait été travaillé et tourmenté comme il l'est ce soir. Jamais la vie qu'il menait, vie de haine, de passion, vie de volupté et de luttes féroces contre les croyances de son enfance, jamais sa vie de sectaire ne lui avait inspiré ce sentiment profond de dégoût et de terreur qu'il éprouve en ce moment. Il croyait avoir effacé en lui tout vestige de foi, à force de fouler aux pieds toutes les lois de Dieu, à force de s'enfoncer de plus en plus dans la fange et l'impiété. En effet, pendant des années, il avait joui de cette épouvantable tranquillité qui remplace dans l'âme la grâce du remords. Et voici que depuis quelques jours cette tranquillité est disparue. Du moment qu'il n'est pas activement employé, sa pensée retourne à trente années en arrière et le transporte au village natal, à l'église où il fut baptisé et fit sa première communion, à la modeste chambre où il priait, le soir, sous le regard de sa mère.

Tout un régiment l'aurait suivi sur le pont de glace ce soir-là qu'il n'en aurait fait aucun cas.

Les cloches de la belle église de Longueuil, appelant les fidèles aux exercices de la retraite, le tirent de sa rêverie. Arrivé bientôt au village, il saute en bas de sa voiture, donne instruction au cocher de l'attendre et pénètre dans le temple. « Pourvu, pense-t-il, que ce jésuite puisse dire quelque chose de bien rococo, de bien Moyen Âge ! » Et il va prendre une place que le bedeau, voyant qu'il est étranger, lui offre. Un autre étranger entre aussitôt après. Le bedeau veut le mettre à côté de Ducoudray, mais il préfère rester à l'ombre d'une colonne. La lumière lui fatigue la vue, dit-il. Malgré le mauvais état de ses yeux, il les tient fixés sur Ducoudray.

Le sermon fut simple et éloquent. Chez le père Grandmont, c'était le cœur qui parlait. Il aimait Dieu, il aimait les âmes ; et ces deux amours donnaient à ses discours une force et une chaleur qui n'avaient guère besoin des ornements de la rhétorique pour vaincre et fondre les cœurs. Dans un autre temps, Ducoudray aurait probablement noté quelques expressions d'une forme un peu naïve et qu'en torturant convenablement il aurait pu faire sevir de thème à ses railleries. Mais ce soir il n'est pas en veine de se moquer. Il est grave, recueilli et les paroles du prêtre l'impressionnent douloureusement au lieu de l'amuser.

Le prédicateur, selon l'habitude des fils de saint Ignace, parle des deux étendards, l'étendard de Jésus-Christ et l'étendard de Satan, sous l'un desquels tout homme doit nécessairement se ranger. Impossible de rester neutre entre les deux armées, simple spectateur du combat ; il faut être d'un côté ou de l'autre ; ou marcher vers le ciel sous le drapeau de Jésus-Christ, ou vers l'enfer sous le drapeau de Lucifer. Il n'y a que deux cités, la cité du bien et la cité du mal. La première renferme tous ceux qui ont la grâce sanctifiante ; la seconde, tous ceux qui n'ont pas cette grâce. Il n'y a pas d'état intermédiaire. Il faut être ou l'ami ou l'ennemi de Dieu. Personne ne peut être indifférent à son égard, comme Lui n'est indifférent à l'égard de personne. Il n'y a que deux chemins, l'un large, facile, qui descend en pente douce, au milieu des fleurs, où l'on ne rencontre point d'obstacles, point de contradictions, où l'on marche sans fatigue, entouré de délices et de voluptés ; l'autre, étroit, rude, montueux, difficile, où l'on n'avance qu'avec peine et misère, tombant souvent, se blessant souvent aux aspérités du sol. Inutile de chercher une troisième route à travers la vie, il n'y en a pas, puisque pour l'homme il n'y a que deux éternités, une éternité de bonheur à laquelle conduit la voie étroite, une éternité de malheur à laquelle aboutit la voie large et facile.

Pendant plus d'une demi-heure le père Grandmont développe ces fortes et salutaires pensées, et Ducoudray l'écoute de plus en plus grave et recueilli, la tête penchée sur sa poitrine. Du coin obscur où il se tient, l'étranger aux lunettes sombres ne perd pas le moindre mouvement que fait le journaliste.

Le père Grandmont paraissait avoir fini son sermon ; il se préparait même à descendre de la chaire, tout à coup, se retournant vivement vers l'auditoire, la figure illuminée par une subite inspiration, il s'écria :

— Mes frères, s'il y a parmi vous quelqu'un qui gémit sous le poids d'une montagne de crimes, quelqu'un dont l'âme est couverte d'une véritable lèpre de péchés, quelqu'un qui, pendant des années et des années, a outragé Dieu et ses lois, l'Église et ses lois, la nature humaine et ses lois, quelqu'un qui, à la vue de la fange où il s'est vautré, est saisi d'une terreur voisine du désespoir, que celui-là ne perde pas courage ! Qu'il porte ses regards vers le divin Crucifié, qu'il songe qu'une seule goutte de ce sang d'un Dieu peut effacer toutes les iniquités du monde. Qu'il déteste ses péchés, mais qu'il ne désespère pas. Le repentir, un repentir sincère, peut le rendre aussi agréable à Dieu qu'il était au jour de son baptême, au jour de sa première communion. S'il lui semble que tant de crimes demandent quelque grande expiation, qu'il fasse généreusement le sacrifice de sa vie, s'il faut la sacrifier, pour réparer le mal qu'il a fait.

Qu'il soit assuré qu'ainsi, par les mérites infinis de Jésus-Christ, il peut devenir un grand saint de grand pécheur qu'il était. Mes frères, pendant la bénédiction du très saint sacrement, priez tous avec ferveur pour que, s'il y a parmi vous quelqu'un ainsi accablé, il reçoive de l'hostie sainte, par l'intercession de Marie, Refuge des pécheurs, la grâce de secouer le joug de Satan.

Puis le prédicateur quitte la chaire. Le salut commence et tous se mettent à genoux. Pour la première fois depuis vingt ans. Ducoudray, l'âme bouleversée, s'agenouille, lui aussi.

Qui pourrait décrire la lutte formidable qui se livre alors dans ce cœur longtemps l'esclave du démon. Quelques jours auparavant, il avait reçu une première grâce, la grâce du dégoût : la vie qu'il menait ne lui inspirait plus aucune satisfaction. Mais ce n'était pas le repentir, ce n'était pas un mouvement surnaturel. Les paroles du prêtre, surtout les dernières qui, il le sentait, avaient été inspirées au prédicateur expressément pour lui, avaient fait naître dans son âme de nouvelles pensées, des sentiments inconnus. Le dégoût qu'il éprouvait depuis quelque temps changeait de caractère, se spiritualisait. Ce n'était plus un ennui vague, un malaise indéfinissable, mais une véritable horreur. Et à cette horreur se mêlait l'amour de Dieu, de ce Dieu qu'il avait tant offensé. Ô ! se disait-il, si je pouvais réparer tout le mal que j'ai fait, me débarrasser de ce fardeau qui m'écrase, si je pouvais sortir des griffes de Satan et me jeter dans les bras de Jésus-Christ, que je serais heureux !

Que de pauvres âmes tiennent ce langage ! que de misérables pécheurs *voudraient* sortir de l'état affreux où ils se trouvent, mais qui ne parviennent pas à dire : *je veux.* Une fausse honte les retient, un démon muet les possède. Ils n'auraient qu'un pas à faire, qu'un mot à dire ; et ce pas, ils ne le font point, ce mot, ils ne le disent point. Mystère insondable de la grâce de Dieu qui est toujours suffisante pour sauver et qui ne sauve pas toujours ; et qui, parfois, sans jamais détruire le libre arbitre, est versée dans l'âme avec tant d'abondance qu'elle semble arracher l'homme au mal comme malgré lui !

Ducoudray s'arrêtera-t-il au fatal *je voudrais,* ou

prononcera-t-il le sublime *je veux* qui fait tomber les chaînes de l'esclavage spirituel ?

Comme tous les pécheurs qui *voudraient* se convertir, il éprouve la tentation de la fausse honte, sentiment à la fois si puéril et si redoutable. Mais chez lui, à cette tentation qui suffit à éloigner tant de pauvres malades du céleste médecin, se joint une épouvante infiniment moins vague. Il sait, à n'en pouvoir douter, qu'il ne peut faire les choses à moitié ; que pour pouvoir revenir à Jésus-Christ il faut qu'il quitte l'horrible secte où il s'est engagé et dont il possède tous les secrets. Non seulement il devra la quitter — cela ne serait rien — mais il devra la dénoncer, il devra pour réparer le mal qu'il a commis, divulguer les ténébreuses machinations auxquelles il a été mêlé. C'est là, il ne l'ignore pas, son arrêt de mort. D'un côté, encore quelques années d'une existence misérable puis une éternité de malheur. De l'autre, un coup de poignard, puis un bonheur sans fin. C'est ainsi que, dans une lumière crue, la situation, nette et tranchée, se présente à son esprit. En théorie, le choix est facile : l'enfer d'un côté ; le ciel de l'autre, et entre les deux quelques années de vie en plus ou en moins. Qui pourrait hésiter ? Et cependant qui d'entre nous n'hésiterait pas ? Que dis-je ! Qui d'entre nous ne sent pas que, à moins d'une grâce spéciale, c'est l'enfer et les quelques années de vie qu'il choisirait ? Tant est faible, incroyablement faible la nature humaine déchue! Cette faiblesse désespérante, Ducoudray l'éprouve. Elle l'épouvante, elle l'écrase. Il voit avec terreur que, pour l'amour d'un peu de cette vie qui ne lui inspire pourtant qu'ennui et dégoût, il va choisir l'enfer. Il se sent impuissant à faire, par lui-même, le moindre effort pour sortir de l'abîme. Et du fond de cet abîme, il s'écrie, dans un élan de vraie humilité : Mon Dieu ! ayez pitié de moi ! Vierge sainte ! aidez-moi !

Alors de la divine hostie part un jet de cette grâce qui donne aux plus faibles la force de braver la mort.

Chapitre XIX

*Mucro, mucro, evagina te ad occi-
dendum.*

*Épée, épée, sors du fourreau pour
verser le sang.*

Ezech. XXI, 28.

La bénédiction du très saint sacrement est terminée.
Lentement la foule se retire. Les sacristains éteignent
les lumières, d'abord à l'autel, puis dans le chœur,
enfin dans la nef. Il n'en reste que deux ou trois qui jettent dans le vaste édifice une lueur incertaine. Au
moment de fermer les portes, le bedeau remarque que
deux hommes sont encore dans l'église ; l'un à genoux,
la tête cachée dans ses mains, la poitrine gonflée de
sanglots ; l'autre debout, près d'une colonne, qui regarde fixement le premier. Le bedeau touche l'homme à
genoux. « On ferme », lui dit-il. Ducoudray tressaille
comme un homme qu'on réveille subitement. Il se lève
aussitôt.

— Il faut que je voie le père Grandmont, dit-il ; il
faut que je le voie tout de suite.

En parlant ainsi, son regard tombe, pour la première fois, sur l'homme à moitié caché derrière la
colonne. Un frémissement le secoue et une sensation de
froid envahit tous ses membres.

— Déjà ! pensa-t-il. Mon Dieu, je suis prêt mais
donnez-moi seulement trois heures !

— Vous pouvez voir le père au presbytère, dit le

bedeau ; ou dans la sacristie, il y est peut-être encore. Passez par le sanctuaire.

Puis le brave homme se dirige vers l'autre étranger qui paraît hésiter.

— Voulez-vous voir le père, vous aussi ?

— Oui... non... c'est-à-dire que je voudrais suivre mon ami. Il va au presbytère, sans doute ?

— Oui, en vous hâtant vous pouvez le rejoindre.

L'étranger fit quelques pas dans la direction du chœur, puis revint vers la porte.

— Je vais sortir et attendre mon ami devant le presbytère, dit-il.

— Voilà un particulier, grommela le bedeau en verrouillant la grande porte, qui n'a pas l'air de trop savoir ce qu'il veut.

Il savait parfaitement, au contraire, ce qu'il voulait ; mais il avait eu comme un éblouissement qui lui avait fait perdre un instant la tête. Était-ce un effet de la forte chaleur qu'il faisait dans l'église ? Était-ce autre chose ? Il ne se le demanda seulement pas, mais éclata en imprécations contre lui-même pour ce moment d'indécision.

— Que je suis donc maladroit ! se dit-il. J'aurais pu le rejoindre, sans doute, avant qu'il fût entré au presbytère, quand même c'eût été à la porte... Il aurait été seul, probablement... Il faut maintenant que j'attende ici, car il ne doit pas retourner à Montréal.

À ce moment Ducoudray franchissait la porte du presbytère, étonné de voir que l'homme aux lunettes noires ne l'avait pas suivi.

— Merci mon Dieu, murmura-t-il. Je ne Vous demande que trois heures ! Accordez-moi ce délai, non pas pour moi-même, mais pour la cause de Votre sainte Église !

Un domestique le conduisit à la chambre du père Grandmont. Celui-ci le reçut avec une grande affabilité et l'invita à s'asseoir.

— Mon père, dit Ducoudray, vous ne me connaissez pas.

— En effet, je n'ai pas cet honneur, dit le religieux.

— Ce ne serait pas un honneur de me connaître, dit le journaliste, car je suis un grand misérable. Mais je veux me convertir, ou plutôt me confesser ; car la grâce de Dieu m'a converti tout à l'heure dans l'église pendant que vous prêchiez. À la fin de votre sermon le ciel vous a inspiré certaines paroles que beaucoup ont dû trouver étranges. Je les ai comprises parce qu'elles étaient à mon adresse. Je suis le pécheur dont vous parliez. Voulez-vous me confesser ? *Pouvez-vous* me confesser ? Je ne suis pas un pécheur ordinaire, je suis un monstre.

— Mon Dieu que vous êtes bon, que votre miséricorde est infinie ! s'écria le prêtre.

Et prenant les mains du journaliste il l'attira à lui affectueusement.

— Mon frère, dit-il, que je suis heureux ! Et quelles réjouissances parmi les anges ! Venez ! j'ai tous les pouvoirs pour vous absoudre, quelque grave que soit votre cas.

Puis, il conduisit son pénitent au petit confessionnal placé dans un coin de la chambre, et le malheureux, se jetant à genoux, déposa aux pieds du ministre de Jésus-Christ son insupportable fardeau. Il se releva tout rayonnant. Longtemps le vénérable prêtre le tint serré sur sa poitrine, murmurant : « Quelle joie ! Mon Dieu, quelle joie ! »

— Mon père, dit Ducoudray, vous savez ce qu'il me reste à faire. J'ai en ma possession tous les secrets de l'horrible secte, toutes ses archives. Il faut que je communique tout cela à l'archevêque de Montréal avant demain matin, cette nuit même ; car, je le sais, je suis déjà condamné à mort. Le chef de la secte, me soupçonnant, m'a fait suivre par un de ses ultionistes* qui m'a vu à l'église, qui a dû remarquer mon émotion, qui m'attend au dehors et qui me frappera au premier moment favorable. Je ne crains pas la mort. Au contraire, je suis heureux d'offrir ma vie à Dieu en expiation de mes crimes. Mais je ne veux pas qu'on m'assassine avant que j'aie eu le temps de dévoiler les abominations du satanisme. C'est pour cela, et non par crainte de la mort, que je vous demande de m'aider à me déguiser.

Une demi-heure plus tard, deux prêtres sortaient du presbytère ; l'un était un vieillard, l'autre dans toute la force de l'âge. Le jeune ecclésiastique était visiblement embarrassé dans sa soutane. Mais l'homme aux lunettes noires n'eut aucun soupçon. Il se contenta de murmurer : « Deux calotins ! Le plus jeune a l'air fameusement gauche ».

Les deux prêtres prirent une voiture que le domestique était allé chercher cinq minutes auparavant.

Au bout d'une autre demi-heure, comme le guetteur commençait à s'inquiéter sérieusement et à se demander s'il ne devait pas sonner, le domestique sortit de nouveau. Il avait l'air de chercher quelqu'un. L'homme aux lunettes le suivit du regard. Il le vit parler au cocher qui avait amené Ducoudray de la ville et lui donner de l'argent. Le cocher partit aussitôt.

— Voilà une mystification ! se dit-il.

Et s'approchant du jeune domestique.

---

* Ultioniste du mot latin *ultio*, vengeance, signifie tueur.

194

—Peux-tu me dire si le monsieur qui est entré au presbytère vers neuf heures est parti ?

—Je ne sais pas, monsieur, répondit le jeune homme ; je ne l'ai pas vu depuis que je lui ai ouvert la porte.

—Mais n'est-ce pas son cocher que tu viens de payer et de renvoyer ?

— Ça se peut bien. Monsieur le curé m'a dit d'aller trouver le cocher qui avait amené un homme de Montréal, un monsieur avec une grande moustache blonde, de lui payer sa course et de lui dire que le monsieur n'aurait plus besoin de lui.

—Le monsieur couche au presbytère peut-être ?

—Je n'en sais rien, monsieur. Vous êtes bien curieux, je trouve.

Et le jeune domestique s'éloigna pour rentrer au presbytère.

—Oui, fit l'étranger en le suivant, je suis un peu curieux, mais je n'ai plus qu'une question à te faire. Connais-tu les deux prêtres qui sont sortis tout à l'heure ?

—J'en connais un, c'est le père qui prêche la retraite ; l'autre, je ne le connais pas, je ne l'ai pas vu entrer.

—Ah ! tu ne l'as pas vu entrer ! Je comprends tout, maintenant, continua-t-il, parlant à lui-même. Que je suis donc stupide ! Voilà deux fois que je le manque !

Le pauvre domestique, ahuri, et sentant vaguement qu'il a trop parlé, rentre précipitamment au presbytère.

L'étranger s'éloigne rapidement. À une faible distance de l'église un magasin est encore ouvert. Il y entre et demande qu'on lui indique où se trouve le bureau public de télégraphe et de téléphone. C'est dans le voisinage. Il y court. Le gardien du bureau est seul.

L'étranger lui fait un signe presque imperceptible auquel l'employé répond par un geste fait comme par hasard. Un deuxième signe provoque une deuxième réponse. Alors l'étranger s'assied devant le double instrument. Se servant d'abord du téléphone, il se met lui-même directement en communication avec un certain numéro à Montréal. Il sonne. On lui répond.

—Est-ce bien le numéro 11 demande-t-il ?

Ce numéro n'a rien de commun avec les numéros du téléphone.

Comme la réponse a été satisfaisante, il continue :

—Attention au télégraphe, je vais écrire... Es-tu prêt ? Eh bien ! voici :

Et déposant le récepteur du téléphone, il prend la plume télégraphique et écrit la note suivante qui se reproduit, à l'instant, à Montréal, lettre par lettre, et dans l'écriture même de celui qui tient le crayon électrique à Longueuil.

« Au nom du Grand Maître, le numéro 7, à Longueuil, au numéro 11. Le numéro 2 nous trahit. J'en ai la preuve certaine. Le Grand Maître le soupçonnant, m'a donné l'ordre de le suivre et de le supprimer si je venais à découvrir qu'il nous trahissait. Or sa trahison est absolument certaine. Il vient de m'échapper, déguisé en prêtre. Rends-toi immédiatement à sa maison. C'est là qu'il ira tout d'abord, sans doute, pour prendre les archives. Au nom du Grand Maître et en vertu de l'ordre qu'il m'a donné je te commande de supprimer le numéro 2. Fais vite. Il est peut-être déjà trop tard. »

Puis, mettant soigneusement dans sa poche la copie de cet atroce billet, l'homme aux lunettes noires, ayant payé ce qu'il devait au bureau, sortit et reprit aussitôt le chemin de Montréal.

* * *

Le lendemain matin, deux femmes se rendant à la messe de cinq heures à l'église du Gesù, aperçoivent, rue Sainte-Catherine, un homme gisant sur le trottoir, près d'une porte-cochère, dans une mare de sang. Épouvantées, elles jettent des cris perçants qui attirent d'autres personnes allant à l'église ou à leur ouvrage. Un groupe se forme bientôt. Quatre hommes soulèvent le corps inerte et sanglant, inanimé, mais encore chaud, et le transportent au poste de police voisin. En jetant les yeux sur l'homme assassiné, le chef du poste s'écrie : C'est M. Ducoudray, rédacteur de *la Libre-Pensée* !

Chapitre XX

Paratus sum et non sum turbatus.

Je suis tout prêt, et je ne suis point troublé.

Ps. CXVIII, 60.

La sinistre nouvelle se répandit comme une traînée de poudre. Dès huit heures, tout Montréal avait appris l'assassinat du journaliste tristement célèbre. Les journaux publièrent aussitôt des éditions spéciales que les gamins vendaient par centaines, le visage rayonnant, le verbe haut. Un meurtre ! quelle bonne aubaine ! Aux coins des rues, dans les bars électriques, aux portes des hôtels et des gares de chemins de fer, ils criaient de toute la force de leurs poumons : « Terrible meurtre à Montréal. M. Ducoudray, rédacteur de *la Libre-Pensée,* assassiné d'un coup de poignard dans la rue Sainte-Catherine, à deux pas du poste de police » sur le même ton qu'ils auraient proclamé le résultat d'une course ou d'une élection.

De bonne heure, le coroner forma son jury et commença son enquête, au poste de police où le cadavre avait été déposé. D'abord les renseignements étaient bien maigres. Aux bureaux de *la Libre-Pensée* on savait que M. Ducoudray était sorti la veille au soir, vers six heures, sans dire où il allait, et il n'était pas revenu. De ce côté-là, c'est tout ce que l'on put apprendre. Au poste de police près duquel le meurtre avait été commis on n'avait rien entendu. À la maison où il occupait un appartement de quatre chambres on ne l'avait pas vu depuis le matin. S'il y était rentré on ne l'avait pas aperçu et il n'y avait certainement pas couché. Une des servantes qui avait passé vers dix heures devant la chambre qui lui servait de bureau y avait entendu marcher quelqu'un et était bien surprise de trouver, le lendemain matin, que le lit n'avait pas été défait.

Le médecin chargé d'examiner le cadavre constata que la mort avait été causée par un seul coup de poignard dans le dos, qui avait tranché l'aorte. Le poignard, une arme formidable, avait été retrouvé à côté du cadavre. Le coup avait dû être porté par quelqu'un caché dans la porte-cochère. L'assassin devait avoir le bras puissant et la main très sûre. Il devait aussi posséder quelques connaissances anatomiques pour avoir pu atteindre, avec autant de précision, une partie vitale. Le vol n'avait pas été le mobile du crime, puisqu'on trouva sur le corps une somme d'argent assez considérable et une montre de prix.

C'est tout ce qu'on put découvrir, et le coroner allait ajourner l'enquête, lorsqu'au grand étonnement de tous, l'archevêque de Montréal, accompagné du père Grandmont, entra au poste.

Les deux vénérables ecclésiastiques sont très émus. Ils demandent à voir le cadavre. On les conduit dans une petite cellule où le journaliste assassiné était couché sur un lit de camp. Ils se jettent à genoux et prient un instant avec ferveur.

— Cher martyr ! dit l'évêque en se relevant, vous m'aviez bien dit que j'aurais avant vingt-quatre heures, une preuve indiscutable de la vérité de vos révélations. La voilà la preuve, aussi affreuse que convaincante !

Le coroner, en entendant ces paroles, croit à une méprise.

— Monseigneur, dit-il, l'homme assassiné est M. Ducoudray, rédacteur du journal anti-clérical, *la Libre-Pensée*.

— Je le sais, mon ami, réplique le prélat, et lorsque vous aurez entendu le témoignage du père Grandmont et le mien vous comprendrez ce que je viens de dire.

Le père Grandmont rendit son témoignage d'abord. Après avoir raconté en quelques mots ce que nous connaissons déjà des derniers moments de Ducoudray, il continua ainsi :

— Pour permettre à M. Ducoudray de sortir du presbytère sans être reconnu par celui qui l'avait suivi de Montréal à Longueuil, je lui fis donner par M. le curé une soutane et un chapeau romain. Il se rasa la moustache, et emporta ses habits dans un petit sac de voyage que je lui prêtai. Je le priai de me permettre de l'accompagner jusqu'à Montréal. En sortant du presbytère, je vis un homme qui avait l'air d'attendre quelqu'un. Il portait des lunettes noires et un foulard, ou le collet de son paletot relevé cachait le bas de son visage. Il me serait impossible de le reconnaître. Évidemment, il ne se douta de rien en nous voyant, car il ne nous suivit pas. M. Ducoudray m'assura qu'il était parfaitement fixé sur l'identité de l'individu. — « C'est un ultioniste, m'a-t-il dit, un de ceux qui sont chargés d'exécuter les sentences de mort que prononce l'horrible secte à laquelle j'appartenais il y a une heure à peine. » — « Mais, lui répliquai-je, la société n'a pas pu se réunir, n'a pas pu vous condamner à mort. » — « Dans les cas urgents, l'ordre du Chef suffit, m'expliqua-t-il. Le chef, renseigné par des esprits, supérieurs par la clairvoyance à l'homme le plus intelligent, avait évidemment des soupçons à mon endroit, et il m'a fait suivre par cet ultioniste en lui donnant l'ordre de me *supprimer* — c'est le mot employé — s'il découvrait chez moi une conduite louche. L'émotion que je n'ai pu cacher, que je n'ai pas songé à cacher dans l'église, suivie de ma visite au presbytère, est plus que suffisante pour me valoir un arrêt de mort. Ce qui m'étonne, c'est qu'il n'ait pas tenté de m'assassiner pendant que j'allais de l'église au presbytère. Il faut qu'une intervention céleste l'en ait empêché. Vous le savez, je suis le secrétaire de la société, et, en cette qualité, j'ai la garde de toutes les archives, je suis en possession de tous les secrets de la secte. C'est pourquoi ils remueront ciel et terre pour me supprimer avant que j'aie le temps de rien dévoiler. »

— Voilà, continua le père Grandmont, un résumé fidèle de ce que M. Ducoudray m'a dit, tant au presbytère que pendant le trajet aussi rapide que possible, de Longueuil à Hochelaga. Pressé de me donner le nom de l'ultioniste qui le poursuivait, il ne voulut pas le faire. — « Je lui pardonne d'avance, me dit-il, et de grand cœur ; j'ai tant besoin que Dieu et les hommes me pardonnent. »

— À la porte de sa maison, poursuivit le père Grandmont, je le quittai, après lui avoir donné rendez-vous, vers une heure du matin, dans l'église du Gesù. Il voulait entendre la messe et communier, afin de se préparer à la mort. Il était alors dix heures et demie du soir, environ. Je me rendis au collège, j'exposai la situation en peu de mots au supérieur, et j'obtins la permission d'attendre mon cher pénitent dans l'église. Peu après l'heure convenue, il arriva. Il me dit qu'il avait réussi à remettre les archives de la société entre les mains de monseigneur l'archevêque ; qu'il avait été

202

suivi par deux ultionistes depuis sa maison jusqu'à l'archevêché ; que trois fois il croyait que tout était fini, mais qu'une protection visible du ciel l'avait sauvé ; qu'en revenant de l'évêché au Gesù il avait constaté que trois sicaires le poursuivaient ; que pendant ce trajet encore il avait éprouvé la même protection surnaturelle. — « Maintenant, me dit-il, qu'ils fassent leur œuvre ; je suis prêt à mourir, je désire mourir pour expier mes crimes. » Il entendit la messe et reçut la sainte communion avec une ferveur vraiment angélique. Après notre action de grâces, je le suppliai de rentrer avec moi au collège pour la nuit ; ou, au moins, de nous permettre, au frère qui avait servi la messe et à moi, de l'accompagner chez lui. Il refusa avec douceur mais avec une fermeté qui n'admettait pas de réplique. — « Ce ne serait, dit-il, qu'un répit de quelques heures. Rien au monde, aucune puissance humaine ne peut me sauver de la mort qui m'attend. Quand même je ne sortirais jamais du collège, ils trouveraient le moyen d'y pénétrer avant quarante-huit heures. En ce moment je suis encore soutenu par le Pain de vie et je ne crains pas la mort. Serai-je aussi bien préparé plus tard ? Je pars donc, sachant parfaitement bien que je ne me rendrai pas chez moi ; car, je le sens, la protection céleste qui n'était accordée en vue de ce que j'avais à accomplir, me sera désormais retirée. Ainsi soit-il ! Adieu mon père ! Merci ! Ô mille fois merci de m'avoir ouvert les portes du ciel. » Et il partit ainsi, malgré nos supplications. Ai-je besoin de vous dire que le frère et moi nous voulûmes le suivre et que nous ne renonçâmes à notre projet qu'en constatant que M. Ducoudray en était profondément peiné.

Et les larmes coulèrent abondantes sur les joues ridées du père Grandmont.

Monseigneur donna ensuite son témoignage :

— Entre dix et onze heures, comme je me préparais à me mettre au lit, on sonna à la porte de l'évêché. Le domestique ouvrit et vint me dire qu'un prêtre voulait me voir pour une affaire qui ne souffrait pas de délai. Je le fis entrer dans ma chambre. Il portait un sac de voyage et un paquet assez volumineux. Il me déclara aussitôt qu'il n'était pas prêtre, me dit son nom et me raconta en quelques mots ce que le père Grandmont vient de vous relater. Il me remit ensuite des documents qu'il déclara être les archives d'une société secrète et me donna de longues explications sur cette organisation. Je ne crois pas devoir entrer dans plus de détails en ce moment. J'avoue que, tout en l'écoutant avec attention et le plus vif intérêt, je me demandais si tout cela n'était pas une terrible mystification. Il parut lire ma pensée dans mes yeux, car il me dit : — « Monseigneur, avant vingt-quatre heures, vous aurez la preuve que je ne vous mystifie pas. » L'entrevue dura environ deux heures. Avant de partir il me demanda la permission d'ôter son habillement de prêtre. — « Je n'ai plus besoin de me déguiser », me dit-il. Il m'avait expliqué auparavant qu'il s'était ainsi travesti pour n'être pas reconnu ; mais il ne m'avait pas dit un mot des ultionistes qui le poursuivaient. Je le fis passer dans ma chambre à coucher, et, bientôt après, il en sortit habillé en laïque. Il me remit la soutane et le chapeau qu'il portait et me pria de les faire remettre au curé de Longueuil. Puis il partit, après avoir demandé ma bénédiction. Je le conduisis à la porte moi-même. Je passai le reste de la nuit à examiner les documents qu'il m'avait laissés. En apprenant sa fin tragique, ce matin, j'ai compris que j'avais eu affaire, non à un mystificateur, mais à un miraculé, à un grand pécheur devenu

204

tout à coup un grand saint, par un effet extraordinaire de la grâce divine.

* * *

À la suite de ces deux témoignages qui, aussitôt qu'ils furent connus, jetèrent la ville et le pays tout entier dans une émotion impossible à décrire, l'enquête fut ajournée pour permettre à la police de faire des recherches. Elle en fit, mais inutilement. Elle découvrit facilement le cocher qui avait conduit l'homme aux lunettes noires à Longueuil et l'avait ramené deux ou trois heures après jusqu'à la gare Dalhousie où il était descendu ; mais pour lui c'était un étranger qu'il n'avait jamais vu auparavant ni depuis.

On interrogea le propriétaire du magasin de Longueuil, où l'ultioniste avait demandé des renseignements. Tout ce qu'il savait, c'est que vers dix heures du soir, la veille du meurtre, un étranger, portant des lunettes noires et ayant le visage caché par le collet de son paletot, avait demandé où se trouvait le bureau de téléphone et de télégraphe.

Le gardien du bureau fut soumis à un interrogatoire sévère, car on le soupçonnait, à cause de ses allures suspectes, d'en savoir plus long que les autres sur l'identité de l'homme aux lunettes ; mais tout ce que l'on put lui faire dire, c'est que l'étranger avait téléphoné et écrit à quelqu'un, à Montréal, avec qui il s'était mis en communication lui-même ; qu'il n'avait pas remarqué avec quel numéro il s'était mis ainsi en communication ; qu'il avait seulement entendu demander si c'était le numéro 11 qui répondait. Ce numéro 11 ne jeta aucune lumière sur le mystère ; car le numéro

205

11 du téléphone-télégraphe, en février 1946, était le numéro de l'Hôtel-Dieu.

Après plusieurs jours d'enquête, le jury rendit le verdict suivant :

« Nous trouvons que Charles Ducoudray est mort d'un coup de poignard infligé par une personne inconnue. Nous sommes d'avis que l'assassin est membre d'une société secrète à laquelle Ducoudray appartenait et dont il avait révélé les secrets à l'autorité religieuse ; et que c'est pour le punir de cette révélation qu'on l'a poignardé. »

Chapitre XXI

Expidit enim mihi mori magis quam vivere.

Il m'est plus avantageux de mourir que de vivre.

JOB III, 6.

Ducoudray était mort depuis dix jours. On ne parlait encore que des témoignages extraordinaires que l'archevêque de Montréal et le père Grandmont avaient rendus à l'enquête du coroner. À Ottawa, la Chambre siégeait à peine une demi-heure par jour, tant les esprits étaient préoccupés et distraits. Le projet de loi du gouvernement n'avait pas même subi sa première lecture. Pour des motifs qu'il est facile de deviner, sir Henry Marwood et Montarval voulaient en saisir la Chambre le plus tôt possible ; mais les autres ministres et les principaux partisans du cabinet, ne connaissant pas ce que redoutaient les deux chefs, étaient d'un avis contraire. « Donnez aux esprits le temps de se calmer, disaient-ils. Ce meurtre de Ducoudray, qui n'a sans doute aucune signification politique, a cependant créé un grand malaise parmi les députés de la province de Québec. Aborder le débat dans de telles conditions, c'est s'exposer à des complications dangereuses. » Sir Henry, en tant que vieux parlementaire, ne pouvait méconnaître la force de ces raisons ; mais en tant que sectaire, il comprenait tout le danger auquel les retards l'exposaient, lui et ses complices. Aux yeux de la députation, il ne pouvait agir qu'en homme politique expérimenté ; de sorte que, à chaque séance, lorsque l'ordre du jour appelait la prise en considération de l'unique bill important, le vieux chef criait : *Stand !*

— Pourtant, dit sir Henry à Montarval, un après-midi qu'ils étaient en conférence secrète, il faut en finir. Malaise ou pas de malaise parmi la députation, nous commencerons la discussion demain pour la mener aussi rondement que possible, jusqu'à ce que le bill ait subi sa troisième lecture. Avez-vous des nouvelles de Montréal ?

—Oui, répondit Montarval, j'ai des nouvelles ; elles sont mauvaises. Comme vous le savez, aussitôt que possible après le désastre, j'ai corrompu un des domestiques de l'archevêché. Il était sur le point de mettre la main sur les archives, lorsqu'il s'est fait prendre. Naturellement, il a été mis à la porte. Je pourrais facilement faire supprimer l'archevêque, mais à quoi bon ? Cela ne nous remettrait pas en possession des archives ; et sa suppression, même si elle était causée par une maladie que je pourrais lui faire contracter, exciterait davantage les esprits. Ça été une faute de tactique de supprimer Ducoudray par le poignard. L'imbécile que j'avais chargé de la besogne a mal compris mes instructions. Je lui avais dit de le poignarder *avant* qu'il pût trahir. *Après* la trahison, le poignard n'a fait qu'augmenter le mal. Nous avons tant d'autres manières de nous débarrasser de nos traîtres. J'avais pris des mesures pour faire incendier l'archevêché, dans l'espoir de tout détruire, mais au moment de mettre le projet à exécution, j'ai appris que le vieil évêque avait été plus vif que moi : il avait fait photographier toutes les

208

principales pièces ! À l'heure qu'il est chaque évêque du pays en a une copie. Il y a sans doute des copies placées ailleurs.

— Vous expliquez-vous, demanda sir Henry, le silence de l'archevêque de Montréal ?

— Je ne suis pas fixé sur ce point, répondit Montarval. Peut-être n'attend-il que pour frapper un grand coup avec tous ses collègues. Je sais qu'il y a un va-et-vient continuel entre les évêchés depuis quelques jours. Peut-être aussi ai-je réussi à lui faire peur...

— Qu'avez-vous donc fait ?

— J'ai eu recours à un plan suprême. De tous les coins du pays où nous avons un affidé ou un instrument je lui ai fait adresser des lettres anonymes lui disant que s'il révèle les secrets à lui confiés par Ducoudray, ou s'en sert en aucune façon, tous les prêtres seront assassinés dans les vingt-quatre heures. Je fais même voyager plusieurs agents sûrs qui déposent de ces lettres aux bureaux de poste les plus reculés, dans les endroits les plus invraisemblables où notre société n'a pu prendre racine.

— Mais si quelqu'un allait vous dénoncer ! Si quelqu'un refusait d'écrire la lettre anonyme demandée.

— Ce n'est pas cela ! Je ne demande à personne *d'écrire*. J'ai dit que je faisais *adresser* des lettres à l'évêque de tous les coins du pays c'est plutôt *expédier* que j'aurais dû dire. En effet, chaque lettre est écrite, cachetée, adressée et affranchie par moi-même ou par un de mes deux secrétaires que vous connaissez, mise dans une autre enveloppe et envoyée à un associé avec un mot lui disant de la jeter au bureau de poste. C'est un service qu'on peut demander, sans aucun danger, au moins avancé de nos amis, même à ceux d'entre eux qui ne soupçonnent seulement pas le véritable but de notre organisation, qui n'y voient qu'une compagnie d'assurance.

— Voilà une idée lumineuse, un vrai trait de génie, s'écria sir Henry, la figure tout épanouie. Que vous avez du talent !

— C'est le seul espoir qui nous reste. À l'heure qu'il est la table de l'évêque doit être littéralement couverte de ces lettres. La mort de Ducoudray est de nature à lui faire croire que ce n'est pas une vaine menace — et c'est là tout ce qu'il y a d'avantageux dans la suppression violente du traître. Peut-être en viendra-t-il à la conclusion qu'il doit se taire. J'ai eu bien soin de ne pas le menacer personnellement. Au contraire, plusieurs des lettres disent formellement qu'on ne lui touchera pas, qu'on le laissera vivre pour contempler les cadavres de ses prêtres.

— C'est peut-être encore un trait de génie, fait sir Henry, mais moi, à votre place, j'aurais certainement fait des menaces à l'évêque lui-même !

— C'est que vous, Marwood, vous connaissez les hommes du monde. Moi, je connais les adorateurs du Christ notre Ennemi. Il est toujours dangereux de leur fournir l'occasion de poser en martyrs. On ne sait jamais à quel excès d'immolation de soi-même peut les porter le fanatisme que celui qu'ils adorent leur souffle. Si j'avais fait des menaces à l'évêque, à l'heure qu'il est, sans aucun doute, tout serait dévoilé. En menaçant les prêtres, j'espère au moins le faire hésiter assez longtemps pour nous permettre de triompher ici, au parlement. Une fois la loi votée, quoi qu'il arrive ensuite, nous aurons pour nous la force du fait accompli qui est toujours une puissance.

— Je vous accorde, dit le premier ministre, que

votre plan est, en effet, merveilleux. Décidément, vous avez un talent hors ligne !

— Si ce plan ne réussit pas, répliqua Montarval, j'avoue que je suis au bout de mes ressources ; c'est un désastre sans nom qui nous est réservé. En attendant que nous connaissions notre sort, il faut, de toute nécessité, que nous hâtions l'adoption du projet de loi, sans pourtant presser la chambre assez pour exciter les soupçons.

* * *

Presque en même temps que se tenait cette conversation entre les deux conspirateurs, Lamirande et Leverdier se promenaient ensemble dans une des grandes allées qui conduisent de la rue Wellington à l'hôtel du Parlement. C'était vers la fin de février et le temps était beau, presque doux. Le soleil couchant dorait et empourprait les petits nuages lanugineux qui flottaient paresseusement çà et là dans le ciel bleu. Il y avait dans l'air ce quelque chose d'indéfinissable qui annonce que la saison rigoureuse touche à sa fin, ce quelque chose qui « sent le printemps », selon l'expression populaire. Les deux amis n'étaient pas en harmonie avec le calme profond de la nature. Tous deux étaient troublés, inquiets, préoccupés ; et le cœur de Lamirande était encore tout saignant, tout meurtri. La vertu chrétienne ne consiste pas dans l'insensibilité, dans l'indifférence, dans le stoïcisme ; mais dans la souffrance vivement sentie et supportée avec patience et résignation, en union parfaite avec les souffrances de l'Homme et de la Mère des douleurs.

Ils se promenaient donc tristement devant cet édifice où se jouaient les destinées de leur race. En ce moment, ils ne remarquaient pas les splendeurs du couchant, la tiédeur de l'atmosphère.

—Est-il possible, dit Lamirande, que nous nous soyons trompés à ce point ! Ce ne sont pourtant pas des papiers sans importance que ce pauvre Ducoudray a remis à l'archevêque de Montréal. Il doit y avoir dans ces archives la preuve indiscutable que cette constitution est l'œuvre directe des loges ; que nous sommes en face d'une conspiration vraiment infernale pour empêcher la Nouvelle-France, fille aînée de l'Église en Amérique, de prendre son rang parmi les nations de la terre. Et cependant, l'archevêque de Montréal garde le silence ! Je n'y comprends rien ; et si je n'avais une foi invincible dans la promesse de mon saint Patron je serais tenté de désespérer !

—Voilà deux fois depuis quelques jours, que tu parles de promesse. En apprenant la conversion et la mort tragique de Ducoudray tu as dit : « Voilà la promesse qui s'accomplit ! » Qu'est-ce que cela signifie ?

—Pardon, mon ami, le mot m'a échappé. Même à toi, que j'aime comme un frère, je ne puis dire davantage maintenant. Plus tard, tu sauras tout.

Et au souvenir de son dur sacrifice, de sa bien-aimée qu'il avait vouée à la mort par patriotisme, ses yeux se remplirent de larmes et il ne put réprimer un sanglot.

—Pauvre ami ; que tu souffres ! murmura Leverdier.

Les deux compagnons continuèrent leur promenade quelque temps en silence.

—L'absence de toute nouvelle de monseigneur, reprit enfin Leverdier, est, en effet, extraordinaire et décourageante. Comme toi, je suis fermement convaincu que les documents remis à l'évêque doivent contenir des armes qui, mises entre nos mains en temps opportun, nous permettraient peut-être de sauver la position, si compromise qu'elle soit. Pourtant, l'archevêque de Montréal ne doit pas agir sans motifs sérieux.

— J'en suis intimement persuadé, moi aussi. Il finira sans doute par répondre à la lettre que je lui ai écrite le lendemain de son témoignage. Dans cette lettre, comme tu le sais, je lui demandais si dans les papiers reçus de Ducoudray, il n'avait rien trouvé qui pût nous être de quelque secours.

À ce moment, un des jeunes pages de la Chambre s'approche des deux amis et remet un pli cacheté à Lamirande. En l'ouvrant, celui-ci reconnaît immédiatement l'écriture : c'est un télégramme, ou plutôt une lettre écrite par télégraphe de la main même de l'archevêque de Montréal.

— Comme toujours, dit Lamirande, c'est en parlant du soleil qu'on en voit les rayons. Voici précisément la réponse à ma lettre.

Puis il lut ce qui suit :

« Archevêché de Montréal, le 27 février 1946, cinq heures du soir. Mon cher M. Lamirande. Si cela vous est possible, venez me voir aujourd'hui. Plusieurs de mes vénérés collègues sont ici, et tous ensemble nous voulons vous faire une grave et importante communication qui ne peut se transmettre par écrit. En attendant le plaisir de vous rencontrer, veuillez me croire votre tout dévoué serviteur en Notre-Seigneur. — †J.-C., archevêque de Montréal. »

— Enfin, s'écria Lamirande, voilà une nouvelle qui a bonne mine ! Si monseigneur n'avait rien trouvé d'important pour nous dans les papiers de la secte, il ne me ferait pas descendre à Montréal pour me le dire, c'est évident. Puisqu'il me mande auprès de lui, c'est sans aucun doute, pour me remettre les pièces de la main à la main.

— Espérons que tu ne te trompes pas, fait Leverdier.

— Comment, me tromper ! En doutes-tu ?

— J'ai peur que la solution ne soit pas aussi facile que tu le penses. Je ne puis pas croire que les hommes néfastes auxquels nous avons affaire soient déjà à bout de ressources. Je redoute quelque machination infernale. Je ne puis rien préciser, mais il me semble que la secte diabolique n'est pas encore vaincue. Montarval et sir Henry ont-ils l'air atterré que nous croyions leur trouver au lendemain de la mort de Ducoudray ?

— Je dois avouer, en effet, que Montarval, au moins, s'il éprouve quelque crainte, n'en laisse rien paraître sur sa figure, toujours hautaine et impassible. Sir Henry me semble plus mal à l'aise qu'à l'ordinaire... Enfin, nous saurons bientôt à quoi nous en tenir. Un train rapide part à six heures. J'ai le temps de le prendre. Avant huit heures je serai à l'archevêché, et ce soir même, sans doute, je pourrai te faire connaître le résultat de mon entrevue.

Puis, les deux amis se séparent.

Bientôt après le train, mu par le puissant courant électrique que les rails mêmes communiquent aux roues, courant produit par la force de la marée de Québec, emporte Lamirande vers la grande cité à une vitesse de plus de quatre-vingts milles à l'heure. Mais cette vitesse paraissaient une lenteur à l'impatient député qui aurait voulu, en ce moment, que son corps pût se transporter avec la rapidité de la pensée. Il ne partageait pas les vagues appréhensions de son ami. Plus il pensait aux graves événements des derniers jours, plus il était convaincu que le dénouement était proche, un dénouement favorable à ses patriotiques espérances. L'archevêque avait trouvé la preuve d'une conspiration maçonnique contre la province, il avait réuni ses collègues, ils avaient préparé une lettre collective, avec pièces à l'appui ; cette lettre allait lui être communiquée ; et, ainsi armé, il vaincrait l'esprit de parti ; le patriotisme l'emporterait enfin, les députés repousseraient le néfaste projet du gouvernement et la Nouvelle France naîtrait sur les ruines de la secte antichrétienne.

Tel était le riant tableau qui réjouissait son cœur, qui absorbait toute son attention, qui le rendait insensible aux objets extérieurs, au mouvement vertigineux du train, au tournoiement des champs et des bois. Aucune pensée d'ambition, même légitime, ne ternissait la beauté de ce tableau. Si, jadis, dans ses rêves d'avenir, il n'avait pas pu toujours éloigner de son esprit la pensée qu'il serait peut-être un jour le chef de cette nation qui allait enfin se constituer libre de toute entrave ; s'il avait parfois même désiré ce poste afin d'y travailler à la gloire de Dieu et au bonheur de son pays ; la grande douleur par laquelle il venait de passer avait purifié davantage cette âme déjà si noble si désintéressée. Ses aspirations politiques ne renfermaient plus aucun élément d'avancement personnel. Quand la grande victoire serait remportée, il ne chercherait qu'à s'effacer, qu'à rentrer dans l'obscurité d'une vie modestement utile à ses compatriotes. Le souvenir de sa douce Marguerite, l'affection de son enfant, la conscience d'avoir fait un sacrifice immense pour l'amour de son pays, c'était plus qu'il ne fallait pour remplir son cœur en ce monde. Il sentait qu'il pouvait, non seulement sans envie, mais avec bonheur, voir d'autres occuper le poste élevé auquel, dans le passé, il se croyait appelé. Il lui suffisait de penser que ce poste de chef de la Nouvelle France libre n'aurait jamais pu exister s'il n'avait immolé son plus grand amour humain. Car il voyait aussi clairement que si c'était écrit en toutes lettres devant lui, que la conversion de Ducoudray avait été accordée en récompense de son sacrifice. Convaincu que cette grâce était la réponse du ciel à son libre abandon de son bonheur, il ne pouvait douter de l'efficacité du moyen que la Providence adoptait pour opérer le salut du pays.

C'était donc sans l'ombre d'une inquiétude dans l'âme qu'il se présenta à l'archevêché.

Il fut aussitôt conduit au grand salon où l'archevêque de Montréal, entouré de tous ses suffragants et de plusieurs évêques des deux autres provinces ecclésiastiques de Québec et d'Ottawa, attendait évidemment sa visite. Le député mit un genou en terre et demanda la bénédiction du vénérable métropolitain.

— Mon cher enfant, dit le vieil évêque, dans une effusion de paternelle affection, que le bon Dieu vous bénisse et qu'il vous accorde la grâce de supporter chrétiennement la grande épreuve qui vous est réservée.

À ces mots, Lamirande se sentit foudroyé. Il se releva, pâle et chancelant. La chambre tournait autour de lui comme une immense roue. Il dut s'appuyer sur le dossier d'un fauteuil pour ne pas tomber.

— Monseigneur, s'écria-t-il enfin, expliquez-vous, je vous en prie ! Est-ce possible que vous n'ayez rien trouvé qui puisse nous aider à déjouer la conspiration infernale qui existe, j'en suis convaincu ?

Tous les prélats s'étaient levés et faisaient cercle autour de l'archevêque de Montréal et du député.

— Hélas ! répondit le vieillard, loin de n'avoir rien trouvé, j'ai trop trouvé... C'est épouvantable.

Et un frémissement de douleur le secoua. Il était

aussi ému que Lamirande. Celui-ci passa subitement de l'abattement à la joie.

— Je comprends, monseigneur, dit-il, que vous avez été épouvanté, car à la lecture de ces pièces vous avez dû vous trouver en face de l'enfer. Mais plus la conspiration est clairement diabolique, plus il sera facile de la faire échouer.

— Mon pauvre ami, reprit l'évêque, vous ne pouvez pas deviner la vérité. J'ai demandé, tout à l'heure, au bon Dieu de vous accorder la grâce de supporter, en chrétien, une grande épreuve. Cette épreuve, la voici : j'ai trouvé dans les papiers que M. Ducoudray m'a remis tout ce que vous soupçonnez et probablement davantage ; mais je ne puis pas vous permettre de vous en servir !

— Pourquoi, monseigneur ? s'écria Lamirande vivement intrigué mais nullement découragé.

— Venez voir, dit l'évêque en conduisant le député vers une table chargée de lettres.

— Voyez ces lettres, continua-t-il ; lisez-en quelques-unes ; prenez-les au hasard.

Lamirande obéit. À son tour il murmura : « C'est épouvantable ! »

— Il y en a cinq cent trente-sept comme les cinq que vous venez de lire, reprit l'évêque, et elles disent toutes la même terrible chose. Examinez-les. Elles viennent de toutes les parties du pays. J'ai commencé à en recevoir, le jour même de la mort de Ducoudray, de Montréal et des environs. Puis, à mesure évidemment, que la nouvelle se répandait, elles me venaient de partout. J'en ai reçu aujourd'hui du fond de la Gaspésie et du lac Abitibi. Les unes sont mal écrites, mal orthographiées ; d'autres ne contiennent pas une faute de français et l'écriture indique l'habitude d'écrire ; il y en

217

a qui sont écrites au mécanigraphe, d'autres au crayon. Il n'y en a pas deux écrites de la même main ou sur la même sorte de papier ; pas deux enveloppes pareilles ; rien, enfin, qui indique une mystification ; et Dieu sait que mes vénérables collègues et moi avons cherché la preuve de cette mystification que nous soupçonnions fortement tout d'abord. Mais plus nous cherchions cette preuve, plus nous trouvions la preuve du contraire. Enfin, la conviction s'impose à nous tous que ces lettres ont réellement été écrites de partout.

— Oui, monseigneur, reprit vivement Lamirande, écrites de partout, sans doute, mais en vertu d'un mot d'ordre parti de Montréal !

— C'est possible, cher monsieur ; je dirai même que c'est certain. Mais songez-y bien, et vous vous convaincrez comme nous que ce mot d'ordre que nous admettons ne fait qu'ajouter à l'horreur de la situation, loin de la diminuer. Nous avons là la preuve qu'il existe une organisation épouvantable qui a des ramifications dans toutes les parties du pays, et qu'une seule main conduit, qu'une seule tête dirige.

— Mais est-il possible de croire que notre pays soit possédé à ce point par le démon !

— Hélas ! hélas ! nous en avons là la preuve, répliqua le prélat en indiquant de la main le monceau de lettres. Il y a huit jours, un ange du ciel me l'aurait dit que je l'eusse à peine cru. Il faut bien se rendre à l'évidence de ces terribles lettres. Mon Dieu! mon Dieu ! quelle désolation !

Et de grosses larmes coulaient sur les joues flétries du saint évêque.

— Mais, monseigneur, croyez-vous, vos vénérables collègues croient-ils, que les auteurs de ces menaces osent les mettre à exécution ? Croyez-vous

218

réellement que si vous vous serviez des informations que vous avez reçues vos prêtres soient assassinés ?

— Ducoudray poignardé en pleine rue Sainte-Catherine, pour ainsi dire sous les yeux de la police, n'est-ce pas une réponse terriblement péremptoire à votre question ?

Lamirande ne put contester la force de cette réplique. Tous gardèrent le silence pendant quelques instants.

— Si, au moins, ils m'avaient menacé, en même temps que mes prêtres, reprit l'archevêque, ma décision aurait été bientôt prise, avec la grâce de Dieu. J'aurais pu dire à mes collaborateurs : « Voici un grand devoir à accomplir ; cela nous coûtera peut-être la vie à vous et à moi ; accomplissons-le quand même et que la volonté de Dieu soit faite ! » Mais voyez l'habileté infernale de ces malheureux ! Pas une des lettres ne contient une menace contre moi personnellement ; au contraire, beaucoup disent qu'on aura grand soin de ne pas me toucher afin que, voyant mourir mes prêtres et ceux des autres diocèses, les uns après les autres, je puisse voir toute l'étendue du désastre que j'aurai causé...

— Mais, ne voyez-vous pas, monseigneur, s'écria Lamirande avec l'énergie d'un homme qui se sent submergé par des flots et qui se cramponne au moindre objet, ne voyez-vous pas que cette unanimité dans les menaces indique clairement que tout cela est sorti d'une seule et même tête ?

— Oui, répond tristement l'évêque, d'une seule tête, sans doute, mais d'une tête qui dirige mille bras !

— Il n'est pas possible, s'exclama le député, il n'est pas possible que dans cette province il y ait mille assassins comme celui qui a frappé Ducoudray, ou cinq cents, ou cent, ou cinquante, ou même vingt-cinq !

— Vous admettrez au moins, cher monsieur, qu'il y en a trois, puisque trois ont poursuivi ce pauvre Ducoudray. Un seul l'a frappé, c'est vrai, mais vous ne doutez pas, je suppose, que les deux autres fussent également décidés à le faire. Or que de sang ne pourraient répandre trois assassins comme ces trois monstres, un seul même ! Peut-être ne pourraient-ils pas assassiner tous les prêtres, mails ils en tueraient un grand nombre ; et je ne puis pas en condamner un seul à mourir pendant que moi je suis condamné à vivre !

— Et le pays, monseigneur, est-ce que par votre silence vous ne le condamnez pas à mort ? Vous êtes convaincu, comme moi, que si la constitution, fruit de la conspiration ténébreuse que Ducoudray vous a révélée, nous est imposée, notre province est à tout jamais livrée, pieds et poings liés, à la secte infernale. Elle sera sa victime, elle sera sa proie. Dans quel misérable état sera l'Église au bout de quelques années si cette constitution maçonnique est adoptée ? Dans quel état sera la foi, dans quel état seront les mœurs de nos populations ? Si la pensée que vos révélations peuvent être la cause indirecte de la mort de quelques prêtres vous épouvante à bon droit, songez, monseigneur, je vous en conjure, songez que votre silence sera la cause plus directe de la perte éternelle de Dieu sait combien d'âmes !

Le vieil évêque pleurait.

— Ah ! murmura-t-il, si je pouvais mourir moi-même !

— Monseigneur, reprit le député, l'exécution du devoir exige parfois des sacrifices infiniment plus durs que la mort elle-même qui, pour nous chrétiens, n'est, après tout, que le passage douloureux à une vie meilleure.

— Si j'exposais mes prêtres à la mort pendant que moi-même je suis en sûreté, je me rendrais odieux à tout jamais, odieux à moi-même...

— C'est pourquoi je disais tout à l'heure que la mort n'est pas toujours le plus grand sacrifice que Dieu puisse nous demander. Se rendre odieux à soi-même et aux autres, c'est mille fois plus terrible que mourir, pour un homme de cœur... Mais si le devoir est là, monseigneur !

— Si j'avais la certitude que je ne me rendrais pas odieux au ciel, en même temps ; si j'étais certain que mon devoir est là où vous le voyez ; si j'avais au moins lieu d'espérer que mes révélations nous délivreraient du joug maçonnique qui nous menace ! Mais je n'ai aucun tel espoir. J'ai songé à tout ce que vous dites, mon cher monsieur ; j'ai examiné la situation avec mes collègues. Nous avons compté les députés. En supposant que mes révélations dussent tourner contre le ministère tous ses partisans catholiques, il lui resterait encore une majorité, faible sans doute, mais enfin suffisante pour voter la loi. Avez-vous pensé à cela, mon cher monsieur ? Avez-vous fait ce calcul ?

Lamirande n'avait pas pensé à cela, il n'avait pas fait ce calcul. Il resta un moment interdit.

— Mais ces révélations, reprit-il bientôt, ne pourraient manquer de détacher de la politique ministérielle un certain nombre de députés qui ne sont pas catholiques ; mon ami Vaughan, par exemple, et son groupe.

— Vous le croyez, sans doute ; vous l'espérez, du moins ; mais vous ne pouvez pas en être moralement certain. Tandis que nous sommes moralement certains du contraire ; car nous savons par la doctrine, et par une longue expérience qui confirme la doctrine, que la vraie foi est la base nécessaire de tout véritable bien. Là où la foi existe il y a un fondement solide. Cette foi, comme le roc, peut-être cachée par la terre, par les flots, par la fange, mais vous pouvez l'atteindre et y asseoir votre édifice. Bâtir là où il n'y a pas de foi, c'est sur le sable. Nous pouvons raisonnablement compter sur tous les députés catholiques, parce que tous sont censés avoir la foi. Mais il ne nous est pas permis de compter sur les députés qui n'ont pas la foi catholique, pas même sur ceux d'entre eux qui ont l'âme naturellement honnête. De sorte que, mon cher ami, voyez dans quelle position je me trouve : j'ai la certitude morale, premièrement, que si je parle j'expose mes prêtres à la mort ; deuxièmement, que ce sera sans utilité pour le pays.

Lamirande garda le silence, cherchant une issue à cette terrible impasse. L'évêque reprit :

— Il y a une seule chose que je puisse et doive faire. Vous avez été horriblement calomnié par Ducoudray qui a lancé contre vous l'atroce accusation d'avoir voulu vous vendre au gouvernement. Le malheureux ne m'a laissé aucun document à ce sujet, mais il m'a supplié de dire au public que c'est là une pure invention, que c'est le contraire qui est vrai ; que vous avez été tenté par sir Henry et que vous avez noblement repoussé la tentation. Là le devoir pour moi est certain. Du reste, comme c'est un simple incident qui ne tient pas au fond des révélations que Ducoudray m'a faites, j'espère que les assassins ne mettront pas leurs menaces à exécution pour si peu.

— Certes, répondit Lamirande, cette calomnie m'a vivement blessé ; et elle a fait un grand tort à la cause que je défends. Sans elle, le résultat des élections aurait peut-être été tout autre. Mais, aujourd'hui, ma réhabilitation personnelle est une chose bien secondaire. Ce n'est pas cela qui pourrait changer un seul vote au parlement. Et peut-être l'auteur des menaces jugerait-il cette révélation autrement que vous le jugez ; peut-être frapperait-il. Je vous en prie, monseigneur, n'en dites rien. Je ne veux exposer personne même à un danger incertain pour l'amour de ma réputation, surtout dans un moment où cette réputation n'importe plus aucunement à l'intérêt public.

— Vous avez un noble cœur, dit l'évêque très ému.

Un long et pénible silence suivit. Quelque chose disait à Lamirande que c'était lui qui avait raison, et cependant il ne trouvait rien de péremptoire à répondre au raisonnement de son vénérable contradicteur.

— Votre résolution, monseigneur, est donc inébranlable ? demanda-t-il enfin.

— Oui, mon enfant, dit affectueusement l'évêque. C'est mon devoir, devoir affreusement pénible, car je ne me fais aucune illusion sur le sort qui nous est réservé. Dieu m'est témoin que s'il s'agissait de ma propre vie je la sacrifierais volontiers pour tenter seulement de sauver le pays, même sans espoir de succès. Mais c'est une terrible chose que de sacrifier la vie de ceux qui nous sont chers.

— C'est, en effet, une chose terrible, murmura le député comme parlant à lui-même ; cependant, avec la grâce de Dieu, même cela se peut.

— Le pourriez-vous, monsieur Lamirande ?

— Je puis dire que je le pourrais, monseigneur, puisque je l'ai déjà fait !

— Comment ! vous l'avez fait ! Que voulez-vous dire ?

Alors, étouffant d'émotion, la voix entrecoupée de sanglots, il raconta aux évêques, en toute humilité, son grand sacrifice. Tous mêlèrent leurs larmes aux siennes. Les uns après les autres, ils vinrent l'embrasser, sans pouvoir dire un mot.

— Ce que j'ai fait, messeigneurs, dit-il, ne pouvez-vous pas le faire ? Ma femme est morte parce que je l'ai voulu, et cependant je vis.

— La position n'est pas la même, mon enfant, dit l'archevêque. Votre noble femme avait consenti à mourir...

Soudain, à ces mots, le visage de Lamirande s'illumina d'une clarté céleste. Il avait trouvé l'issue qu'il cherchait. Il se jeta à genoux.

— Merci de cette parole, monseigneur ; j'y vois le salut du pays. Donnez-moi votre bénédiction, je pars.

Se relevant vivement, il salua l'auguste assemblée et s'en alla, laissant les évêques dans l'étonnement.

Chapitre XXII

Bonus pastor animam suam fat pro ovibus suis.

Le bon pasteur donne sa vie pour ses brebis.

JOAN. X, II.

Un train partait pour Ottawa à dix heures et un quart. Lamirande eut juste le temps d'y monter. À minuit il était de retour à la capitale. Leverdier, ne l'attendant pas avant le matin, s'était couché. Lamirande n'hésita pas à réveiller son ami. Il lui communiqua tout ce qui s'était passé, moins l'incident de la fin de l'entrevue. À ce propos, il se contenta de dire :

— Pour couper court à mon histoire, j'ai compris qu'il n'y a qu'une chose à faire pour décider l'archevêque à révéler les secrets qu'il possède, c'est de faire en sorte que les membres du clergé lui disent unanimement : « Monseigneur, parlez, nous acceptons les conséquences de cette révélation, quelque terribles qu'elles puissent être pour nous ». Or j'ai assez de confiance dans le patriotisme du clergé pour croire que si la position lui est clairement exposée il n'aura qu'une voix pour tenir ce noble langage.

— Je partage ta confiance, répondit simplement le journaliste.

— À l'œuvre donc, sans plus de retard !

Les deux amis se mirent aussitôt à rédiger une

lettre circulaire. Au bout d'une heure ils avaient fini leur tâche. La pièce se lisait comme suit :

« Chambre des communes, Ottawa,

le 28 février 1946.

« Monsieur l'abbé

« Vous connaissez, sans doute, la conversion de Charles Ducoudray, sa fin non moins tragique que chrétienne ; vous avez lu les témoignages que Mgr l'archevêque de Montréal et le R.P. Grandmont ont rendus à l'enquête du coroner ; vous savez que Ducoudray a été assassiné pour avoir communiqué à l'autorité religieuse les secrets de la société occulte à laquelle il appartenait. Les journaux ont longuement parlé de tous ces incidents extraordinaires. Mais là s'arrêtent les renseignements que possède le public. Jusqu'ici on se perd en conjectures sur la nature des secrets que l'héroïque converti a révélés à Mgr de Montréal.

« Depuis longtemps, ceux qui sont mêlés aux affaires politiques soupçonnent l'existence en ce pays d'une organisation ténébreuse et vraiment satanique qui travaille, dans l'ombre, mais avec une terrible efficacité, à la ruine de notre chère province. Les efforts surhumains que l'on fait pour réprimer les élans du patriotisme des nôtres et pour empêcher le Canada français de devenir une nation autonome au moment même où la divine Providence rend la réalisation de ce projet facile ; cette constitution habilement et perfidement rédigée que l'on veut nous imposer ; tout cela indique clairement, ce me semble, une conspiration antireligieuse et antifrançaise ourdie par les loges.

« C'est sous l'empire de cette conviction que, le lendemain de la mort de Ducoudray, j'ai écrit à Mgr l'archevêque de Montréal pour lui demander s'il n'aurait pas trouvé, dans les papiers de la secte, la preuve de cette conspiration. Pendant dix jours, Mgr a gardé le silence. Enfin, hier soir, il m'a mandé auprès de lui. Je m'y suis rendu, rempli de joie et de confiance, comptant avoir bientôt des armes assez fortes pour nous permettre de remporter une victoire décisive sur la secte. Imaginez ma douleur en entendant Mgr me dire que j'étais condamné à une immense déception. « N'avez-vous rien trouvé dans les papiers de Ducoudray ? » lui dit-je. « Au contraire, me répondit Mgr, j'ai trop trouvé. » Puis il me montra une table couverte de lettres anonymes, venues de tous les coins du pays, qui menacent de mort tous les prêtres si l'évêque révèle les secrets livrés par Ducoudray ou s'en sert en aucune façon. Je n'ai pu examiner toutes les lettres moi-même, mais Mgr m'assure qu'il les a étudiées, avec ses collègues de l'épiscopat, et qu'il n'a rien trouvé qui puisse faire croire à une simple mystification ; et le meurtre de Ducoudray ne permet pas de dire que ce sont là de vaines menaces. Si la rédaction de ces lettres, au nombre de plus de cinq cents, est variée à l'infini, le fond de toutes est le même : on menace les prêtres, mais on a grand soin de dire qu'on ne touchera pas à l'évêque. Je n'ai pas besoin d'insister sur l'habilité infernale de ce procédé qui met l'évêque dans l'impossibilité morale d'agir. Ah ! si on l'avait menacé *seul,* ou même si on l'avait menacé en même temps que ses prêtres, sa décision eût été bientôt prise. Mais comment se décider à exposer d'autres à une mort cruelle pendant que lui-même est en sûreté ? Mgr de Montréal ne le peut pas.

« L'uniformité dans les menaces indique clairement qu'une seule tête les a dictées, si plusieurs mains
les ont écrites ; mais cela n'améliore pas la position,
loin de là ; car une seule tête qui commande à tant de
bras meurtriers épouvante Mgr, et avec raison. Une
organisation qui peut frapper impunément un homme
en pleine ville de Montréal peut commettre bien d'autres
crimes analogues, il n'y a pas à se le cacher.

« Pour vous exposer la position dans toute son
intégrité, je dois ajouter qu'une autre raison fait hésiter
Mgr à révéler les secrets qu'il possède ; c'est qu'il est
convaincu que ce serait inutile. Supposé, dit-il, que ces
révélations sur le caractère maçonnique du projet de loi
actuellement devant la Chambre engagent tous les
députés catholiques à le repousser, il n'en resterait pas
moins une majorité, faible si vous voulez, mais enfin
une majorité en faveur de la politique du gouvernement. À cela je ne puis guère rien répondre, car les
chiffres donnent certainement raison à Mgr. J'espère
seulement que de telles révélations inspireraient assez
d'horreur à un certain nombre de députés ministériels
non catholiques pour nous donner la majorité. Mgr ne
partage pas cet espoir ; du moins, il le trouve trop faible
pour se croire autorisé à exposer la vie de ses prêtres.
S'il s'agissait de sa propre vie je suis bien convaincu
qu'il n'hésiterait pas un seul instant à exposer les
machinations de la secte, quand même il aurait la conviction que cela n'entraînerait pas le rejet du projet de
loi ; car il se dirait : Fais ce que dois, arrive que pourra.

« Voilà, monsieur l'abbé, la situation dans toute
son horreur. Je croirais faire injure à votre intelligence,
à votre dévouement et à votre patriotisme en ajoutant à
ce simple exposé des faits le moindre commentaire ou
en formulant la moindre demande.

« Veuillez agréer, monsieur l'abbé, mes hommages les plus sincères,

« *Joseph Lamirande,* député. »

Toute la nuit les deux amis travaillèrent à faire des copies de cette lettre et à les adresser à tous les prêtres de la province, tant du clergé régulier que du clergé séculier. À neuf heures du matin tout était prêt. Ils étaient presque morts de fatigue et tombaient de sommeil.

— Allons, dit Lamirande, déposer ces lettres au bureau de poste avant de prendre un peu de repos. Plus tôt elles partiront, mieux ce sera.

— Tu songes à les déposer à la poste ici, à Ottawa ? fit Leverdier.

— Pourquoi pas ?

— Mais parce que Montarval, qui doit avoir des affidés partout, surtout au bureau de la poste, les ferait supprimer, tout simplement. Je suis parfaitement convaincu que si nous les confions à la poste ici, pas une de ces lettres n'arrivera à destination.

— Tu as peut-être raison, je n'avais pas songé à cela. Les déposer à Hull ou à quelqu'autre ville des environs ne serait pas mieux. S'il surveille le service postal à Ottawa il doit le surveiller également à Montréal, même à Québec. Que faire ?

— J'ai une idée ! s'écria le journaliste. Il n'est pas probable que le bureau de Toronto soit surveillé. J'irai les déposer là. Ce sera porter la guerre en Afrique !

— Ton idée a du bon, mais elle n'est bonne qu'à demi ; car Montarval doit nous surveiller encore plus que les agents de poste. On lui rend compte de chaque pas que nous faisons, j'en suis convaincu. Tu connais le fameux Duthier, l'ancien domestique de sir Henry, devenu l'un des huissiers de la Chambre. Eh bien ! cet individu était sur le train, hier soir, lorsque je suis descendu à Montréal ; il était encore sur le train qui m'a ramené à Ottawa la nuit dernière. Il me *filait,* je n'en ai aucun doute. Si tu allais à Toronto il serait sur tes trousses. Je crois avoir trouvé la solution de la difficulté. Il faut que Vaughan porte ces lettres à Toronto. Il peut s'y rendre sans exciter de soupçons. Allons le trouver.

Dix minutes plus tard les deux amis étaient rendus chez le jeune Anglais qui se préparait à sortir.

— Vaughan, dit Lamirande, veux-tu me rendre un service, sans me questionner ?

— Oui, certainement, si ce que tu demandes est praticable.

— Oh ! c'est facile. Je te demande de bien vouloir prendre le train à dix heures et demie pour Toronto...

— C'est précisément ce que je me proposais. Quelle commission peux-tu bien avoir à faire à Toronto ?

— Je te demande de déposer au bureau de poste de Toronto quelques centaines de lettres, voilà tout.

— Pourquoi ne les déposes-tu pas ici ?

— Tu ne devais pas faire de questions !

— En effet ! Mais où sont tes lettres ? C'est encore une question. Celle-là est permise, sans doute !

— Elles sont chez Leverdier. Pardonne-moi si je fais le mystérieux. Tu connaîtras tout plus tard. Pour le moment je puis te dire seulement que j'ai de graves raisons de croire que si je déposais ces lettres, ici à Ottawa, elles ne se rendraient pas à destination.

— Cela me suffit. Sans doute je brûle d'envie de savoir quel roman se cache là-dessous, mais je suis assez raisonnable pour attendre l'explication promise.

— Merci, mon cher ami, dit Lamirande.

— Allons, fit Vaughan ! c'est presque l'heure du train.

Et prenant un tout petit sac de voyage, il se dirigea vers la porte.

— N'as-tu pas une valise plus forte ? lui demanda Lamirande. Nous ne pourrons pas mettre le quart des lettres dans cette petite machine-là...

Pourtant, continua-t-il, j'ai une autre idée. Le sac que tu as là va faire. Allons.

Ils sortent. Dans la rue, tout près de la maison où demeure le jeune Anglais, ils croisent l'huissier Duthier.

— As-tu vu l'individu ? dit Lamirande tout bas à Leverdier. Il nous suit à la piste.

Rendus à leur pension, Lamirande et Leverdier mirent les lettres dans une valise que Leverdier emporta. Lamirande en prit une autre qui était vide.

— Qu'est-ce que tu veux faire avec cela ? lui demanda son compagnon.

— Mystifier l'espion Duthier. Il est permis de se distraire un peu. Après les fatigues et les émotions des dix-huit dernières heures, j'ai besoin de délassement.

Vaughan les attendait dans la rue. En voyant arriver ses deux amis, chacun une valise à la main, il poussa une exclamation de surprise. Lamirande lui fit signe de ne pas parler fort. Duthier stationnait de l'autre côté de la rue devant un magasin, absorbé dans la contemplation d'un bel étalage de cravates.

— En avez-vous assez pour remplir deux valises ? demanda l'anglais à mi-voix.

Et comme Lamirande, au lieu de répondre, se mit à sourire, il reprit :

— En effet, j'oublie toujours que je ne dois pas faire de questions.

—Celle-là encore est une question permise, dit Lamirande. Dans la malle que j'emporte il n'y a rien du tout. C'est uniquement pour me prouver à moi-même et à Leverdier que nous ne t'imposons pas une corvée inutile.

—La corvée n'est rien ; c'est le mystère qui l'entoure que je voudrais comprendre. Ce que tu viens de me dire est un pur logogriphe.

—Tu en auras l'explication dans le prochain numéro.

—Pourvu qu'il ne se fasse pas trop attendre ! En causant ainsi les trois députés arrivèrent au chemin de fer. Le timbre de la gare venait de sonner cinq coups.

—Juste à temps, dit Vaughan. Au revoir !

—Nous t'accompagnons, dit Lamirande.

Les deux amis montèrent en voiture avec le jeune Anglais et s'installèrent à côté de lui comme des gens qui se mettent en voyage. Vaughan était vivement intrigué, mais il avait résolu de ne plus faire de questions.

Un instant après Duthier entra et prit un siège auprès des trois amis, déploya un journal et se mit à lire les nouvelles du jour avec un intérêt marqué.

—Tiens-toi prêt, dit tout bas Lamirande à Leverdier.

À peine avait-il donné cet avertissement que le timbre de la gare sonna deux coups et le chef du train fit entendre le traditionnel : *All aboard !* Le convoi s'ébranla. Alors Lamirande saisissant la valise vide qu'il avait placée dans le filet avec l'autre et disant rapidement « Au revoir ! » à Vaughan de plus en plus intrigué, s'élança hors du train, suivi de Leverdier. Ils purent sauter sur le quai de la gare sans difficulté. Duthier, qui ne s'attendait aucunement à ce manège, et qui était réellement plus ou moins occupé à lire, ne s'aperçut du départ de ceux qu'il avait mission de suivre que lorsqu'ils étaient sur la plate-forme de la voiture. À son tour il quitta précipitamment son siège et courut vers la porte. Par malheur, à ce moment, une femme de proportions énormes, tenant un enfant et des paquets en nombre indéfini, s'avisa de quitter son siège, où le soleil l'incommodait. Elle bloquait le chemin.

—Laissez-moi passer, madame, hurla Duthier furieux.

La pauvre femme ahurie se rangea de son mieux, et l'huissier passa en faisant rouler par terre une boîte à chapeau et un sac de biscuits.

Le retard n'avait pas été considérable. Toutefois, le train avait acquis une certaine vitesse. Rendu sur le marche-pied, l'infortuné Duthier hésita un instant ; mais la vue de Lamirande et de Leverdier qui stationnaient sur le quai de la gare que le train avait déjà dépassé, le décida. Il sauta. Mais évidemment il n'excellait pas à sauter d'un train en mouvement. Il exécuta une pirouette superbe et alla rouler dans le sable qui bordait la voie. Se relevant de fort mauvaise humeur, il constata qu'il n'avait d'autre mal qu'un habit et un pantalon endommagés. Il aurait voulu passer ailleurs que par la gare où plusieurs flâneurs avaient été témoins de sa mésaventure ; mais se souvenant que s'il avait risqué ses membres, c'était pour ne pas perdre de vue Lamirande, il fit de nécessité vertu, et, s'époussetant tant bien que mal, il se dirigea vers la station. Des sourires mal dissimulés l'accueillirent, et, Lamirande, allant à sa rencontre, lui glissa, en passant, ces quelques mots : « Au moins, faites-vous payer comme il faut ! »

Pendant ce temps, le train emportait Vaughan à toute vitesse vers Toronto. Le jeune député se perdait en conjectures sur ce qui venait de se passer.

Lamirande lui avait donné la clef de la valise restée dans le filet. Il descendit la malle, l'ouvrit, et constata que les lettres dont elle était remplie étaient toutes adressées à des prêtres. Mais il était loin de se douter que des réponses que ces lettres provoqueraient dépendaient les destinées de tout un peuple.

Chapitre XXIII

Noli verbosus esse in multitudine pres-
byterorum.

Ne vous répandez point en de grands
discours dans l'assemblée des anciens.

ECCL. VIII, 15.

Le même jour, à l'ouverture de la séance de la Chambre, les tribunes étaient bondées de spectateurs ; car la nouvelle s'était répandue qu'enfin le gouvernement allait ouvrir le feu en proposant la première lecture du bill intitulé : « Acte pour pourvoir à l'établissement et au gouvernement de la République du Canada ». L'attente générale ne fut pas trompée. À trois heures et quelques minutes, lorsque la Chambre eut disposé des « pétitions », des « rapports » et des « motions », sir Henry se leva. Les applaudissements éclatèrent parmi les députés ministériels. Les députés anglais étaient enthousiastes. Du côté des Canadiens français on pouvait remarquer une certaine réserve, et même une ombre d'inquiétude.

Le discours du premier ministre, très spécieux, très littéraire, s'élevant parfois jusqu'à l'éloquence, augmenta l'enthousiasme des uns et parut rassurer les autres. Sir Henry fit l'histoire des événements politiques des dernières années. Le Canada, dit-il, est un pays exceptionnellement heureux, puisqu'il acquiert son autonomie, sa complète indépendance, sans bouleversements, sans heurt, sans révolution, sans effusion de sang. Comme un beau fruit mûr, il se détache naturellement, sans secousse, sans violence, de l'arbre qui l'a produit. N'allons pas gâter l'œuvre admirable de cette force qu'on nomme l'Être suprême qui a disposé toutes choses de façon à nous permettre de fonder une grande nation, s'étendant d'un océan à l'autre, occupant la moitié d'un immense continent. Des esprits étroits et chagrins voudraient détruire cette belle œuvre, voudraient morceler ce vaste empire, voudraient désunir ce grand peuple, sous prétexte qu'il existe parmi nous des différences de langues et de religions. Ces différences de langues et de religions constituent un argument en faveur plutôt de l'union que de la séparation, car elles donneront à l'ensemble une agréable variété dans l'unité ; elles créeront une saine émulation parmi les divers éléments qui composent notre peuple ; et elles permettront l'exercice de cette grande vertu civique qui est essentielle à la prospérité des nations : la tolérance. Le premier projet que le gouvernement a eu l'honneur de soumettre à la Chambre a été mal compris. On a insinué, sans oser le dire formellement, surtout sans pouvoir le prouver, que ce projet était le fruit de je ne sais quelle noire conspiration contre la religion et la langue d'une partie des habitants de ce pays. On a parlé vaguement de sociétés secrètes, de loges maçonniques ou autres, complotant dans l'ombre la ruine de certaines idées, de certaines institutions. On a prétendu trouver les traces de ce travail occulte dans la rédaction même du projet. C'est une vraie douleur de constater que des notions aussi vieillies trouvent encore des défenseurs au milieu de ce vingtième siècle. Il est incontestable que ces appels aux préjugés religieux et

236

nationaux d'un tiers de la population ont produit d'abord un certain émoi. Même l'un de nos collègues a cru devoir nous abandonner pour obéir au mouvement qui s'était créé. Mais le calme et la réflexion ont opéré des prodiges. Tous, ou à peu près, sont aujourd'hui d'accord pour dire qu'on avait vu un grand péril là où se trouve en réalité le salut. Le silence de ceux qui sont particulièrement chargés de la sauvegarde des intérêts religieux des catholiques doit être une preuve, même pour les plus timides et les plus soupçonneux, que la constitution soumise à la ratification de la Chambre n'est hostile à aucune croyance religieuse. C'est une œuvre purement politique qui ne menace la religion ou la nationalité de personne, et l'on doit la juger d'après les sains principes politiques, non d'après des préjugés de race et de religion ou des craintes puériles et chimériques.

Pendant plus d'une heure sir Henry continua sur ce ton cauteleux et perfide.

Lawrence Houghton lui répondit. Le chef de l'opposition anglaise déclara que, selon la coutume parlementaire, il ne demanderait pas à la Chambre de voter sur la première lecture du bill qui n'est qu'une pure formalité. Mais, dit-il, je veux qu'il soit bien compris que nous, mes amis et moi, nous entendons combattre ce projet jusqu'à la fin et par tous les moyens que les règlements de la Chambre mettent à notre disposition. Par suite d'un aveuglement que je ne puis comprendre et que je ne veux pas qualifier, les députés de la province de Québec, à part un petit nombre, semblent vouloir accepter la constitution qu'on leur propose, s'il faut juger de leurs intentions par les applaudissements qu'ils viennent de prodiguer à l'honorable premier ministre. Je ne veux pas paraître plus canadien-français que les représentants attitrés de la province de Québec ni plus catholique que ceux de mes collègues de la Chambre qui professent le culte romain; mais je ne puis m'empêcher de voir et de dire que cette constitution, qu'elle ait été élaborée au fond d'une loge ou dans le cabinet du premier ministre, n'a qu'un seul but : l'étranglement de l'élément français et de la religion catholique. On me dira peut-être : mais si les Français et les catholiques veulent se laisser étrangler par le gouvernement central, qu'est-ce que cela peut bien vous faire, à vous, Anglais et protestants ? Sans doute, nous n'avons ni la mission ni la prétention de protéger les Français et les catholiques malgré eux ; mais nous savons que, tôt ou tard, le Canada français et catholique s'apercevra de son erreur, se réveillera de son étrange sommeil, secouera cet hypnotisme dans lequel on l'a plongé. Il regrettera amèrement alors son entrée dans cette union qui n'est pas faite pour lui ; il voudra en sortir ; et il y aura des luttes longues, épuisantes, désastreuses, aboutissant peut-être à la guerre civile. Voilà ce que nous voyons clairement. Dans notre propre intérêt, comme dans celui du Canada français, nous cherchons à prévenir le désastre que le gouvernement nous prépare par cette union d'éléments qui ne sauraient vivre en paix s'ils ne sont indépendants les uns des autres. Le Canada anglais et le Canada français pourront, nous l'espérons, s'accorder comme voisins, unis par un simple traité douanier et postal ; jamais ils ne feront bon ménage si on tente de les lier l'un à l'autre par ce projet de constitution qui n'est, après tout, qu'une union législative mal déguisée. Entre les deux races qui habitent ce pays il y a trop de différences fondamentales pour pouvoir en faire une nation véritablement unie. Pour arriver à l'unité, il faudra, ou la fusion pacifique des deux en une seule, ou l'absorption également pacifique de l'une par l'autre, ou bien l'anéantissement violent de l'une de ces races. Or les deux premières solutions sont manifestement impossibles. Il suffit d'étudier un peu l'histoire pour se convaincre que les peuples ne se fusionnent pas sans injustice, sans violence, sans conquête, sans oppression. On dit souvent que le peuple anglais est lui-même le produit d'une fusion des Anglo-Saxons avec les Normands. Oui, mais les Normands avaient vaincu les Saxons, et qui nous dira jamais les haines, les malédictions, les amertumes, les douleurs de toutes sortes qui ont précédé et accompagné cette fusion ? Qui nous dira jamais tout ce que les Anglo-Saxons ont souffert avant de former avec leurs vainqueurs un seul et même peuple ? Nous ne sommes pas disposés à tenter une telle expérience. Ce pays est assez vaste pour contenir plusieurs peuples, plusieurs nations. La Providence a groupé les Français d'Amérique principalement dans la partie nord-est de ce continent. C'est le berceau de leur race. Ils y sont en nombre suffisant, aujourd'hui, pour former une nation autonome. Qu'ils le fassent ! Ils semblent en ce moment ne pas comprendre leurs destinées nationales ; mais je l'ai dit, ils sont véritablement hypnotisés. Cet ensorcellement ne peut durer longtemps. Nous ne voulons pas que, lorsqu'ils sortiront de cet assoupissement contre nature, lorsque le patriotisme reprendra chez eux ses droits, il se trouvent au fond de la fosse qu'on creuse sous leurs pas. Nous ne le voulons pas, je le répète, dans notre propre intérêt, autant, plus même, que dans le leur.

Ce discours si vrai, si franc, si lumineux créa une vive impression sur la Chambre. Plus d'un député français se sentit tout honteux d'être obligé d'avouer, au fond de son cœur, que cet Anglais protestant venait de faire à la réputation du Canada français une leçon aussi terrible que bien méritée.

Montarval se leva pour répondre. Peu d'applaudissements. Malaise étrange sur la Chambre.

Le ministre s'aperçut qu'il faudrait peu de chose pour déterminer une véritable panique parmi les partisans français du cabinet. Il lisait sur leur figures les doutes et les hésitations qui les tourmentaient. En un instant, il comprit quel remède il fallait appliquer à la situation. Avant de commencer son discours, il se pencha vers son collègue, sir Henry, et lui dit quelques mots à l'oreille. Le premier ministre parut surpris, mais Montarval lui fit un signe qui voulait dire : « C'est cela ! » Alors le chef du cabinet écrivit un billet ; puis sortit dans le couloir derrière le siège du président. Duthier s'y trouvait. Sir Henry lui fit un signe imperceptible pour tout autre. L'huissier vint à la rencontre du premier ministre, mais sans paraître le voir. Au moment où les deux hommes se croisaient, sir Henry glissa dans la main de l'employé le billet qu'il avait écrit. Deux minutes après, Duthier l'avait fait remettre par un page à Saint-Simon.

Montarval se borna à quelques observations assez vagues. Le but que nous porsuivons, dit-il, est le développement de l'œuvre de la Confédération inaugurée il y a près de quatre-vingts ans ; c'est de rapprocher, c'est de lier, c'est de cimenter les éléments épars sur toute la surface de ce qui fut l'Amérique anglaise et qui sera l'Amérique canadienne ; c'est de faire de tous ces éléments une nation. On a parlé de fonder une Nouvelle France. Ce serait un malheur national. Au lieu de républiques minuscules, fondons un grand et beau pays. Sans doute, César a dit qu'il préférait être le premier dans un village que le second dans Rome. Mais c'était là le cri de l'égoïsme et de l'ambition, ce n'était pas l'expression d'un sentiment patriotique. Le vrai patriote s'inquiète, non du poste qu'il doit occuper dans la patrie, mais du rang que la patrie doit atteindre parmi les nations. Pour moi, j'aspire simplement à être citoyen d'un grand pays.

Lorsque Montarval eut terminé son discours, le président, après avoir attendu quelques instants, mit la question aux voix pour la forme. Avant qu'il ait le temps de dire : *Carried ! Adopté !* Saint-Simon est debout.

— Monsieur le président, s'écrie-t-il de sa voix aigre, ce projet de constitution est tellement odieux qu'il ne doit pas être lu. Je propose donc qu'il ne soit pas lu une première fois maintenant, mais dans six mois.

— Il faut que l'honorable député ait un secondeur, dit le président.

— Par courtoisie, dit Montarval, j'appuie la motion de l'honorable député, afin qu'il puisse constater, dès à présent, que la Chambre n'est pas de son avis.

La proposition étant ainsi régularisée, le député du comté de Québec prononça un discours d'une extrême violence, flagellant le gouvernement, les Anglais, les protestants, ayant grand soin, toutefois, de n'employer aucun argument solide pour combattre le projet ministériel. C'était une sortie furibonde contre tout ce qui n'était pas canadien-français et catholique. Après cette harangue échevelée, qui dura une demi-heure, la politique du gouvernement n'avait pas reçu une égratignure, tandis que les plates injures à l'adresse des ministres leur avaient ramené les sympathies de leurs partisans, un instant ébranlés. La Chambre ne dissimulait pas le dégoût profond que ce discours lui avait causé.

— Monsieur le président, fit Lamirande, aussitôt que Saint-Simon eût repris son siège, je n'ai seulement que deux mots à dire : un mot de remerciement et un mot de protestation. Du fond de mon cœur je remercie l'honorable chef de l'opposition de ses nobles paroles. Si la Nouvelle France se réveille de sa léthargie à temps pour conquérir sa liberté qui lui échappe, elle lui devra une dette d'éternelle reconnaissance ; elle lui érigera des statues sur le piédestal desquelles on lira cette inscription : « À Lawrence Houghton, homme d'État anglais et protestant, la patrie française et catholique reconnaissante ». Et si elle ne se réveille pas ; si elle succombe sous l'étreinte de ses ennemis, l'histoire répétera, en parlant de lui, cette parole que le poète latin met sur les lèvres d'Hector annonçant à Énée la ruine prochaine de Troie : *Si Pergama dextra defendi possent, etiam hac defensa fuissent* *.

Mais j'espère que l'histoire n'aura pas à enregistrer ce cri de douleur ; j'espère encore que les intrigues de l'heure présente — et en disant ces mots Lamirande arrêta sur Montarval un regard qui fit pâlir le sectaire — que les abominables intrigues, que les iniquités de l'heure présente ne prévaudront pas et que la Nouvelle France vivra.

Et maintenant, monsieur le président, le mot de protestation est à l'adresse du député du comté de Québec. De toute la force de mon âme je condamne les sentiments détestables qu'il vient d'exprimer. Dans le

---

* Si le bras d'un mortel eût pu défendre Pergame, assurément, ce bras l'eût défendue.

véritable patriotisme, dans le patriotisme que reconnaît et approuve la religion de Jésus-Christ, il n'entre que l'amour de la patrie. La haine des autres races ne doit pas y être. Le patriote qui ne se contente pas d'aimer sa patrie, mais qui hait la patrie des autres, est un faux patriote qui, tôt ou tard, trahira la cause qu'il prétend défendre, si déjà il ne la trahit.

La motion de Saint-Simon fut mise aux voix. Pas un seul député ministériel ne broncha ; tous, comme un seul homme, votèrent la première lecture qui fut décrétée à une forte majorité.

—Les voilà enregimentés, dit tout bas Montarval à sir Henry. Ils ont voté une première fois en faveur du bill. Il faudra maintenant un coup terrible pour les empêcher de voter une deuxième et une troisième fois dans le même sens. Le point important, dans toute bataille, c'est de faire en sorte que vos troupes essuient le premier feu de l'ennemi dans des conditions aussi avantageuses que possible.

—Décidément, vous avez du génie ! dit sir Henry.

Chapitre XXIV

Per infamiam et bonam famam.

Parmi la mauvaise et la bonne réputation.

2 Cor. VI, 8.

Au sortir de la séance, Lamirande et Leverdier, Houghton et quelques autres députés de l'opposition se réunirent.

— Mon cher Lamirande, dit Houghton, qu'allons-nous faire ? Que pouvons-nous faire ? Nous avons le droit, le bon sens, la justice, toutes les belles choses du monde, de notre côté ; mais nous avons contre nous les gros bataillons. La deuxième et la troisième lecture de ce projet d'iniquité se voteront infailliblement, à une immense majorité, comme la première lecture vient de se voter... à moins que la province de Québec ne se réveille, et rien n'indique que son sommeil soit près de finir.

— Rien ne l'indique extérieurement, répondit Lamirande, mais je l'espère tout de même ; et cet espoir n'est pas un sentiment vague, il repose sur un fondement solide : le dévouement, le patriotisme, l'esprit de sacrifice de notre clergé. Dans quelques jours, il peut se produire un événement qui réveillera la province de Québec comme jamais pays n'a été réveillé.

— Puisque vous avez un tel espoir, dit Houghton, nous devons nous organiser en vue de gagner du temps.

Il faut retarder la deuxième et la troisième lecture autant que possible.

* * *

Le lendemain la bataille commença. Des deux côtés, il fallait user d'une grande habileté. Le gouvernement, tout en pressant l'adoption du néfaste projet, devait bien se garder de laisser voir une hâte indécente qui aurait pu exciter les soupçons des uns et froisser les susceptibilités des autres. Beaucoup de députés ministériels voulaient parler sur cette question si importante. Leurs discours étaient préparés depuis longtemps. Leur imposer silence, c'eût été aussi imprudent que de condamner la soupape de sûreté d'une machine à vapeur. L'opposition pouvait critiquer, combattre la mesure ; mais se livrer à une obstruction trop apparente, c'était fournir à la majorité le prétexte d'appliquer la redoutable clôture du débat.

À la proposition du gouvernement, « que le *bill* soit maintenant lu pour la deuxième fois », Houghton et Lamirande opposèrent l'amendement traditionnel : « pas maintenant, mais dans six mois ». Puis les discours commencèrent.

Les attaques de l'opposition étaient tellement vigoureuses, tellement logiques que les ministres et les autres chefs du parti ministériel étaient bien obligés de répondre. S'ils avaient gardé le silence, comme c'était un peu leur intention, d'abord, la démoralisation aurait pu s'introduire dans le gros de l'armée. Donc, pendant cinq ou six jours, c'était un feu roulant. Mais tout s'épuise ici-bas, même un débat parlementaire. Les principaux orateurs de l'opposition avaient vidé leur sac, et la répétition des mêmes arguments par des orateurs de mérite secondaire ne provoquaient plus que de courtes et rares répliques du côté ministériel. Tandis que dans les premiers jours de la discussion chaque discours prononcé à gauche de l'orateur faisait lever à droite trois ou quatre députés qui brûlaient d'y répondre ; maintenant les membres de l'opposition étaient obligés de se succéder les uns aux autres.

L'après-midi du septième jour, au commencement de la séance, Lamirande, Houghton et Leverdier étaient réunis pour discuter la situation.

— Voilà une semaine que cela dure, dit Houghton à Lamirande, et nous sommes rendus au bout de nos forces. Avez-vous quelques nouvelles ?

— Pas encore, et je n'en attends guère avant quatre ou cinq jours encore.

— Ne vaudrait-il pas mieux alors laisser voter la deuxième lecture et nous reprendre sur la discussion en « comité général » et enfin sur la troisième lecture ?

Leverdier penchait du côté de Houghton mais Lamirande était d'avis contraire.

— Je ne puis me décider, fit-il, à laisser voter la deuxième lecture maintenant, car quelque chose me dit que nous aurons plus tard besoin des délais que nous pouvons obtenir en « comité général » et sur la troisième lecture. Vous ne voyez là qu'un simple pressentiment, peut-être, mais il est assez fort et assez persistant pour m'engager à ne pas le mépriser.

— Je respecte tout chez vous, mon cher Lamirande, dit Houghton, même vos pressentiments ; mais vraiment je ne vois pas comment nous allons pouvoir prolonger le débat sur la deuxième lecture pendant quatre ou cinq jours encore. Dès demain, peut-être même ce soir, ils vont nous appliquer la clôture.

— Je le sais, répondit Lamirande ; aussi faut-il

soulever un incident qui suspende forcément les débats pendant quelques jours.

— Oui, mais comment ? Je ne vois aucun incident à l'horizon, dit le chef de l'opposition.

— Comment ?

— Je vais mettre le secrétaire d'État en accusation et demander une enquête.

— Avez-vous des preuves contre lui ?

— Dans le moment, je n'en ai aucune dont je puisse me servir.

— Vous m'étonnez vraiment... J'ai dû mal comprendre. Ce n'est pas vous qui porterez jamais une accusation calomnieuse contre un adversaire, même si vous aviez la certitude de faire triompher ainsi la plus juste des causes.

— Certes, vous avez raison ! « La fin justifie les moyens » est, quoiqu'on en dise, une doctrine que l'Église catholique condamne. Il ne faut jamais faire le mal, quand même on croirait obtenir par là un grand bien. La théologie nous enseigne que s'il était possible de vider l'enfer en commettant un seul péché véniel, il ne faudrait pas le commettre. Aussi je n'ai pas dit que j'allais porter une accusation *fausse* contre M. Montarval. Au contraire, je suis aussi certain que ce dont je vais l'accuser est vrai que je suis sûr de vous voir devant moi en ce moment.

— Une telle certitude, reprit Houghton, est suffisante pour mettre votre conscience à l'aise, je le comprends. Mais, vous ne l'ignorez point, il ne suffit pas de *savoir* qu'une accusation est vraie, il faut aussi pouvoir la prouver ; et vous m'avez dit tout à l'heure que vous n'avez pas de preuve !

— Pas de preuve dont je puisse me servir devant un comité.

— Alors comment pouvez-vous songer à porter une accusation ?

— La preuve peut arriver d'un jour à l'autre.

— Et si elle n'arrive pas ?

— Je serai un homme ruiné à tout jamais, au point de vue politique et social.

— Au moins, vous n'y allez pas en aveugle ! Vous savez exactement où cela peut vous conduire.

— Exactement.

— Est-ce bien prudent ce que tu veux faire là, mon cher ami ? fit Leverdier qui avait jusque-là gardé le silence.

— Au point de vue humain, c'est une folie. Au point de vue humain je devrais attendre pour agir que j'eusse en ma possession les preuves dont tu connais comme moi l'existence.

— Mais ta réputation, tu ne dois pas l'exposer. C'est un bien qui ne t'appartient pas exclusivement. Elle appartient à tes amis, à ton pays.

— Tu admettras que ma réputation m'appartient autant, au moins, que ma vie. Or l'homme a le droit d'exposer sa vie pour sauver la vie de ses semblables. Pour accomplir une grande œuvre de charité, nous avons même le droit de courir au-devant d'une mort certaine. Il s'agit de sauver tout un pays et je n'aurais pas le droit d'exposer mon honneur !

— Pour un homme de cœur, fit Houghton, l'honneur est un bien plus précieux que la vie... et vous voulez l'exposer ! C'est un acte vraiment héroïque devant lequel je reculerais certainement moi-même, mais que j'admire.

— Mais ce terrible risque, reprit Leverdier, est-il nécessaire, est-il même utile ? Ne vaudrait-il pas mieux, après tout, laisser voter la deuxième lecture, puisque nous ne pouvons guère plus la retarder par les moyens ordinaires, et prolonger la discussion autant que possible en comité et sur la troisième lecture ?

— Quelque chose qui n'est pas naturel, répondit Lamirande d'un ton grave, quelque chose de solennel et d'impératif, me dit que nous aurons besoin, plus tard, de tous les délais que pourront nous donner ces deux phases de la discussion. C'est un avertissement auquel je n'ose résister... Vous croyez tous deux au surnaturel, à l'existence des esprits, à leur pouvoir de communiquer directement avec l'âme. Eh bien ! c'est à un message d'en haut que j'obéis... Mon Dieu ! si vous saviez tout, mes chers amis vous ne chercheriez pas à me détourner de ce devoir.

Tous trois étaient vivement émus. Ils gardèrent le silence pendant quelques instants.

— Du reste, reprit Lamirande, comme parlant à lui-même, à quoi me servira l'honneur si l'iniquité de cet homme triomphe ! La perte de ma réputation ! Ce ne sera qu'une goutte de plus dans l'océan d'amertume et de désolation qui submergera notre malheureuse patrie, si Dieu permet, à cause de nos crimes, que ce complot de l'enfer réussisse. En exposant mon honneur, en l'offrant en sacrifice, je puis peut-être gagner les quelques jours qui sont nécessaires pour que la lumière puisse se faire. Et si la lumière ne se fait pas, si la patrie succombe, le fardeau sera moins lourd à porter pourvu que je puisse me rendre le témoignage d'avoir tout sacrifié pour elle.

— Ma résolution est irrévocable, dit-il, en s'adressant à ses deux compagnons. À la reprise des débats, à huit heures ce soir, je brûle mes vaisseaux !

À la séance du soir, au moment où l'on croyait que tout débat était fini et que la deuxième lecture du *bill* était sur le point de se voter, Lamirande se leva. Un grand silence se fit aussitôt, car tout le monde comprit comme instinctivement, qu'il allait se passer quelque chose de grave.

— Monsieur le président, dit-il, pour me servir du barbarisme consacré par l'usage, je soulève une question de privilège, et je fais la déclaration que voici : j'accuse un membre de cette Chambre, l'honorable Aristide Montarval, député de la division centre de la ville de Québec, et secrétaire d'État, d'avoir conspiré et comploté avec diverses personnes, en vue de tromper cette Chambre et le pays sur la nature du projet de constitution actuellement devant nous, et j'ajoute que le dit projet de constitution est le fruit de conspiraions et de complots contraires à l'intérêt public, au bon ordre et à la paix ; j'accuse, de plus, l'honorable Aristide Montarval d'employer actuellement des moyens illicites, savoir des lettres de menace, pour empêcher cette Chambre d'acquérir une connaissance vraie de la nature du projet de constitution qu'elle est appelée à voter. Je demande, par conséquent, qu'il soit nommé un comité spécial pour examiner cette accusation, entendre la preuve et faire rapport.

Ces paroles étranges, prononcées d'une voix forte et pénétrante, causèrent, il est à peine besoin de le dire, un profond émoi parmi la députation et dans les tribunes. Une sourde rumeur remplace le silence de tout à l'heure. En parlant, Lamirande, quoi qu'il s'adressât au président, comme le veut l'usage parlementaire, avait tenu son regard fixé sur Montarval qui, malgré son audace, n'en put soutenir l'éclat. Visiblement, le ministre était terrifié. Il se remit, cependant, bientôt. Son intelligence hors ligne lui permit de saisir la situation. Lamirande sait tout, se dit-il, mais il ne peut rien prouver. Mes lettres de menace ont produit leur effet ; l'archevêque a refusé de lui remettre nos archives. Il porte cette accusation pour gagner du temps et dans l'espoir que l'archevêque changera d'idée.

Aussitôt que le calme fut rétabli, Montarval se leva :

— L'honorable député de Charlevoix, dit-il avec son mauvais sourire, a oublié une chose pourtant essentielle : il n'a pas offert de *prouver* son accusation, encore plus vague qu'elle n'est grave. Est-ce bien un oubli ? Cette omission n'est-elle pas plutôt voulue ?

Et il reprit son siège comme pour attendre une réponse :

— Monsieur le président, dit Lamirande, lorsqu'un député porte une accusation contre un collègue il est tenu de la prouver. S'il ne la prouve pas, tant pis pour lui. Si je ne prouve pas l'accusation que je viens de porter, la Chambre pourra m'infliger le châtiment qu'elle jugera convenable ; elle pourra m'expulser de cette enceinte si elle trouve que j'ai agi malicieusement, sans cause suffisante ; et je m'en irai déshonoré à tout jamais. L'honorable ministre le voit, je sais parfaitement ce qui m'attend si je ne prouve pas ce que j'affirme. Mon honneur, auquel je tiens probablement autant que le secrétaire d'État tient au sien, me fait un devoir de ne négliger aucun moyen à ma disposition pour établir la vérité de mon accusation.

— Eh bien ! répliqua Montarval, je serai bref. Je nie, tout simplement, l'accusation, et je la nie de la manière la plus formelle et la plus ample : je la nie *in toto* ; je déclare qu'elle ne repose sur rien, qu'elle est entièrement, absolument fausse et ne renferme pas une parcelle de vérité. Pour prouver que je ne crains pas l'enquête, non seulement j'accepte la proposition de nommer un comité spécial, mais je laisse à mon accusateur le soin de former ce comité à sa guise. Qu'il n'y fasse entrer, s'il le veut, que ses propres amis, que des adversaires du gouvernement.

—Nous laisserons le choix des membres du comité au président, dit simplement Lamirande.

—Très bien! répliqua Montarval. Et que le comité se réunisse au plus tôt. Maintenant, aux affaires sérieuses !

Le gouvernement aurait voulu faire voter la deuxième lecture immédiatement, mais Houghton intervint fortement et fit voir qu'il ne serait pas convenable de voter le projet, même en deuxième lecture, aussi longtemps que la Chambre ne serait pas fixée sur la valeur de cette accusation. Les ministres, inspirés par Montarval, étaient disposés à ne pas tenir compte des observations du chef de l'opposition et à précipiter le vote. Par amitié personnelle pour Lamirande, Vaughan, qui était à la tête d'un groupe assez important du parti ministériel, demanda du délai. Quelques députés ministériels français, qui avaient remarqué l'effet produit sur Montarval par l'accusation, eurent des inquiétudes. « Si c'était vrai, après tout », se disaient-ils. Ils insistèrent donc, à leur tour, sur la nécessité de surseoir. Ces débats occupèrent toute la séance, et le gouvernement dut céder.

C'était un premier succès pour Lamirande : il avait gagné du temps, mais à quel prix !

C'était le jeudi soir. Le lendemain, le comité se réunirait. Il pourrait, sans paraître trop exigeant, demander qu'on lui accordât jusqu'au lundi, pour préparer sa cause. Mais rendu au lundi, il lui faudrait ou procéder ou avouer qu'il n'avait pas de preuve à offrir! Ce n'était pas seulement l'expulsion de la Chambre, le déshonneur politique qui l'attendait. Il allait devenir la risée de tout le pays. Il passerait pour un véritable fou aux yeux de tout le monde.

Pour affronter le mauvais vouloir, la colère, la haine de ses semblables, il suffit d'un courage ordinaire ; mais s'exposer, de propos délibéré, au ridicule, c'est de l'héroïsme. Aussi Lamirande se sentit-il accablé d'une angoisse mortelle. Arrivé à son logement, après la séance, il s'en ouvrit à Leverdier.

— Mon cher, dit-il, prie pour moi comme tu n'as jamais prié, car je suis tenté comme je ne l'ai jamais été. C'est que l'orgueil, l'amour propre est le sentiment le plus difficile à vaincre que connaisse le pauvre cœur humain. L'idée que je vais peut-être passer aux yeux de mes compatriotes pour un insensé qui devrait être à la Longue-Pointe*, m'épouvante horriblement. Notre divin Sauveur a été traité de fou par Hérode et sa cour. Qu'il m'accorde la grâce d'accepter cette humiliation en union avec Lui !

— C'est une position terrible, en effet, fit Leverdier, et tu as toutes mes sympathies. Si, en partageant ta douleur, je pouvais diminuer tes souffrances !

— Merci, mon ami, merci ! Sais-tu à quelle tentation je crains de succomber ?

— Non, pas du tout, à moins que ce ne soit à une sorte de désespoir.

— Je crains qu'au dernier moment, me voyant acculé au pied du mur et obligé de choisir entre le ridicule et l'abus de confiance, je n'aie la faiblesse d'opter pour ce dernier en disant au comité : « Faites venir l'archevêque de Montréal ! » Il est certain que le

---

* Longue-Pointe : lieu où était située l'asile des aliénés, près de Montréal.

254

saint évêque ne m'a communiqué l'existence des preuves qu'il possède que sous le sceau du secret. Je ne puis donc pas révéler ce qu'il m'a ainsi confié ; et, cependant, je crains de le faire, par lâcheté et par orgueil, pour échapper au ridicule. C'est pourquoi je te demande de prier pour moi.

Longtemps les deux amis restèrent ensemble, priant humblement.

* * *

Le président de la Chambre avait choisi, comme membres de la commission qui devait s'enquérir de l'accusation portée contre le secrétaire d'État, sept députés des plus sérieux et des mieux posés des différents groupes. Houghton, Leverdier et un troisième membre de l'opposition, un membre du cabinet, et trois députés ministériels, parmi lesquels se trouvait Vaughan, formèrent le comité dont la présidence fut confiée au ministre. Le comité se réunit à dix heures, vendredi matin. Montarval était présent, l'air insolent et provocateur. Le président donna lecture de l'accusation et invita l'accusateur à produire ses preuves et ses témoins. Lamirande, très calme, demanda au comité de vouloir bien lui accorder un délai de deux jours.

— C'est une demande extraordinaire, lui fait observer le président. Règle générale, une enquête de cette nature doit commencer aussitôt l'accusation portée. Il est d'usage que le député qui croit devoir dénoncer un de ses collègues attende pour le faire qu'il ait ses preuves devant lui.

— Tout cela est très vrai, monsieur le président, fit Lamirande ; aussi est-ce comme une faveur exceptionnelle, et nullement comme un droit, que je demande au comité de vouloir bien remettre l'examen de cette affaire à lundi. Je prie les membres du comité de croire que je n'agis pas à la légère en cette circonstance.

— Monsieur le président, dit Montarval, je ne m'oppose nullement à la demande si extraordinaire de mon accusateur. Non pas que je sois indifférent ; non pas que je n'aie pas hâte de voir la fin de cette mysfitication — car c'est plutôt une mystification qu'une accusation ; mais parce que je veux donner la plus grande latitude à mon adversaire. Je ne veux pas que, plus tard, il puisse dire : « Ah, si le comité m'eût accordé un délai de deux jours seulement, j'aurais pu produire mes preuves ». L'honorable député est la victime d'une mystification, je le répète. Certes, qu'on lui donne jusqu'à lundi pour qu'il ait le temps de s'apercevoir de son erreur.

Le secrétaire d'État avait le beau rôle. Ses paroles modérées, plausibles, cadraient mal, cependant, avec le mauvais sourire qui errait sur ses lèvres et qui ne parvenait pas à éteindre la lueur sinistre de ses yeux. De son côté, Lamirande, malgré la fausse position dans laquelle il se trouvait déjà, conserva un visage tellement serein, tellement composé que tous les assistants furent frappés du contraste entre les deux hommes. Celui qui n'aurait fait qu'*entendre* l'accusé et l'accusateur aurait certainement donné gain de cause au premier ; tandis qu'en les *voyant* on ne pouvait avoir la moindre sympathie que pour Lamirande.

— Eh bien ! fit le président, puisque le principal intéressé consent à l'ajournement, l'enquête commencera lundi soir à huit heures. Lundi avant-midi plusieurs députés seront absents. La Chambre ne siégera sans doute pas après six heures ; de sorte que nous pourrons commencer à huit heures. Par exemple, monsieur Lamirande, il faudra être prêt alors.

— Je ne demanderai certainement pas un nouvel ajournement, monsieur le président.

* * *

Et Lamirande, comment se prépara-t-il pour le jour de l'épreuve ? Depuis des semaines il avait demandé à toutes les communautés du pays de se mettre en prière. Maintenant, il télégraphia à toutes celles qu'il pouvait atteindre pour les exhorter à redoubler leurs supplications. Il visita toutes les maisons religieuses d'Ottawa pour solliciter leur aide spirituelle. Puis, il se renferma chez les pères capucins et passa les trois journées du samedi, du dimanche et du lundi dans le jeûne le plus rigoureux et la prière la plus ardente. Il avait donné rendez-vous à Leverdier, dans la bibliothèque du parlement, à sept heures et demie du lundi soir.

— Eh bien! dit-il en voyant son ami, aucune nouvelle de Mgr de Montréal ?

— Aucune, répondit tristement Leverdier.

— Que la volonté de Dieu soit faite !

— Mon pauvre cher ami, que tu dois souffrir et que je souffre pour toi !

— Je te remercie de tes sympathies, Leverdier, elles me sont très douces ; mais tu as tort de me plaindre : je ne souffre pas du tout. Je n'ai jamais été plus calme qu'en ce moment, et rarement plus heureux.

— Mais l'autre jour tu semblais redouter beaucoup la terrible épreuve qui t'attend tout à l'heure.

— Je ne la redoute plus. Sans doute, la chair se révolte contre l'humiliation ; mais l'âme, avec la grâce de Dieu, peut dompter la chair et éprouver, dans cette victoire, un bonheur indicible.

257

Ils se rendirent ensemble à la pièce où le comité devait se réunir. Elle était déjà remplie d'une foule de curieux. À huit heures précises, le président ouvrit la séance par la formule ordinaire : « À l'ordre, messieurs ».

— Monsieur Lamirande, fit le président, êtes-vous maintenant en état de produire des documents ou de faire entendre des témoins à l'appui de l'accusation que vous avez portée contre l'honorable secrétaire d'État ?

— Je regrette d'être forcé de dire, monsieur le président, que je ne le suis pas, répondit Lamirande.

— Alors, sans aucun doute, vous allez retirer l'accusation ?

— Je ne puis la retirer, car je sais qu'elle est fondée.

— Vous la savez fondée, mais vous n'avez aucune preuve à produire !

— C'est exactement la position dans laquelle je me trouve.

— Je n'ai pas besoin de vous dire, monsieur Lamirande, qu'une telle position n'est pas tenable ; vous devez le comprendre vous-même.

— Je le comprends parfaitement, monsieur le président.

— Et vous persistez dans votre refus de retirer votre accusation ?

— Oui, monsieur le président.

Quelques sifflets se firent entendre au fond de la pièce. Le président ordonna qu'on fit silence. Montarval avait sur les lèvres un sourire plus mauvais qu'à l'ordinaire.

— Si le comité est d'avis, dit-il, que sa dignité et la dignité de la Chambre le permettent, je suis prêt à accorder encore une journée de délai à mon accusateur.

Ces paroles provoquent des applaudissements que le président réprime aussitôt.

— Le comité, dit-il, va délibérer à huit clos, et fera connaître sa décision.

Les assistants se retirèrent. Un quart d'heure plus tard la porte fut de nouveau ouverte au public.

— Le comité a résolu, dit le président de faire rapport immédiatement à la Chambre de tout ce qui s'est passé. La Chambre se prononcera sur ce qu'il convient de faire.

— Mon pauvre Lamirande, dit Vaughan, au sortir de la séance du comité, je ne te comprends plus. Tu rends inévitable ton expulsion de la Chambre, tu cours au déshonneur politique, et, faut-il que je te le dise, au ridicule, qui est pire que tout le reste.

— Tu dois me supposer assez d'intelligence pour comprendre une chose aussi évidente.

— Alors pourquoi agis-tu de la sorte ?

— Pour des raisons que tu approuveras un jour.

— Si tu n'étais pas aussi calme je te dirais de consulter un médecin. Mais de toute évidence ton cerveau ne souffre d'aucune fatigue...

— Il n'a jamais été mieux équilibré... Mais laissons cela. Je veux, Vaughan, te faire une question et je te demande de me répondre sincèrement. Si je prouvais tout ce dont j'ai accusé Montarval, serais-tu toujours favorable au projet du gouvernement ?

— Oui, mon ami, je le serais !

— Tu voterais cette constitution quand même il te serait prouvé, clair comme le jour, qu'elle est le fruit d'une conspiration ténébreuse, qu'elle n'a qu'un but : l'écrasement de la race française et de la religion catholique !

— Oui, je la voterais même dans ces conditions ;

car, tu le sais, je suis en faveur d'un Canada uni, d'un Canada grand, imposant. Tu le sais également, je n'ai aucune haine contre la race française ni contre la religion catholique, loin de là. J'admire les efforts héroïques que tu fais pour les conserver. Mais, enfin, si la race française et la religion catholique ne peuvent pas s'accommoder d'un Canada s'étendant d'un océan à l'autre, tant pis pour elles !

— Mais crois-tu qu'un pays pourrait être vraiment grand, vraiment prospère, vraiment heureux, s'il devait son origine à une conspiration ourdie en haine d'une race, en haine surtout d'une religion ? N'est-ce pas que la vie nationale serait empoisonnée dans sa source même?

— Je te répondrai ce que les protestants répondent à ceux qui leur reprochent les crimes des fondateurs de leur religion : l'œuvre est bonne, malgré les fautes de ceux qui l'ont faite.

— Et trouves-tu cette réponse satisfaisante ?

— Elle ne l'est guère quand il s'agit de fonder une religion, car une bonne religion ne peut sortir d'une source impure. C'est pourquoi j'ai toujours dit que s'il y a une religion vraie et bonne c'est la religion catholique, car elle seule a un Fondateur qu'on peut aimer et respecter. Mais il me semble que lorsqu'il s'agit d'une œuvre purement politique, on n'est pas tenu de la juger d'après les vertus ou les vices de ses auteurs, mais d'après ses mérites intrinsèques.

— Pourtant Celui que tu déclares digne d'amour et de respect a dit qu'un mauvais arbre ne saurait produire de bon fruits !

— Ah ! soupira Vaughan, devenu pensif, si j'avais ta foi je verrais peut-être toutes choses comme tu les vois, même les choses politiques.

Puis les deux amis se séparèrent.

Lamirande constata que déjà plusieurs de ses collègues s'éloignaient de lui comme on s'éloigne d'un pestiféré ; que d'autres le regardaient comme un objet de curiosité, comme un toqué. Ces derniers étaient les plus charitables. Ils ne lui attribuaient pas de motifs inavouables, mais ils étaient bien persuadés que leur pauvre collègue était la victime d'une idée fixe et qu'il serait bientôt à Saint-Jean-de-Dieu*.

— Ma carrière est finie, se dit Lamirande. Et une angoisse, lourde comme une montagne, vint s'abattre sur son cœur et l'écrasa affreusement. Il faillit crier. Mais cette douleur du cœur, si grande qu'elle fût, ne put troubler son âme qui resta dans une union étroite avec Dieu.

_____

* Saint-Jean-de-Dieu : maison de santé dans la région de Montréal.

Chapitre XXV

Talium enim est regnum Dei.

Le royaume de Dieu est pour ceux qui leur ressemblent.

MARC X, 14.

Retiré dans l'embrasure d'une fenêtre, il relut cette lettre qu'il avait reçue le matin même.

« Couvent de Beauvoir, près Québec, 6 mars 1946.

« Bien cher Papa,

« J'ai bien de la peine et il faut que je vous dise pourquoi, car vous pouvez faire cesser cette peine. Vous savez que j'ai eu huit ans il y a plus de deux mois. Je sais tout mon catéchisme et le comprends tout, excepté quelques mots qui sont trop grands pour moi. Pour vous montrer que je le comprends, je vais vous dire, à ma manière, ce qu'il y a dans le catéchisme. Il y a un seul Dieu qui est un pur esprit. Un esprit est quelque chose qu'on ne peut pas voir. Nous avons chacun en nous un esprit qu'on appelle l'âme. Notre âme est unie à notre corps, mais Dieu n'a pas de corps. C'est pour cela qu'on dit qu'Il est un pur esprit. Dieu était d'abord tout seul. Puis Il a créé, ou fait avec rien, beaucoup d'autres purs esprits plus petits que Lui, qu'on appelle les anges. Dieu seul peut faire de rien quelque chose. Quelques-uns des anges se révoltèrent contre Dieu. Ils

263

devaient être bien méchants, car Dieu est si bon qu'Il n'a pas dû leur faire de la peine. Ces mauvais anges, ayant à leur tête Lucifer ou Satan, qu'on appelle aussi le Diable, furent chassés du ciel par les bons anges qui avaient pour chef saint Michel. Les mauvais anges tombèrent dans un lieu affreux appelé l'enfer. Ensuite Dieu créa Adam et Ève, le premier homme et la première femme pour peupler la terre. Adam et Ève et les autres hommes devaient prendre les places restées vides au ciel après la chute des mauvais anges. Lucifer fut jaloux. Il voulut faire tomber Adam et Ève en enfer avec lui, pour faire de la peine au bon Dieu. Lucifer prit la forme d'un serpent et parla à Ève et lui dit de manger un fruit que le bon Dieu leur avait dit de ne pas manger. Ève écouta Lucifer. Elle avait été créée toute grande, mais elle devait être bien jeune comme moi, car une vraie femme, comme était chère maman, ou les religieuses, ne l'aurait pas écouté. Puis Ève fit manger ce fruit à son mari. Adam écouta sa femme plutôt que Dieu. C'était très mal de sa part. Je suis certaine que chère maman ne vous a jamais dit de l'écouter plutôt que le bon Dieu et que vous n'auriez pas fait comme Adam. Vous aimiez pourtant maman autant qu'Adam pouvait aimer Ève. Le bon Dieu fut très fâché de la désobéissance d'Adam et d'Ève et Il les chassa du beau jardin où Il les avait placés. Ayant écouté Lucifer plutôt que Dieu ils avaient mérité d'aller en enfer. Ils avaient perdu le droit d'aller au ciel. Ils ne pouvaient pas donner ce droit à leurs enfants, car quand on a perdu une chose on ne peut pas la donner à un autre. Tous les hommes devaient donc appartenir à Lucifer par la faute de nos premiers parents. C'est ce qu'on appelle le péché originel. Mais le bon Dieu ne pouvait pas souffrir de voir tous les hommes aller enfer. Lucifer aurait été trop content. En chassant Adam et Ève du jardin, Il leur promit, pour les consoler, un Sauveur, c'est-à-dire quelqu'un qui viendrait payer la dette que les hommes devaient au bon Dieu. Ce Sauveur fut attendu pendant quatre mille ans. Ceux qui croyaient qu'Il viendrait furent sauvés. Enfin, ce Sauveur vint sur la terre. Ce fut Jésus-Christ Fils de Dieu et Fils aussi de la Sainte Vierge, un Dieu et un homme en même temps. C'est ce qu'on appelle le mystère de l'Incarnation. Je ne comprends pas cela très bien, mais je le crois parce que c'est dans le catéchisme. Vous m'avez dit d'apprendre le catéchisme, les sœurs me l'enseignent, le père Grandmont me l'explique. Le catéchisme est aussi approuvé par les évêques et par le pape qui est le chef de tous les évêques et de tous les catholiques. Je crois tout ce que dit le catéchisme, car vous et les sœurs et le père Grandmont et les évêques et le pape vous ne vous accorderiez pas pour enseigner des mensonges aux enfants. Comme Dieu, Jésus-Christ est égal au bon Dieu son père. Car il y a Dieu le père, Dieu le Fils et Dieu le Saint-Esprit ; et cependant ils ne sont pas trois bons Dieux, mais un seul. Ces trois forment la Très Sainte-Trinité. C'est un autre mystère que je ne comprends pas non plus. Je suppose qu'ils ne forment pas trois parce qu'ils s'aiment tellement qu'ils ne font qu'un. C'est peut-être un peu comme quand maman vivait. Vous et elle et moi nous nous aimions tellement que nous ne faisions qu'un. Notre Sauveur Jésus-Christ fut d'abord petit enfant comme moi, très pauvre et peu connu. Il vivait caché, car des méchants voulaient le tuer. Jésus-Christ devenu un homme commença à enseigner comment arriver au ciel. Il fit beaucoup de miracles, c'est-à-dire des choses qu'un homme seul ne peut pas faire, pour prouver qu'il était réellement le

Dieu Sauveur. Plusieurs crurent en Lui, mais beaucoup d'autres voulurent le mettre à mort. Ceux qui n'aimaient pas Jésus-Christ, qui fut toujours si bon pour tout le monde, devaient être des mauvais anges et non des hommes, car tous les vrais hommes devaient l'aimer puisqu'il était venu pour les sauver. Si ces méchants qui n'aimaient pas Jésus-Christ étaient de vrais hommes, c'est un autre mystère. Au bout de trois ans, ils réussirent à le faire condamner par un méchant juge appelé Ponce Pilate. Notre-Seigneur Jésus-Christ fut affreusement maltraité pendant toute une nuit et ensuite cloué à une croix où il mourut. Il offrit ses souffrances et sa mort à son Père pour payer la dette que les hommes Lui devaient et qu'ils ne pouvaient pas payer. Jésus-Christ devait aimer les hommes beaucoup pour tant souffrir afin de payer leur dette et les faire entrer au ciel. Ce doit être là un autre mystère, car je ne comprends pas cet amour de Jésus-Christ pour les hommes. Si tous les hommes et toutes les femmes étaient comme vous et comme maman et comme les sœurs et le père Grandmont, je le comprendrais un peu ; mais on dit qu'il y a des méchants et que Jésus-Christ les aime comme les autres et veut les sauver aussi. Quand Jésus-Christ fut mort on le mit dans un tombeau, mais comme Il était Dieu aussi bien qu'homme Il ne pouvait pas rester mort longtemps. Le troisième jour Il ressuscita, c'est-à-dire qu'il sortit vivant du tombeau. Il passa quarante jours sur la terre avec sa mère, qui devait être bien contente de le voir en vie, et avec ses apôtres et ses disciples. Puis Il monta au ciel où Il a la première place auprès de son père. Et Il reviendra un jour pour juger tout le monde. Les bons iront au ciel avec Lui et les méchants en enfer avec Lucifer. Quelques heures avant de mourir Jésus-Christ fit le plus grand de ses miracles. Il changea du pain et du vin. Et il donna ce pain et ce vin à manger et à boire à ses apôtres. C'est un autre mystère qu'on appelle la sainte Eucharistie. Et Il donna à ses apôtres le pouvoir de faire le même miracle, et leur dit de donner ce pouvoir à d'autres ; et ces autres devaient le donner à d'autres encore, et ainsi de suite jusqu'à la fin du monde. C'est pour cela qu'il y a encore des hommes, les évêques et les prêtres, qui ont ce pouvoir. Et avant de monter au ciel, Jésus-Christ, qui était venu pour sauver tous les hommes qui devaient passer sur la terre, fonda son Église pour continuer à sauver les hommes. Il ne pouvait pas rester toujours sur la terre, car je suppose que son père voulait l'avoir avec Lui au ciel. Jésus-Christ mit à la tête de son Église saint Pierre, le premier pape, et les apôtres, ou les premiers évêques. Les évêques ont des prêtres pour les aider. Le pape, les évêques et les prêtres continuent l'œuvre de Jésus-Christ en sauvant les hommes. Ils les sauvent en les baptisant au nom du Père et du Fils et du Saint-Esprit, ce qui les enlève à Lucifer et les donne à Dieu, en nourrissant leurs âmes de la sainte Eucharistie et en leur pardonnant leurs péchés. Quand quelqu'un est baptisé il appartient à Jésus-Christ, et pour aller au ciel il n'a qu'à faire ce que Jésus-Christ lui a commandé. Ce qu'il a commandé ne doit pas être bien difficile, car Jésus-Christ était trop bon pour faire un règlement bien sévère. Ce ne doit pas être plus sévère que le règlement du couvent. Jésus-Christ n'aurait pas pris la peine de tant souffrir pour sauver les hommes s'Il n'avait pas voulu leur rendre le chemin assez facile. Cependant, on dit qu'il y a beaucoup d'hommes qui ne veulent pas faire les choses faciles que Jésus-Christ demande. C'est un autre mystère. Il y a une chose que Jésus-Christ demande surtout que l'on fasse, c'est de reçevoir la sainte Eucharistie ou la sainte communion. J'ai entendu lire l'Évangile, c'est-à-dire le récit de ce que Jésus-Christ a dit et fait pendant qu'Il était sur la terre, et je suis certaine qu'Il a dit que pour aller au ciel il faut communier, recevoir la sainte Eucharistie. Et Il l'a dit sur un ton presque fâché, car il y avait des méchants qui ne voulaient pas communier. Ce n'est pas dit comme cela dans l'Évangile, mais je suis certaine que ça veut dire cela. Et c'est là, cher Papa, ce qui me fait de la peine, et c'est pour vous en parler que j'ai écrit cette longue lettre que j'ai mis six jours à vous écrire. Je veux faire tout ce que Jésus-Christ nous a dit de faire, car je veux aller au ciel et non pas en enfer. Quand j'ai parlé aux sœurs et leur ai demandé de me laisser faire ma première communion au mois de mai prochain, elles m'ont dit que j'étais trop jeune pour comprendre ce que c'était que de communier, qu'il faudrait attendre au moins un an, peut-être deux. Et si je venais à mourir, je n'irais donc pas au ciel, car le ciel n'est ouvert qu'aux enfants baptisés qui meurent avant de savoir ce que Jésus-Christ a ordonné, et à ceux qui étant assez vieux pour savoir ce qu'Il ordonne, le font de leur mieux. Et moi, je suis assez vieille pour savoir que Jésus-Christ veut que nous communiions. C'est là, cher Papa, ce qui me fait tant de peine. Souvent je me réveille dans la nuit, et j'ai peur. Je vous ai écrit cette longue lettre pour vous montrer que je comprends mon catéchisme, et pour vous demander d'écrire à la mère supérieure pour qu'elle ait la bonté de me laisser faire ma première communion cette année. Alors, si je venais à mourir, je serais certaine d'aller au ciel, et je n'aurais plus peur d'aller en enfer. Vous écrirez à la mère supérieure, n'est-ce pas ? cher Papa, car vous devez vouloir que votre petite fille aille au ciel où est maman, et où vous irez vous-même. Ça vous ferait de la peine, je pense, si vous ne m'y trouviez pas. Votre petite fille qui vous aime beaucoup et qui vous embrasse.

Marie.

« J'ajoute ceci pour vous dire que j'ai montré le brouillon de ma lettre à la mère Thérèse qui me fait la classe pour faire corriger les fautes de français. Elle a pleuré beaucoup en la lisant. Pourquoi a-t-elle pleuré ? Est-ce qu'il y a quelque chose dans cette lettre qui a pu lui faire de la peine ? Moi je pleure seulement quand j'ai de la peine.

« Encore votre petite fille qui vous aime.

Marie. »

— Mon Dieu, murmura Lamirande, en remettant dans son portefeuille cette lettre sur laquelle étaient tombées de douces larmes, je pourrai tout supporter tant que Vous me laisserez cette enfant !

Chapitre XXVI

Pluet super peccatores laqueos.

Il fera pleuvoir des pièges sur les pécheurs.

Ps. X, 7.

Leverdier vint rejoindre Lamirande au moment où celui-ci se préparait à quitter l'hôtel du parlement.

— Mon cher Lamirande, dit-il, une lueur d'espérance !

— Qu'est-ce donc ?

— Une dépêche dans la dernière édition de l'*Ottawa Herald* annonce que tous les évêques sont de nouveau réunis à Montréal. Si monseigneur était revenu sur sa décision, tout serait sauvé !

— Quoi qu'il en soit, répliqua Lamirande, que la volonté de Dieu soit faite !

* * *

Le lendemain matin, vers huit heures, Montarval était dans son bureau particulier à l'hôtel du gouvernement. Duthier vint l'y trouver.

— Maître, dit l'huissier, il y a du nouveau. Lamirande vient de recevoir une dépêche de l'archevêque de Montréal et il se prépare à partir par le train de neuf heures avec Leverdier.

— Très bien, suis-les jusqu'à l'évêché. Quand ils en sortiront, observe-les attentivement. Tu es assez intelligent pour voir, au seul aspect d'un homme, s'il est de bonne ou de mauvaise humeur, heureux ou contrarié. Regarde surtout Leverdier. Plus facilement que Lamirande il laissera lire sur ses traits l'état de son âme. Si Leverdier, en sortant de l'évêché, a l'air joyeux, et si tous deux se dirigent vers la gare du Pacifique pour prendre le train d'une heure, télégraphie-moi immédiatement ces quatre mots, sans signature : *Beau temps, une heure.* Si Leverdier a l'air triste et abattu, tu n'auras pas besoin de télégraphier du tout.

— Mais s'il n'avait l'air ni triste ni joyeux ?

— Cela ne se peut pas ! Et maintenant, avant de partir pour Montréal avertis tes deux compatriotes de se tenir à mes ordres, dès onze heures.

* * *

Vers onze heures, Lamirande et Leverdier gravissaient le perron de l'archevêché de Montréal. Tous deux étaient en proie à une vive émotion et le cœur leur battait comme s'ils venaient de faire une longue course. « Venez me voir au plus vite », voilà tout ce que disait la dépêche de l'archevêque ; mais c'était assez pour faire renaître l'espoir dans le cœur des deux amis.

— Cela ne peut signifier qu'une chose, s'était écrié Leverdier : monseigneur, cédant à la pression que les prêtres ont dû exercer sur lui, est revenu sur sa décision et va te livrer les archives de Ducoudray.

— Je le crois fermement, moi aussi, fit Lamirande ; mais une crainte m'obsède. J'ai peur que même cette preuve ne soit inefficace. J'ai peur que les prévisions de monseigneur ne se réalisent et que la majorité ne reste, malgré tout, du côté du gouvernement. Vaughan m'a déclaré formellement, hier soir, que

272

quand même mon accusation serait prouvée, il n'en serait pas moins favorable au projet. Et, tu le sais, sept ou huit députés ne jurent que par lui. Je comptais particulièrement sur Vaughan parmi les députés non catholiques, et voilà qu'il m'échappe. Tant il est vrai de dire que là où la foi manque tout manque. Monseigneur me l'avait fait remarquer ; je vois maintenant jusqu'à quel point il avait raison.

— Mais au moins si nous avons ces pièces à conviction tu seras réhabilité aux yeux de la Chambre et du pays !

— Hélas ! que vaudra cette petite satisfaction personnelle si nous manquons le but principal !

C'était en causant ainsi que les deux amis avaient fait leurs préparatifs de départ pour Montréal.

Ce fut pour eux un moment de véritable angoisse que celui où ils franchirent l'entrée du salon de l'archevêché. Tous les archevêques et évêques y étaient réunis. L'archevêque de Montréal vint au devant de ses visiteurs.

— Ce n'est pas en vain, mon cher monsieur Lamirande, dit-il, que vous avez compté sur le dévouement et le patriotisme du clergé... Vous l'emportez. Je vous ai fait venir pour vous remettre ce que je vous ai refusé l'autre jour.

Lamirande ne put que balbutier quelques paroles à peine intelligibles. L'archevêque continua :

— Je sais ce que vous avez fait. J'ai vu votre lettre au clergé. Elle a produit tout l'effet que vous pouviez en attendre. Depuis plus d'une semaine ma table est de nouveau encombrée de lettres, mais celles-ci ne sont pas anonymes, et autant les premières me désolaient, autant les dernières m'ont rempli de joie et de consolation. Tous ont eu la même pensée. Tous m'ont écrit ou sont venus me voir. Tous, jeunes et vieux, séculiers et réguliers, ont dit la même chose : « Parlez, monseigneur ; faites connaître les secrets que vous possédez, ne songez pas à nous, à ce qui peut nous arriver, mais à l'Église, mais au pays. » Par un seul n'a tenu un autre langage. En face de ce mouvement sublime je ne puis hésiter davantage. Je vais tout vous mettre entre les mains, avec une lettre collective signée par tous mes vénérables collègues. Aucun député catholique n'osera voter le projet ministériel à la suite des révélations que vous allez faire...

— Je suis vraiment ravi, monseigneur, reprit Lamirande. Je bénis et je remercie Dieu de cette grande consolation. Cependant, un doute affreux me poursuit. Je crains qu'après tout ces révélations ne soient inutiles ; je crains que la majorité ne reste quand même du côté du gouvernement. Vous aviez raison, monseigneur, de dire que la foi est la base de tout.

— Enfin, dit l'évêque, nous ferons tout ce que nous pourrons. Nous accomplirons notre devoir jusqu'au bout. Dieu se chargera du reste. Après tant de dévouement, Il fera, j'en suis persuadé, un véritable miracle, s'il le faut, pour sauver la position, à la dernière minute.

Puis le prélat remit à Lamirande des copies photographiées de tous les documents que Ducoudray lui avait laissés, ainsi qu'une lettre signée par tous les évêques.

— Je garde, dit-il, les originaux, mais si quelqu'un veut les consulter je les tiens à la disposition du public.

Les deux députés prirent ensuite congé des prélats. En sortant de l'archevêché, la figure de Leverdier rayonnait. À la pensée qu'au moins son ami ne serait plus un objet de mépris ou de pitié, son âme se remplissait d'une joie indicible que l'observateur le moins attentif aurait pu lire dans ses yeux et sur son front. Aussi Duthier crut-il devoir ajouter un mot à la formule. Il télégraphia à Montarval : *Très beau temps, une heure.*

—Imbécile ! murmura le ministre en lisant cette dépêche. Puis il sonna et fit entrer dans son bureau deux individus qui, depuis une demi-heure, attendaient dans une antichambre.

—Vous avez parfaitement compris vos instructions ? leur demanda-t-il.

—Oui, maître, répondit l'un d'eux.

—Eh bien! faites.

Ils se retirèrent, et Montarval ferma la porte à clé derrière eux. Puis, il se mit à arpenter son cabinet en proie à une horrible émotion, à un accès de rage satanique, les poings crispés, l'écume à la bouche.

—Il triomphe ! Il triomphe ! répéta-t-il d'une voix étranglée.

S'exaltant de plus en plus, il apostropha ainsi l'Ange déchu :

—Eblis ! Dieu puissant, te laisseras-tu toujours, vaincre par ton éternel Ennemi ! Nous touchions au succès, et voilà que tout menace de s'écrouler.

Au moins, fais réussir cette dernière tentative que tu m'a inspirée. Que le fanatique adorateur de notre Ennemi soit broyé de telle sorte que sa mère elle-même ne pourrait le reconnaître !

Tout à coup il s'arrêta.

—Ah ! quel oubli ! s'écria-t-il. Ce malheureux Duthier prendra sans doute le train avec eux. J'aurai encore besoin de lui.

Puis il écrivit un télégramme ainsi conçu :

« Au chef de la gare à Mile End, pour être remis

à l'huissier Duthier sur le train d'une heure de Montréal à Ottawa.

« Avis important. Ne pas prendre même train que prennent deux amis. »

Il remit le télégramme à un commissionnaire avec ordre de l'expédier immédiatement.

* * *

Lamirande et Leverdier avaient pris le train à une heure. Duthier les suivait toujours. Ils n'en firent aucun cas, tant ils étaient absorbés par l'examen des documents que l'archevêque de Montréal leur avait remis. L'horrible complot dépassait tout ce qu'ils avaient pu imaginer. C'était du satanisme pur et ouvertement déclaré.

Au Mile End, il y eut un arrêt de quelques minutes. Sur le quai de la gare une foule d'ouvriers et d'oisifs faisait cercle autour d'un homme d'équipe étendu par terre.

— Qu'a-t-il donc ? demanda Lamirande en ouvrant une fenêtre.

Lamirande remit vivement à Leverdier les papiers qu'il examinait. Il ne songea plus aux graves problèmes politiques qui le préoccupaient tout à l'heure. Il n'était plus que médecin et n'avait plus qu'une pensée : sauver la vie de ce malheureux. Dans un instant, il était sur le quai. Il écarta la foule et examina le foudroyé.

— Il n'est peut-être pas mort, s'écria-t-il ; mais faites de l'espace, je vous en prie, donnez-lui de l'air.

La foule se recula un peu, et Lamirande se mit à pratiquer sur l'ouvrier électrisé la respiration artificielle.

Pendant ce temps, le chef de la gare se mit à crier :

« Un télégramme pour M. Duthier, huissier. M. Duthier est-il ici ? »

L'huissier qui était dans la foule se présenta et prit son télégramme.

Leverdier vint rejoindre Lamirande. Il avait remis tous les documents dans son sac de voyage qu'il tenait à la main.

— Nous allons manquer le train dit-il à Lamirande.

En effet, à ce même moment le cri : En voiture ! *All aboard !* se fit entendre.

— Je ne puis laisser mourir cet homme, dit Lamirande. Le devoir du moment est ici. Du reste, dans une heure, il y aura un train pour Ottawa par le Grand Atlantique.

Et il continua de prodiguer ses soins à l'ouvrier qui commençait à donner quelques signes de vie.

Duthier, qui s'était approché, avait entendu les dernières paroles de Lamirande.

— Mon télégramme m'avertit, se dit-il, de ne pas voyager avec ces messieurs. Le maître ne veut pas, sans doute, pour une raison ou pour une autre, que j'arrive à Ottawa en même temps qu'eux ; mais puisqu'ils vont prendre le train du Grand Atlantique je puis bien, sans désobéir, continuer par ce train-ci.

Et au moment où le convoi s'ébranle, il saute sur le marchepied d'un des wagons. Dans quelques instants le train file vers Ottawa à une vitesse de quatre-vingt-dix milles à l'heure.

Duthier, qui était quelque peu philosophe, lia conversation avec un autre voyageur.

— Ils ont beau dire, fit-il sentencieusement, le progrès est une belle chose. Voyez comme nous filons ! Il y a cinquante ans, on croyait que la vapeur était le dernier mot du progrès. Un train qui faisait régulièrement ses soixante milles à l'heure était presque une merveille : on en parlait dans les journaux. Aujourd'hui que l'électricité a remplacé la vapeur, soixante milles à l'heure, c'est bon pour les trains de marchandises. Pour les voyageurs, c'est quatre-vingts ou quatre-vingt-dix milles qu'il faut. J'ai même lu dernièrement qu'aux États-Unis et en Angleterre il y a des trains qui font cent milles à l'heure. Nous sommes toujours un peu en retard en ce pays-ci.

— Quand on déraille je trouve qu'une vitesse de quatre-vingts milles à l'heure est amplement suffisante, fit son interlocuteur.

— Oui, mais grâce au progrès, au perfectionnement des voies ferrées, les accidents sont bien moins fréquents qu'autrefois.

— Moins fréquents, peut-être, mais certainement plus désastreux. C'est une vraie marmelade à chaque fois...

— Êtes-vous contre le progrès, monsieur ?

— Je le suis, quand le progrès est contre moi.

Cette réponse quelque peu énigmatique figea le loquace huissier. Il reprit la lecture de ses journaux interrompue par l'incident de Mile End.

Le temps était bas et brumeux. On ne voyait pas à deux cents pieds dans les champs. Le mécanicien ne devait pas voir davantage devant lui.

On avait passé la dernière station avant d'arriver à Ottawa. Le train filait toujours comme l'éclair. Tout à coup, une série d'horribles et de rapides secousses, une oscillation formidable, un craquement sinistre ; puis un amas de débris en bas du remblai et un hideux concert de cris agonisants qui déchiraient le brouillard.

La pauvre humanité venait d'offrir un nouvel holocauste au dieu Progrès.

Chapitre XXVII

*Et dabo vobis pastores juxta cor
meum.*

*Je vous donnerai des pasteurs selon
mon cœur.*

JEREM. III, 15.

À trois heures la Chambre s'était réunie. Presque au
début de la séance, le président du comité d'enquête
donna lecture du rapport constatant que Lamirande
n'avait produit aucune preuve à l'appui de son accusation et qu'il avait cependant refusé de la retirer. Un
député ministériel anglais se lève et propose que le
député de Charlevoix soit invité par le président de la
Chambre à retirer son accusation et à faire amende
honorable au secrétaire d'État. Vaughan et Houghton
interviennent et demandent que l'on retarde l'adoption
de cette proposition jusqu'au retour de Lamirande.

— J'ai une dépêche de lui, dit Houghton, m'annonçant qu'il partait de Montréal par le train d'une heure
et qu'à son arrivée ici il aurait des explications à donner à la Chambre. Il peut arriver d'une minute à l'autre.

À ce moment on remet un télégramme à Montarval. Par un effort suprême, il réussit à prendre un air
grave et consterné en lisant la dépêche.

— Malheureusement, dit-il, nous n'entendrons
jamais les explications de notre collègue. Je viens de
recevoir une dépêche qui annonce une affreuse nou-

velle que la Chambre apprendra avec une profonde douleur.

Puis, il donna lecture du télégramme.

« Pointe Gatineau, 12 mars, 3 heures de l'après-midi. Il vient de se produire, à deux milles d'ici, une terrible catastrophe. Le train numéro 9, parti de Montréal à 1 heure, a déraillé pendant qu'il marchait à une vitesse de quatre-vingts milles à l'heure. Le convoi est tombé d'une hauteur considérable et a été mis en pièces. Impossible en ce moment de donner la liste des tués et des blessés, mais le nombre des victimes est très considérable. Sept personnes seulement n'ont pas été blessées ou n'ont reçu que des contusions relativement légères. Ce sont Michel Panneton et Georges Bouliane, d'Aylmer, Pierre Fortin, de Hull, John McManus et James Woodbridge, d'Ottawa, Thomas Miller, de Toronto et Andrew King, de Montréal. »

— Comme vous voyez, monsieur le président, continua Montarval, le nom de notre collègue n'est pas sur cette liste. Il y a donc tout lieu de craindre qu'il ne soit parmi les morts ou les blessés. C'est vraiment terrible, et je ne trouve pas d'expression pour rendre la douleur que j'éprouve. Notre collègue, il est vrai, s'était mis dans une fausse position, mais je l'ai toujours cru de bonne foi, j'étais convaincu qu'il avait été cruellement mystifié et qu'il finirait par reconnaître loyalement son erreur. Personne plus que moi ne regrette sa mort prématurée, si réellement il est mort ; personne plus que moi n'a pour lui de plus vives sympathies s'il est blessé.

En parlant ainsi ce comédien accompli avait des larmes dans la voix. On aurait juré que son chagrin était sincère.

La séance fut suspendue pour donner à l'émotion le temps de se calmer. De nouvelles dépêches ne firent que confirmer la première. Houghton, Vaughan et quelques autres députés partirent pour le lieu du sinistre. Vers quatre heures, le président reprit son siège et la séance continua. Le premier ministre demanda que la deuxième lecture du projet de constitution fût votée. Nous lèverons ensuite la séance, dit-il.

Le président mettait la question aux voix, lorsqu'une rumeur, des exclamations de surprise l'interrompirent. Montarval devint livide. Lamirande et Leverdier venaient d'entrer.

Rendu à son siège, Lamirande prit aussitôt la parole.

— Monsieur le président, avant que vous mettiez la question aux voix je demande la permission de faire quelques observations. Ou plutôt, pour avoir le droit de les faire, je propose que le débat sur la deuxième lecture du *bill* soit ajournée. Et d'abord, monsieur le président, on a paru surpris de nous voir en vie, le député de Portneuf et moi. Je m'explique cette surprise, car je viens d'apprendre l'épouvantable catastrophe arrivée au train sur lequel on nous croyait et sur lequel nous étions effectivement en partant de Montréal. Si nous ne sommes pas parmi les morts et les blessés là-bas, au lieu d'être sains et saufs ici, c'est que saint Michel, quoi qu'en pensent les lucifériens, est plus fort que Satan. Un incident providentiel nous a fait quitter, à Mile End, le train qui devait périr. La terrible calamité qui vient d'arriver me désole d'autant plus que j'en suis en quelque sorte la cause involontaire. En effet, cette calamité n'est pas le fruit d'un accident, mais d'un crime. Les dernières dépêches, que j'ai lues au moment d'entrer dans cette enceinte, disent que l'on a découvert que l'accident a été causé par le déplacement d'un rail et que l'on est sur la piste de deux individus à mine suspecte que l'on a vus sur la voie non loin de l'endroit où le déraillement s'est produit. Les dépêches ajoutent que parmi les morts est un nommé Duthier, huissier de cette Chambre. Sur lui on a trouvé une dépêche, sans signature, mais datée d'Ottawa et ainsi conçue :

« Au chef de la gare à Mile End pour être remis à l'huissier Duthier sur le train d'une heure de Montréal à Ottawa. » « Avis important. Ne pas prendre même train que prennent deux amis. »

— Ce qui indique clairement, continua Lamirande, que quelqu'un à Ottawa avait des raisons de croire que le train sur lequel se trouvaient les deux amis n'était pas très sûr. Évidemment, le pauvre Duthier a mal compris l'avertissement. Voyant les deux amis quitter le train à Mile End, il crut pouvoir continuer sa route sans inconvénient. Son manque de perspicacité lui a coûté la vie. Ces deux amis, avec lesquels il ne faisait pas bon voyager, c'étaient, sans aucun doute, le député de Portneuf et votre humble serviteur. Depuis la mort de M. Ducoudray, j'étais constamment suivi par ce malheureux Duthier. Je ne pouvais faire un pas sans l'avoir à mes trousses. Maintenant, pourquoi ne faisait-il pas bon de voyager en compagnie de ces deux amis ? Quand vous connaîtrez, monsieur le président, les documents qu'ils portaient, vous comprendrez pour quelle cause le train qu'ils avaient pris ne devait pas se rendre à destination. Vous comprendrez aussi à quelle inspiration ont dû obéir les deux malfaiteurs qui ont déplacé le rail.

Les députés et les spectateurs qui remplissaient les tribunes respiraient à peine. On aurait pu entendre voler une mouche ou courir une souris, tant le silence était absolu. Lamirande continua :

— Maintenant, monsieur le président, toujours a l'appui de ma motion que ce débat soit ajourné, permettez que je donne lecture à cette Chambre d'une lettre collective des archevêques et évêques des provinces ecclésiastiques de Québec, de Montréal et d'Ottawa, lettre que S. G. l'archevêque de Montréal m'a remise aujourd'hui même.

« Archevêché de Montréal, ce 11 mars 1946.

« À monsieur Joseph Lamirande, député à la Chambre des Communes d'Ottawa et aux autres députés de cette Chambre.

« Messieurs les députés,

« La Chambre des Communes est actuellement saisie d'un projet de constitution destiné, s'il devient loi, à établir une nouvelle confédération de toutes les provinces canadiennes. Beaucoup de personnes sont d'avis que cette constitution projetée est bien trop centralisatrice ; qu'elle cache des pièges nombreux ; qu'elle serait désastreuse pour la liberté religieuse des catholiques et la nationalité canadienne-française à cause des pouvoirs exorbitants qu'elle accorde au gouvernement central. Nous n'avons pas l'intention de discuter ce projet de constitution en tant qu'œuvre politique ; mais nous avons un devoir plus grave à remplir. Nous avons le devoir de vous déclarer que cette constitution que vous étudiez a été élaborée, clause par clause, non pas au sein du cabinet, comme vous et le public le supposez, mais au fond des loges maçonniques. Cette affirmation, si invraisemblable qu'elle puisse vous paraître, nous sommes en état de l'établir par des preuves irrécusables.

« Vous savez tous que le jury du coroner, qui a fait une enquête sur la mort du journaliste Ducoudray, a déclaré que ce malheureux avait été assassiné par ordre de quelque société occulte dont il avait révélé les secrets à l'archevêque de Montréal. En effet, la veille de sa mort, frappé par la grâce et sincèrement converti, M. Ducoudray a remis entre les mains de l'archevêque de Montréal toutes les archives de la société dont il avait été, depuis plusieurs années, le secrétaire. Nous n'avons pas besoin de vous dire le sublime courage dont ce sectaire converti a fait preuve : le récit en a été fait à l'enquête. Mais ce qui n'est pas encore connu du public, c'est la nature des secrets qu'il a confiés à l'autorité religieuse. Eh bien ! les documents qu'il a remis à l'archevêque de Montréal, et dont l'authenticité ne saurait être révoquée en doute, établissent qu'il existe en cette province une société horrible, une société de satanistes ; d'hommes qui invoquent et adorent Satan et qui ont juré une haine à mort à Notre-Seigneur Jésus-Christ et à Son Église. C'est au sein de cette société qu'a été discuté, élaboré et adopté, ligne par ligne, paragraphe par paragraphe, le projet de constitution qui vous est soumis. Et cette société infernale a adopté ce projet parce qu'elle y voyait le moyen le plus efficace possible de détruire la religion catholique en ce pays, ainsi que la nationalité canadienne-française, principal rempart de l'Église au Canada.

« Tout cela, nous le savons, vous paraîtra incroyable. Nous avons confié à monsieur Lamirande des copies photographiées de ces documents. Examinez-les. Vous y trouverez la preuve de ce que nous affirmons. Les originaux sont déposés à l'archevêché de Montréal où vous pouvez les consulter. Parmi les documents, il y en a un que monsieur Ducoudray a préparé à l'archevêché de Montréal : c'est une liste des principaux membres de la société satanique. En tête de cette liste se trouvent les noms de monsieur Aristide Montarval et de sir Henry Marwood.

« Au nombre des manuscrits remis à l'archevêque de Montréal il y en a qui portent cette signature : « Le Grand Maître ». L'archevêque a fait examiner ces manuscrits par trois experts qui les ont comparés avec des lettres de monsieur Montarval et qui déclarent que l'écriture de ces papiers de la société secrète est identiquement la même que l'écriture des lettres. On trouvera l'attestation des experts parmi les pièces justificatives confiées à monsieur Lamirande.

« Enfin, monsieur Ducoudray a déclaré à l'archevêque de Montréal, de la manière la plus solennelle, que le récit mis en circulation par son journal, *la Libre-Pensée,* d'une prétendue tentative que monsieur Lamirande aurait faite de vendre son influence au gouvernement, est une noire et abominable calomnie, inventée par le chef de la société, monsieur Montarval ; que c'est, au contraire, le premier ministre qui a voulu corrompre monsieur Lamirande.

« Maintenant, messieurs, vous vous demanderez, sans doute, comment il se fait que nous ayons gardé si longtemps le silence. La raison, la voici. À peine monsieur Ducoudray fut-il assassiné que l'archevêque de Montréal a commencé à recevoir des lettres anonymes menaçant de mort tous les prêtres du pays si les secrets de la société étaient révélés. Dans ces lettres, on avait soin de ne pas menacer l'archevêque de Montréal lui-même. Il était décidé, tout d'abord, à garder le silence, n'osant pas exposer la vie de ses prêtres et des prêtres des autres diocèses ; car le meurtre de Ducoudray était une preuve que ces menaces n'étaient pas vaines. Les prêtres, mis au courant de la situation, ont prié, ont supplié, d'une voix unanime, l'archevêque de Montréal de faire connaître le complot ourdi contre l'Église et la nationalité française, quelles que puissent être, pour le clergé, les conséquences de cette révélation. En face de cette abnégation, l'archevêque de Montréal n'a pas cru devoir se taire plus longtemps. Il réunit ses collègues et leur communiqua toutes les pièces à lui confiées par Ducoudray. Après avoir mûrement examiné toutes choses, nous sommes tous d'avis que ces documents sont d'une authenticité incontestable.

« Voilà, messieurs les députés, la situation exposée aussi simplement que possible. Nous avons à peine besoin de vous conjurer de mettre de côté tout esprit de parti, toute considération personnelle ou politique et de vous unir étroitement, afin de repousser cette législation satanique qu'on vous soumet. Vous comprendrez, nous en sommes convaincus, qu'aucun député catholique ne peut, en conscience, voter un projet de constitution élaborée par une société impie, expressément en vue de détruire la religion catholique en ce pays. Votre devoir impérieux est de rejeter une telle législation. Nous croirions insulter à votre intelligence, à votre foi et à votre patriotisme en insistant davantage sur ce qu'il convient de faire. Aucun de vous, nous en sommes persuadés, ne sera traître à son rôle de député, de catholique et de Canadien français. Aucun de vous ne se laissera duper par des sophismes qui, quelque spécieux qu'ils puissent être, ne sauraient vous faire oublier qu'on vous invite à sanctionner une législation préparée par le satanisme en vue de détruire parmi nous le règne social de Jésus-Christ. »

— Ce document, continua Lamirande, porte, je le répète, les signatures de tous les archevêques et évêques du Canada français. Ajouter à cette lettre le moindre commentaire ce serait l'affaiblir. Je me contente donc de proposer que le débat soit maintenant ajourné.

Au silence absolu qui avait régné pendant la lecture de la lettre épiscopale succède, tout à coup, une véritable tempête d'exclamations, d'interpellations, de cris de colère. Tous les députés catholiques quittent leurs sièges et se précipitent vers Lamirande. Ils l'entourent, ils lui serrent les mains, ils le félicitent, ils lui demandent pardon. Celui qu'ils étaient disposés, il y a une demi-heure à peine, à chasser de l'enceinte parlementaire, tous le reconnaissent et l'acclament maintenant comme leur chef. Les quatre ministres catholiques laissent leurs collègues, traversent la Chambre et vont se joindre au groupe qui entoure Lamirande. C'est une scène indescriptible. Le président, voyant qu'il lui est impossible de maintenir l'ordre, déclare la séance suspendue jusqu'à huit heures et abandonne le fauteuil. À ce moment, rentrent Houghton, Vaughan et les autres députés qui s'étaient rendus au lieu de l'accident. En quelques instants on les met au courant de ce qui vient de se passer.

— Eh bien ! mon cher Vaughan, s'écrie Lamirande, tu me disais l'autre jour que tu ne me comprenais pas. Me comprends-tu maintenant ?

— Oui, je te comprends et je t'admire !

— J'ai prouvé tout ce que j'ai avancé, n'est-ce pas ?

— Même davantage !

— Et maintenant, en face de cette preuve, vas-tu me répéter, sérieusement, que tu es prêt à voter quand même cette constitution ?

— Oui, parce que, malgré son origine exécrable, pour moi, cette constitution est bonne.

— Alors, cher ami, c'est à mon tour de dire : je ne te comprends pas ! J'ajoute que tu m'aurais causé infiniment moins de peine en votant mon expulsion de la Chambre, qu'en donnant ton appui à cette œuvre d'iniquité.

Vaughan fut visiblement ému et embarrassé.

— C'est toujours la même réponse, dit-il. Tu as la foi, je ne l'ai pas. Tu crois que la religion est le bien suprême de l'homme, et moi je me demande toujours si la vie humaine, comme la vie animale, ne finit pas à la mort. Pour toi, l'au-delà est une certitude, pour moi, c'est un problème que je ne puis résoudre.

Et le jeune Anglais s'en alla pensif et triste.

Les députés français et catholiques, ainsi que Houghton et ses partisans, se réunirent dans le bureau de l'opposition pour examiner les documents que Lamirande avait en sa possession et pour discuter la situation. Aucun d'eux ne songeait à aller dîner.

— Personne ne manque à l'appel, dit l'un des ministres, ou plutôt ex-ministres, car les collègues catholiques de sir Henry avaient démissionné séance tenante.

On fit l'appel nominal d'après une liste des députés qu'on s'était procurée. Pas un député de l'opposition, pas un député catholique ne manquait... excepté Saint-Simon.

— Je suis prêt à mettre ma main dans le feu si ce misérable n'est pas en ce moment avec Montarval, s'écria Leverdier.

Chapitre XXVIII

Erunt proditores.

Il y aura des traîtres.

II. Tim. III, 4.

Effectivement, il y était. Profitant de la confusion qui suivit les révélations de Lamirande, Montarval s'était esquivé de la Chambre ; et, en partant, il avait fait un signe impérieux à Saint-Simon de le suivre. Celui-ci hésita un instant. Sa conscience lui cria : « N'obéis pas, malheureux ! » Ce cri, il l'entendit, malgré le bruit. Il l'aurait entendu au milieu d'une tempête, au fort d'une bataille ; car cette faible voix intérieure domine tous les bruits du dehors, si formidables soient-ils. Au lieu de suivre Montarval, il fit deux pas vers Lamirande. Puis la pensée lui vint que Montarval pouvait le ruiner. « Pourquoi l'exaspérer inutilement ? se dit-il ; il n'y a pas de mal à aller voir ce qu'il me veut. » Et il suivit le tentateur. Il venait de repousser, de fouler aux pieds la dernière grâce. À partir de ce moment la voix intérieure cessa de se faire entendre, et il descendit à l'abîme sans plus de résistance.

— Comme vous le voyez, lui dit Montarval, lorsque les deux furent rendus dans un cabinet particulier réservé aux ministres ; comme vous le voyez, la position est critique. Il faut se montrer à la hauteur de la situation. Jusqu'ici votre rôle a été facile. Vous nous

avez aidés en *combattant* notre politique, en nous atta-
quant, en nous injuriant. Ce rôle est fini. Maintenant
vous devez en prendre un autre tout opposé.

— Vous ne voulez pas dire que je dois parler en
faveur de votre projet de constitution que j'ai condamné avec tant de violence ?

— Vous ne parlerez pas, si cela vous gêne. À
l'heure qu'il est, du reste, les paroles sont inutiles. Mais
vous voterez avec nous.

— Voter cette constitution que j'ai tant dénoncée,
et cela au moment même où tous mes compatriotes la
repoussent avec indignation ! Mais vous voyez bien
que c'est une impossibilité. Je serais à jamais
déshonoré !

— Et si vous ne la votez pas, vous serez non seulement déshonoré, mais ruiné par-dessus le marché.

— Que voulez-vous dire ? balbutia le malheureux.

— Voici. Vous le savez, je puis prouver que vous
vous êtes vendu au gouvernement et je puis vous jeter
sur le pavé. Je ferai l'un et l'autre si vous ne votez pas
comme je veux.

— Mais c'est une cruauté inutile. Un vote de plus
ou de moins ne peut pas changer le résultat. Je ne voterai pas contre, cela devrait vous suffire.

— Cela ne me suffit pas, parce qu'un seul vote
peut faire pencher la balance d'un côté ou de l'autre. Le
président de la Chambre, j'en suis convaincu, est contre
nous. Il ne faut donc pas qu'il y ait égalité de voix.
Tous les députés catholiques voteront contre nous, et en
quittant la Chambre j'ai vu plusieurs députés ministériels non catholiques qui entouraient Lamirande. Le
résultat peut dépendre de votre voix. Il me la faut,
entendez-vous !

Et le ministre s'en alla brusquement, laissant le

misérable député en proie, non au remords qui sauve, mais à la rage, au désespoir qui perd.

* * *

À la réunion des députés opposés au gouvernement, il fut décidé que l'on précipiterait le dénouement, en insistant sur la mise aux voix de la deuxième lecture, dès l'ouverture de la séance, à huit heures. Si nous devons avoir la majorité, disaient Houghton et Lamirande, nous l'aurons ce soir, avant que Montarval ait le temps de nouer d'autres intrigues.

La Chambre était au grand complet. Elle se composait de 243 membres, sans compter le président qui, on le sait, ne vote que lorsqu'il y a partage égal des voix. Si tous les députés votaient, ce partage égal ne pourrait pas se produire.

Les tribunes regorgeaient de monde. Une agitation fiévreuse régnait partout. L'assemblée était houleuse. Le président, en prenant son siège, put difficilement obtenir un peu de silence et un ordre relatif.

Aussitôt que la séance est ouverte, éclatent les cris connus : *Question ! Question ! Aux voix ! Aux voix !* Personne ne se lève pour parler. Les ministres paraissent aux abois. Sir Henry, d'ordinaire si habile à discerner ces courants dangereux qui se forment subitement au sein des assemblées, à les diriger, tout en ayant l'air de les suivre, semble réduit à quia. Montarval lui-même, si fécond en ressources, ne trouve plus rien. On aurait dit que, désespéré, il attendait la fin. Et les cris : *Question ! Aux voix !* redoublent. Enfin Vaughan se lève. Le silence se fait aussitôt.

—Monsieur le président, dit-il, je ne puis laisser mettre la deuxième lecture aux voix sans donner un mot d'explication, sans dire ce que je pense de la proposition qui nous est faite. J'ai examiné les documents confiés par l'archevêque de Montréal à mon ami le député de Charlevoix. Leur parfaite authenticité ne saurait être mise en doute. Il est donc établi que le projet de constitution dont la Chambre est saisie est l'œuvre, non du cabinet, mais d'une société occulte. Le secrétaire d'État et le premier ministre sont les deux principaux chefs de cette organisation secrète. Je déteste les associations de ce genre, les intrigues ténébreuses qui ne sont ténébreuses que parce qu'elles sont criminelles. C'est dire assez clairement que je n'ai plus aucune confiance dans le premier ministre et son collègue le secrétaire d'État. C'est dire aussi que le ministère actuel doit disparaître. Toutefois, et bien que la conduite de ces deux ministres ne m'inspire que du dégoût, je voterai la deuxième lecture de ce projet de constitution parce cette œuvre politique, malgré le vice de son origine, me paraît bonne. Que le but des auteurs de ce projet ait été de nuire à l'Église catholique et à l'élément français, c'est indiscutable. Ils ont agi par haine, par passion. Je condamne leurs motifs ; mais, enfin, le résultat de leur travail, je ne puis que l'approuver. Je suis favorable, j'ai toujours été favorable à l'établissement d'un grand Canada avec un gouvernement fort ; à la fusion des races ; à un peuple uni, parlant une seule langue, la langue anglaise. Quant à l'Église catholique, je ne lui suis certes pas hostile ; car si dans le monde entier il existe une religion qui possède quelque droit au respect et à la reconnaissance de l'humanité, c'est la religion catholique romaine, la seule raisonnable, la seule logique. Mais, enfin, je suis d'avis que les intérêts du pays, du grand Canada que je veux aider à établir, doivent passer avant les intérêts d'une société religieuse quelque respectable qu'elle soit. Si l'Église catholique doit se trouver mal du régime proposé, je le regrette sincèrement ; ce regret ne constitue cependant pas une raison suffisante pour moi de repousser ce projet de constitution. Sans doute, je penserais, je parlerais, et je voterais autrement si j'étais un catholique fervent comme l'est mon bon et cher ami le député de Charlevoix à qui, je le sais, je fais terriblement de la peine en ce moment. Mais je ne le suis pas. Je suis partisan de la grandeur matérielle. Je ne puis m'élever à une région plus haute, que j'entrevois, mais qu'il m'est aussi impossible d'atteindre qu'il est impossible aux habitants de la basse-cour de suivre l'aigle dans son vol vers les astres. Le régime politique qu'on nous propose m'offre tout ce que je puis comprendre, tout ce que je puis croire : la grandeur politique de mon pays. Je l'accepte, tout en méprisant souverainement la main qui nous la présente.

Cet étrange discours où se traduisaient les doutes, les faiblesses, les contradictions, les aspirations vagues de cette pauvre âme que Dieu et le démon se disputaient, produisit une profonde impression sur la Chambre. Il y eut un moment de silence. Montarval se pencha vers sir Henry et lui glissa tout bas quelques mots à l'oreille. Le premier ministre sourit : il avait trouvé le *joint*. Vaughan, sans le soupçonner, avait tendu aux ministres naufragés une planche de salut.

— Monsieur le président, dit le premier ministre, je remercie vivement l'honorable député qui vient de parler. Je le remercie de l'attitude si patriotique qu'il prend en ce moment de crise. Sans doute, je regrette de constater qu'il n'a plus confiance dans le cabinet, mais je me réjouis de voir qu'il sait distinguer entre les ministres et leur politique ; entre les fautes qu'ils ont pu commettre en élaborant ce projet de constitution, et ce projet lui-même. J'avoue qu'il y a eu des imprudences de commises ; j'avoue que les documents que l'on a produits, et dont je ne conteste pas l'authenticité, jettent un certain louche sur ma conduite et sur celle de mon collègue, le secrétaire d'État. Sans doute, les auteurs de la lettre collective, qu'on a lue ici cet après-midi, exagèrent beaucoup notre culpabilité ; mais je confesse que, dans notre désir, peut-être trop ardent, d'assurer le succès de la grande œuvre politique que nous avions entreprise, nous avons été imprudents dans le choix des moyens. Aussi sommes-nous bien décidés à subir, sans mumurer, le châtiment dû à cet excès de zèle, à cette faute, si vous voulez. Nous avons l'intention d'abandonner la direction des affaires, dès que nous le pourrons sans manquer de patriotisme. Mais avant de nous en aller, nous voulons voir cette constitution adoptée ; nous voulons que l'établissement d'un Canada uni, d'un grand Canada soit chose réglée. Nous ne demandons pas un vote de confiance à la Chambre. Nous nous engageons à ne pas considérer l'adoption de la constitution proposée comme un vote de confiance dans le cabinet actuel. Nous demandons seulement aux députés de rester fidèles à eux-mêmes ; de ne pas se déjuger, parce que deux ministres ont manqué de prudence ; de ne pas rejeter un projet qu'ils ont déclaré bon, parce que ce projet a été discuté ailleurs que dans le cabinet. Nous ne leur demandons pas de nous épargner, mais nous avons assez de confiance dans leur patriotisme pour croire qu'ils ne blesseront pas le pays en voulant nous frapper. Qu'ils mettent la dernière main à l'établissement du Canada uni en votant cette constitution, et ils n'auront pas besoin de nous signifier notre congé ; nous nous en irons de nous-mêmes, heureux de n'avoir à nous reprocher qu'un excès de zèle en faveur d'une grande cause. Sans doute, si nous n'écoutions que nos sentiments personnels nous pourrions démissionner immédiatement et laisser à d'autres le soin de conduire l'entreprise à bonne fin. Ce serait dangereux et peu patriotique de notre part. Une crise ministérielle en ce moment pourrait entraîner des complications que nous regretterions ensuite. Encore une fois, qu'on assure l'avenir de la patrie en la dotant de cette constitution, qui a déjà été ratifiée une première fois par l'immense majorité de cette Chambre, que les députés accomplissent ce devoir de patriotisme ; puis nous ferons le nôtre, en remettant notre démission entre les mains de Son Excellence.

Ce discours habile produisit un effet marqué sur les députés ministériels anglais, moins un petit nombre. Les députés ministériels français, dans une autre circonstance, se seraient peut-être laissé prendre aux gluaux du rusé premier ministre ; mais aujourd'hui le voile est complètement déchiré. Ils voient clairement l'abîme vers lequel ils marchaient. En ce moment les sophismes de sir Henry sont impuissants à leur remettre le bandeau sur les yeux.

Sir Henry et Montarval s'aperçoivent de l'état des esprits et comprennent qu'ils ont fait tout ce qu'ils ont pu pour fortifier leur position.

C'est un coup de dé, dit Montarval à Sir Henry. La majorité sera bien faible d'un côté ou de l'autre. Nous n'avons rien à gagner en temporisant.

Et il se met à crier, lui aussi : « Aux voix ! Aux voix ! »

Le président met d'abord aux voix l'amendement traditionnel proposé par Houghton et Lamirande : « Que ce *bill* ne soit pas lu une deuxième fois

maintenant, mais dans six mois ». « Tous ceux qui sont
en faveur de l'amendement voudront bien se lever »,
dit-il. Jamais on n'avait voté à Ottawa sous le coup
d'une pareille émotion. L'un après l'autre, les députés
favorables au rejet du *bill* se lèvent. Ils sont au nombre
de 121. Saint-Simon, le chapeau rabattu sur les yeux,
n'a pas bougé. Un frémissement parcourt les rangs
des députés français. Un grondement sourd se fait
entendre.

— À l'ordre, messieurs, dit le président. Tous ceux
qui sont contre l'amendement voudront bien se lever.

L'assistant-greffier crie les noms des votants,
pendant que le greffier les enregistre. Parmi les noms
de ceux qui votent contre le renvoi du *bill* à six mois,
contre son rejet, est celui de Saint-Simon. Les sifflets
éclatent, menaçants. C'est avec difficulté que le président les peut faire cesser suffisamment pour permettre
aux greffiers d'achever l'enregistrement des voix.
Enfin, la tâche est finie. Le greffier en chef, visiblement ému, annonce le résultat du scrutin.

—Pour l'amendement, 121 : contre, 122.

—*The amendment is lost*, l'amendement est rejeté,
dit le président.

Une tempête accueille ces paroles. Du côté ministériel, ce sont des applaudissements frénétiques ; du
côté de l'opposition, des cris de colère et de malédiction, des sifflets et des huées. Cette scène indescriptible
dure cinq minutes. Le président ne peut rien faire pour
rétablir l'ordre. C'est Lamirande qui réussit enfin à
obtenir un peu de silence.

—Les noms ! dit-il, je demande les noms.

Alors le greffier lit, par ordre alphabétique, les
noms de ceux qui ont voté pour l'amendement, puis les
noms de ceux qui ont voté contre.

Cette formalité remplie, Lamirande se lève de nouveau.

— Monsieur le président, dit-il, je vois que le nom du député du comté de Québec se trouve parmi les noms de ceux qui ont voté contre l'amendement. Comme il est parfaitement connu que l'honorable député s'est déjà montré très hostile au projet, j'ai lieu de supposer qu'il a voté par erreur contre le renvoi du *bill*.

C'est tout ce que le règlement lui permet de dire.

Cet appel n'a aucun effet. Le malheureux n'hésite pas un instant.

— Ce n'est pas une erreur, dit-il.

Nouvelle tempête de huées et de sifflets auxquels se mêlent les cris de : Traître ! Vendu !

Le président a perdu tout contrôle sur l'assemblée. C'est encore Lamirande qui parvient à rétablir un peu d'ordre.

— C'est maintenant, dit le président, la question principale, la deuxième lecture qui est mise aux voix.

Le règlement permet de parler : Saint-Simon se lève, pâle, hagard. Le silence se fait aussitôt, car tous sont curieux d'entendre ce qu'il peut bien avoir à dire pour expliquer sa volte-face.

— Monsieur le président, clame-t-il d'une voix fausse et criarde, je désire répondre aux injures dont j'ai été l'objet, en donnant la raison qui m'engage à voter cette constitution que j'ai naguère combattue. C'est tout simplement, pour moi, une question de choisir le moindre de deux maux. Je me suis vivement opposé au projet de constitution qui nous est soumis, et je le trouve encore mauvais ; mais quand je songe que si l'opposition réussit à le faire respecter, la province de Québec tombera peut-être entre les mains du député de Charlevoix et de ses pareils, je ne puis me décider

297

à exposer le pays à un tel malheur. Le Canada uni qu'on veut établir laissera sans doute à désirer ; mais la Nouvelle France, fanatisée, intolérante, digne des temps de l'Inquisition et du Moyen Âge que le député de Charlevoix et ses amis veulent nous donner, serait tout simplement inhabitable. Je vais donc voter cette constitution que je n'aime pas pour épargner à notre province un malheur épouvantable.

Tant d'audace plongea l'assemblée dans une sorte d'étonnement mêlé de stupeur. Les députés français éprouvèrent un dégoût tellement profond que, ne trouvant plus aucun moyen de le manifester d'une manière suffisante, ils se turent. L'enregistrement des voix sur la deuxième lecture se fit au milieu d'un profond silence. Le résultat, du reste était connu d'avance.

—Pour, 122 ; contre, 121, dit le greffier.

—*The motion is carried.* La motion est adoptée, fit le président.

Puis la séance est levée, et les députés se réunissent par groupes, discutant avec bruit.

—Tout espoir n'est pourtant pas perdu, dit Lamirande à ses amis Leverdier et Houghton. Cette majorité d'une voix due à la trahison. Dieu ne peut pas permettre qu'elle fixe à tout jamais les destinées d'un peuple.

Chapitre XXIX

Cor hominis disponit viam suam ; sed Domini est dirigere gressus ejus.

Le cœur de l'homme prépare sa voie; mais c'est au Seigneur à conduire ses pas.

Prov. XVI, 9.

Le lendemain de la deuxième lecture, le projet de constitution entra dans la plus redoutable de toutes les épreuves qu'un projet de loi doive subir : l'épreuve du «comité général» ou «comité de toute la chambre». Le président quitte le fauteuil et appelle au bureau du greffier, pour présider le comité, le député que le promoteur du *bill* lui désigne, Sir Henry eut soin de faire confier ce poste important à un de ses partisans aveugles.

C'est en «comité général» qu'un *bill* est discuté article par article, clause par clause, examiné, tourné et retourné en tout sens. C'est pendant cette phase de la procédure qu'on propose les amendements. Chaque député a le droit de parler autant de fois qu'il juge à propos. On vote par assis et levé ; le greffier compte les votants, il n'enregistre pas les noms.

Pendant dix jours, l'opposition, qui se compose maintenant du parti de Houghton renforcé des députés catholiques, moins Saint-Simon, et de quelques députés anglais jadis partisans du ministère, livre au gouvernement et à son *bill* une succession d'assauts formidables mais inefficaces. Car bien que le président de la

Chambre devenu simple membre du comité général vote toujours avec l'opposition, sir Henry et Montarval ont réussi, Dieu sait au moyen de quelles influences inavouables et criminelles, à détacher de l'armée commandée par Houghton et Lamirande deux députés anglais. De sorte que l'opposition, en comptant pour elle la voix du président de la Chambre, se trouve réduite à 120, tandis que le parti ministériel compte maintenant 123, plus la voix du président du comité général acquise au gouvernement en cas d'un partage égal des voix résultant de l'absence momentanée de trois députés ministériels.

Lamirande et Hougthon multiplièrent leurs efforts auprès de Vaughan pour l'engager à repousser la constitution, ou du moins à consentir à des amendements qui en eussent extrait une forte partie du venin que Montarval y avait mis. S'ils avaient pu gagner Vaughan à leur cause, ils auraient triomphé du coup, car ce jeune député était le chef reconnu d'un groupe de sept ou huit. Tous ces députés étaient prêts à se détacher du parti ministériel si Vaughan leur en avait donné le signal ; mais aucun ne voulut le faire sans la permission du « capitaine ». C'était donc Vaughan qui tenait la clé de la situation. Il resta sourd aux arguments de Houghton, aux prières, aux supplications de Lamirande.

— Si je croyais à l'Église catholique comme tu y crois, disait-il un jour à Lamirande, le *bill* actuel n'aurait pas un adversaire plus acharné que moi.

— Et qu'est-ce qui t'empêche de croire, comme moi, à l'Église catholique ? répliqua son ami.

— J'ai comme un bandeau sur les yeux de l'intelligence ; il y a comme un voile qui me cache la lumière... Si je pouvais le déchirer !

— Aucun pouvoir humain ne peut ni enlever ni

déchirer ce bandeau, ce voile, qui est très réel, nullement imaginaire. Nous, les croyants, nous le connaissons, l'Église le connaît, puisque, au jour solennel du Vendredi saint, elle demande à Dieu de l'enlever aux Juifs : « *Ut Deus et Dominus noster auferat velamen de cordibus eorum...* » Veux-tu réellement que ce bandeau soit enlevé, non de ton intelligence, car il n'est pas là, mais de ton cœur — *de corde tuo* ?

— Sans doute, je le voudrais !

— Ah! Tu le voudrais ! Je te demande de me dire : je le veux. Je le voudrais et je le veux, tu le sais comme moi, n'ont nullement la même signification. *Je voudrais* n'a jamais soulevé une paille, tandis que *je veux* transporte les montagnes. Des milliers de gens qui descendent en enfer ont répété toute leur vie : je voudrais me sauver... Voilà, mon ami, la différence entre *je voudrais* et *je veux*.

— La différence est grande, je le comprends. Aussi, je ne dis plus je voudrais croire, mais je veux croire.

— Eh bien! si tu veux réellement croire tu vas prendre les moyens d'y arriver. La foi est un don gratuit de Dieu, sans doute. Comme tu disais, l'autre jour, *Spiritus ubi vult spirat*. Seulement, il ne faut pas abuser de ce texte. Il ne nous dispense pas de tout effort. L'esprit de Dieu souffle où il veut, mais il souffle sur celui qui s'en montre digne. Le libre arbitre et la grâce, la part de l'homme et la part de Dieu dans l'œuvre du salut, voilà un profond mystère. Chose certaine, toutefois, c'est que, pour le salut, il faut la grâce et la correspondance à la grâce, l'aide de Dieu sans laquelle l'homme ne peut rien faire d'efficace, et l'effort, le *je veux* de l'homme sans lequel la grâce de Dieu resterait sans effet. Car Dieu, comme dit saint Augustin, qui nous a créés sans nous, ne nous sauve pas sans nous. Et bien qu'Il ne donne pas les mêmes grâces à tous, à tous Il en donne assez pour les sauver s'ils voulaient y correspondre. En ce moment, il te donne la grâce de dire *je veux croire*. À toi de correspondre à cette grâce en demandant la foi. Tu connais les prières de l'Église. Promets-moi de réciter, chaque jour, d'ici à quelque temps, trois *Ave Maria* et le *Salve Regina,* pour obtenir la foi en Notre-Seigneur Jésus-Christ, Fils de Marie.

— Et tu penses que cela sera suffisant pour m'obtenir la foi ?

— Je sais que cette prière, faite dans l'intention de correspondre à la grâce que Dieu te donne de désirer la foi, t'obtiendra une nouvelle grâce. Cela, j'en suis certain. Quelle sera la nature de cette nouvelle grâce ? Sous quelle forme se présentera-t-elle ? Quand se présentera-t-elle ? Je l'ignore, naturellement. Tout ce que je sais bien, c'est que toute grâce à laquelle il y a correspondance, de notre part, nous attire une nouvelle faveur, infailliblement. Par exemple, prends bien garde de résister à cette nouvelle grâce quand elle s'offrira. Elle peut arriver tout à coup ; elle peut ne faire que passer devant toi pour ne plus jamais revenir.

— Si je pouvais voir quelque miracle, quelque manifestation du surnaturel !

— Mais tu pourrais voir ressusciter un mort sans obtenir la foi !

— Pourtant, un semblable prodige me prouverait que le surnaturel existe.

— Tu es tout environné de preuves de l'existence du surnaturel et tu n'y crois pas ! Les miracles ne convertissent pas toujours. Souviens-toi de la malédiction de Notre-Seigneur ; « Malheur à toi, Corozaïn, malheur à toi, Bethsaïde, car si les miracles qui ont été faits au milieu de vous avaient été faits autrefois dans Tyr et Sidon, elles auraient fait pénitence dans le cilice et dans la cendre ». La vue des miracles ne donne pas toujours la foi ; du moins, cette foi qui sauve, cette foi féconde parce qu'elle est accompagnée d'un changement de vie, de bonnes œuvres, de sacrifices, de dévouement. Par contre, des milliers ont cru sans avoir jamais vu d'autre miracle que l'Église, ce « signe dressé au milieu des nations », selon les paroles du concile du Vatican. Mon cher ami, ne demande pas à voir des miracles ; car ils pourraient se lever contre toi, comme les miracles de Notre-Seigneur se lèveront au jour du jugement contre Corozaïn, Bethsaïde et Capharnaüm, ces villes qui voyaient des prodiges sans se convertir, et qui seront traitées plus durement que la terre de Sodome. Demande plutôt la force de vivre selon la foi. Car tu as beau dire, si tu veux creuser jusqu'au fond de ton cœur, tu verras que c'est là où se trouve le véritable obstacle.

—Il te semble donc que j'ai déjà la foi !

—En effet, si la foi n'entraînait pas un changement de vie ; si la foi en Notre-Seigneur Jésus-Christ n'imposait pas plus d'obligations morales que la croyance aux vérités mathématiques, te dirais-tu incroyant ? Tu crois que deux et deux feront toujours quatre, parce que, tout en le croyant, tu peux vivre à ta guise ; mais si cette croyance avait pour corollaire le pardon des injures, ou l'abandon de certains plaisirs, ou quelque autre sacrifice qui répugne à la nature humaine, tu te demanderais peut-être si, après tout, deux et deux font toujours quatre...

—C'est peut-être vrai, murmura Vaughan.

—Sois certain que c'est vrai. C'est là où se trouve le voile, le bandeau : sur le cœur. Remarque bien les paroles de la sainte liturgie que je citais tout à l'heure :

Ut auferat velamen de cordibus eorum. Vois-tu : *de cordibus,* non pas *de mentibus.*

— Je souffre terriblement, dit le jeune Anglais.

— Je comprends tes souffrances. Il se livre, dans ton âme, un combat formidable entre la grâce divine et Satan. Il y a longtemps que je suis avec anxiété les péripéties de cette lutte. Il me semble que nous touchons au moment décisif. Si tu veux que la grâce l'emporte sur Satan, prie : trois *Ave* et le *Salve Regina* chaque jour...

Puis, comme parlant à lui-même, il ajouta à mi-voix :

— Je le sens, la crise par laquelle passe cette âme est intimement liée à la crise de notre patrie. Si cette âme succombe, tout est perdu ; si elle triomphe, tout est sauvé. Ô mon Dieu ! faites qu'elle triomphe ; et si, pour mériter cette grâce, il faut un nouveau sacrifice, me voici !

Ces paroles, que Vaughan avait saisies, le touchèrent profondément.

— Je ferai ce que tu demandes, dit-il, je prierai...

Chapitre XXX

Amen quippe dico vobis, si habueritis fidem sicut granum sinapis, dicetis monti huic; transi hinc illuc, et transibit, et nihil impossibile erit vobis.

Je vous le dis, en vérité, si vous aviez de la foi comme un grain de sénevé, vous diriez à cette montagne : Transporte-toi d'ici à là, et elle s'y transporterait, et rien ne vous serait impossible.

MATT. XVII, 19.

Cette conversation avait eu lieu le soir du dixième jour après le commencement de la bataille « en comité général ». Le lendemain, il fut impossible de prolonger la lutte. La liste des amendements était épuisés : tous avaient été impitoyablement rejetés. Le gouvernement triomphait et beaucoup de membres de l'opposition étaient profondément découragés.

— C'est inutile de continuer la résistance, disaient les découragés à Houghton et à Lamirande. Vous voyez, nous avons fait tout ce qu'il était humainement possible de faire. Persister davantage dans notre opposition serait puéril. Soumettons-nous à l'inévitable. Nous tâcherons de tirer le meilleur parti possible de la situation qui nous sera faite dans la nouvelle confédération.

Houghton et Lamirande étaient contraints de céder. Le groupe de la résistance « quand même » était réduit aux deux chefs, à Leverdier et à deux ou trois autres. Le gros de l'armée était démoralisé. Vouloir le tenir plus longtemps sous le feu de l'ennemi, c'était s'exposer à une débandade.

Le comité général adopta donc le *bill* sans amendement, et la troisième et dernière lecture fut fixée au lendemain, 25 mars. Le matin du jour où devait commencer la lutte suprême, les deux chefs de l'opposition se rencontrent à l'hôtel du Parlement.

— Il faut, dit celui-ci à Houghton, il faut de toute nécessité livrer une dernière bataille sur la troisième lecture ; il faut retarder autant que possible la consommation de cette iniquité.

— Je suis bien de cet avis, répondit Houghton ; je suis décidé à faire de l'opposition, de l'obstruction même, aussi longtemps que nos gens voudront nous suivre. Ce ne sera pas bien long, je le crains. Se battre sans le moindre espoir de succès, ce n'est pas très gai, il faut l'avouer.

— Cependant, fit Lamirande, je n'ai pas perdu tout espoir !

— D'où peut bien venir le secours ?

— De Vaughan.

— Il est inconvertissable ! Vous et moi, mon cher Lamirande, avons épuisé sur lui toute notre logique, sans succès.

— Dieu peut faire, dans un instant, ce que nos arguments n'ont pu accomplir dans quinze jours.

— Sans doute, Dieu pourrait le faire. Le fera-t-il ?

— Je l'espère, j'espère qu'il se produira quelque grand...

Il ne termina pas sa phrase. On vint lui remettre un télégramme. Il l'ouvrit et lut. Un cri étouffé s'échappa de ses lèvres et la douleur se peignit sur ses traits.

— Mon Dieu, s'écria Houghton, quelle mauvaise nouvelle contient donc cette dépêche ?

Lamirande ne peut pas articuler une seule parole. Il tendit le papier fatal à son ami. Houghton y lut ce qui suit :

«Couvent de Beauvoir, le 15 mars 1946. À monsieur Joseph Lamirande, député, Ottawa. Marie est tombée subitement malade. Le médecin sans espoir. Si vous voulez la voir en vie, venez au plus vite. Sœur Antonin, supérieure ».

— C'est ma fille unique, dit Lamirande, ma seule joie en ce monde !

Houghton lui serra affectueusement la main :

— Pauvre ami ! pauvre ami ! murmura-t-il.

— Mon Dieu ! s'écria Lamirande, est-ce là le nouveau sacrifice que vous me demandez ! C'est trop ! C'est plus que ma vie que vous me prenez !

Et le pauvre père éclata en sanglots.

Au bout de quelques instants, il maîtrisa son émotion au point de pouvoir parler.

— Un train part bientôt pour Québec. J'emmènerai Vaughan avec moi. Il me faut quelqu'un, et vous aurez peut-être besoin de Leverdier... Tenez bon aussi longtemps que vous pourrez. Nous ne savons pas ce qui peut arriver d'ici à quelques heures. Je sens que la crise touche à sa fin. Cette fin sera-t-elle uniquement douloureuse ? Dieu seul le sait, et que Sa sainte volonté soit faite !

Il partit à la recherche de Vaughan et le trouva bientôt.

— Qu'y a-t-il donc ? dit celui-ci en voyant l'angoisse qui bouleversait ce visage d'ordinaire si calme.

307

Pour toute réponse, Lamirande lui remit l'horrible chiffon jaune. Vaughan ne peut que répéter ce que Houghton avait dit un instant auparavant.

— Pauvre ami !

— Tu viendras avec moi, n'est-ce pas ? dit Lamirande. Il me faut la présence d'un ami sympathique. Sans cela il me semble que mon cœur éclatera.

— Certainement, fit Vaughan. Je suis trop heureux de pouvoir te donner cette marque d'affection.

— Merci, mille fois ! Allons !

Il était midi. Le train pour Québec partait à une heure, arrivant à destination à six heures. Pendant le trajet les deux amis parlèrent peu. L'un était absorbé par sa douleur ; l'autre, préoccupé et tourmenté plus que jamais par le combat qui se livrait dans son cœur. Une prière revenait sans cesse sur les lèvres du père affligé : « Mon Dieu, je vous offre ma douleur pour obtenir la conversation de cette âme ! »

Au dehors, tout était morne. Du ciel de plomb la pluie tombait par torrents et fouettait les vitres avec rage. Dans les champs, les taches de neige alternaient avec les flaques d'eau ridées par le vent. Les chemins étaient remplis de boue et de glace couverte de fumier. Aucun signe de vie, sauf des bandes de corneilles qui se disputaient bruyamment les immondices accumulées pendant l'hiver. Rien de moins pittoresque et de moins poétique que nos campagnes canadiennes pendant le dégel. La nappe blanche qui couvrait la terre depuis des mois est déchirée et souillée, tandis que le tapis vert du printemps ne se dessine pas encore.

À mesure que le train, dans sa course vertigineuse, se précipite vers le nord-est, le paysage change d'aspect. Les taches de neige deviennent plus nombreuses, plus étendues. Enfin, aux environs du Saint-Maurice, qui est

308

la ligne de démarcation entre la partie orientale et la partie occidentale de la province, on ne voyait que les livrées de la saison rigoureuse.

Aux Trois-Rivières, il y a un arrêt de quelques instants. Un jeune employé du bureau de télégraphe monte sur le train et parcourt les différents wagons, criant d'une voix nasillarde : « Monsieur Lamirande est-il ici ? Un télégramme pour monsieur Lamirande ». Ces paroles banales tombent sur l'âme de Lamirande comme une montagne. Le malheureux se sent écrasé, anéanti. Il fait signe à Vaughan de prendre le télégramme. Quelles terreurs, quelles angoisses peut causer parfois un petit carré de papier jaune ! Vaughan n'ose pas présenter le télégramme à Lamirande qui le regarde avec une sorte d'épouvante. Ce chiffon insignifiant est pour lui un objet de terreur.

—Ouvre-le et lis, dit Lamirande. Mon Dieu ! ajoute-t-il, donnez-moi la force de subir cette épreuve en chrétien !

Vaughan décachète et déplie le papier d'une main agitée. Il lit :

« Couvent de Beauvoir, 2 heures de l'après-midi. À monsieur Joseph Lamirande à Trois-Rivières, sur le train venant d'Ottawa. Marie est au ciel. Que Dieu vous console ! Sœur Antonin. »

Bien qu'il s'y attendît, le coup fut terrible pour Lamirande. La prière de la bonne sœur ne fut pas exaucée : pour éprouver davantage son fidèle serviteur, Dieu ne le consola point. Au contraire, Il permit aux flots les plus amers de la douleur humaine de submerger ce cœur si tendre, si aimant. Il ne pouvait penser qu'à une chose : il était désormais seul dans le monde.

Son unique bien ici-bas lui était enlevé pour toujours. Pendant quelques instants il verrait un pauvre petit cadavre ; puis plus rien de cettte enfant tant aimée ; jamais plus une caresse, jamais plus un sourire. Ne songeant pas au bonheur de sa fille, ne se rappelant pas que la séparation, par rapport à l'éternité, n'est que momentanée, ne voyant que l'affreuse blessure faite à son cœur de père, il fut rudement tenté de murmurer contre la divine Providence, de dire que c'était injuste, qu'il ne méritait pas une telle affliction. Mais Dieu l'éprouvait seulement, Il ne l'avait pas abandonné ; et cette âme toute meurtrie, tout affaiblie qu'elle était, eut, avec la grâce de Dieu, la force de repousser toute pensée de révolte.

La nuit tombait lorsque les deux voyageurs s'engagèrent dans la longue allée bordée d'arbres conduisant du chemin Saint-Louis au couvent de Beauvoir perché sur la falaise qui domine le grand fleuve. Il pleuvait toujours tristement, et le vent gémissait dans les branches nues des érables et des bouleaux, dans les pins et les sapins sonores. Depuis la réception de la fatale dépêche, les deux amis n'avaient presque pas échangé une parole. Vaughan comprenait que la douleur de Lamirande était une de ces immenses afflictions que des paroles ne font qu'augmenter, qui ne peuvent s'adoucir que par un témoignage silencieux de sympathie.

On attendait Lamirande au couvent. Le père Grandmont le reçut à la porte. Il l'étreignit longuement dans ses bras paternels.

—Je l'ai vue mourir, dit-il. Je lui ai donné la sainte communion. Jamais je n'ai rien vu d'aussi beau. Heureux père, malgré votre terrible douleur !

—Mon père ! mon père ! que je souffre ! fut tout ce que Lamirande put répondre.

Puis, après un suprême effort pour se contenir, présentant Vaughan au bon religieux :

— Voici un ami dont l'âme est aussi bouleversée que mon cœur est déchiré. Aidez-nous tous deux de vos prières.

Ils se rendent à la chambre mortuaire. Quatre religieuses prient auprès du modeste lit blanc où l'enfant semble dormir. Seule la pâleur cadavérique indiquait que ce n'était pas là le sommeil, mais la mort. Lamirande se jette à genoux à côté du lit et levant les yeux et les mains au ciel, il s'écrie d'une voix forte et vibrante :

— Seigneur Jésus, qui avez rendu à la veuve de Naïm son fils unique, ayez pitié de moi comme vous avez eu pitié de cette mère affligée. Sa douleur n'a pu être plus grande que la mienne. Ce fils était le seul soutien de sa mère ; ma fille était ma seule joie en ce monde. Sans son fils, la veuve de Naïm aurait pu mourir de faim et Vous le lui avez rendu. Sans ma fille, mon cœur se brisera, rendez-la moi ! ô Jésus toutpuissant et infiniment bon !

Lamirande regardait toujours le ciel dans une sorte d'extase. Le père Grandmont, Vaughan et les quatre religieuses avaient les yeux fixés sur le lit. Un cri d'étonnement s'échappe simultanément de la bouche de tous. Avec stupéfaction, ils voient subitement les roses remplacer la cire sur les joues de l'enfant et ses lèvres pâles devenir vermeilles. Elle ouvrit ses grands yeux, et, voyant son père, l'appela doucement.

— Cher papa !

À cette voie connue, Lamirande tressaillit. Il baissa ses regards, et voyant sa fille pleine de vie, les bras tendus vers lui, le sourire sur les lèvres, il fut près de tomber en défaillance. Sa joie était indicible.

— Mon Dieu ! murmura-t-il, que vous êtes bon !

Puis l'enfant se jetant dans les bras de son père, ils se serrèrent dans une longue et délicieuse étreinte, sans parler.

Ce fut enfin Marie qui rompit le silence.

— Cher papa ! dit-elle, j'étais morte, n'est-ce pas ? Ce n'était pas un rêve. J'ai souvent rêvé du ciel, mais ce n'était pas comme cela. Oh ! que c'est beau le ciel, cher papa ; sur la terre on ne peut rien imaginer de pareil.

— Tu étais bien heureuse ?

— Oh ! oui papa, je ne puis dire combien. J'étais avec Jésus, et la Sainte Vierge, et maman, et les saints et les anges, dans une grande lumière, bien plus éclatante que mille soleils, mais qui ne m'éblouissait pas. Et je voyais la place que vous devez avoir, bien haut, et cependant tout près de moi : je ne puis pas expliquer cela. Oh ! quel bonheur dans le ciel !

— Et pourquoi as-tu quitté ce bonheur, mon enfant ?

— Parce que l'Enfant Jésus m'a dit : « Marie, ton père t'appelle ; veux-tu quitter le ciel pour aller voir ton père ? » Et j'ai répondu : « Je suis heureuse ici et je voudrais y demeurer toujours ; mais si mon père m'appelle je veux aller le trouver. Vous me garderez ma place, doux Jésus, pour que je puisse la reprendre quand mon père n'aura plus besoin de moi ? » Et l'Enfant, qui est comme le Maître de ce beau ciel, me fit signe que oui, en souriant. Et je suis venue parce que vous avez besoin de moi, cher papa. Je tâcherai d'être bien bonne et de vous rendre heureux. Puis nous irons ensemble au paradis...

— Et tu ne regrettes pas d'avoir quitté le ciel, chérie?

— Je ne le regrette pas, parce que j'ai vu que c'était le désir de l'Enfant, et que le grand bonheur dans le ciel, c'est de vouloir ce que veut l'Enfant. Je ne le regrette pas, parce que cela peut vous rendre heureux.

— Mais si tu pouvais retourner au ciel maintenant, cela te ferait-il plaisir ?

— Cela me ferait grand plaisir, assurément, si c'était la volonté de l'Enfant et la vôtre.

— Eh bien ! ma fille, c'est ma volonté que tu retournes au ciel, et, j'en suis certain, c'est aussi la volonté de Celui que tu appelles l'Enfant. Pour interrompre ton bonheur, il a fallu que je fusse un égoïste et un insensé. Va ! retourne auprès de l'Enfant, de la Sainte Vierge, de ta mère, des saints et des anges, dans la lumière de gloire !

Et imprimant un long baiser sur le front de sa fille, il la déposa doucement sur le lit. Puis les roses quittèrent subitement ses joues et la cire couvrit de nouveau son visage ; et ses lèvres vermeilles blêmirent, mais elles gardèrent un sourire céleste.

Marie était retournée auprès de l'Enfant, de la Sainte Vierge, de sa mère, des saints et des anges, dans la lumière de gloire plus brillante que mille soleils.

Chapitre XXXI

Ubi enim est thesaurus tuus, ibi est et cor tuum.

Car où est votre trésor, là est aussi votre cœur.

MATT. VI, 21.

Pendant longtemps Lamirande, le père Grandmont, Vaughan et les quatre religieuses restèrent anéantis, agenouillés autour du lit. Ce fut Lamirande qui, le premier, revint à lui. Il se leva et alla toucher Vaughan légèrement sur l'épaule. Le jeune Anglais tressauta. Il était comme dans un ravissement : la main de Lamirande le ramena au sentiment des choses qui l'entouraient.

— Ami, lui dit Lamirande, tu voulais voir du surnaturel, tu en as vu. Crois-tu maintenant ?

— Oui, je crois, répondit Vaughan ; mais ce n'est pas la vue du miracle qui m'a donné la foi. Ou plutôt, ce n'est pas le miracle qui m'a converti, qui a changé mon cœur, qui a déchiré le voile. Certes, en voyant ta fille ressusciter, tous les doutes sur la réalité de la vie future qui hantaient mon esprit se sont évanouis à l'instant. Mais ce n'était pas là la foi qui sauve. À mesure que la lumière se faisait dans mon intelligence, mon cœur semblait s'endurcir davantage, le voile s'épaississait toujours. Si ta fille était restée en vie, je serais sorti d'ici aussi *croyant* que toi, mais nullement *converti*.

Pour que tu aies pu renoncer au bonheur de garder ton enfant, il a fallu qu'un fleuve de grâces se répandit sur toi. Je l'ai senti. C'était comme un torrent qui, après avoir rempli ton cœur, s'est débordé sur le mien, Ce torrent m'entraînait, et, cependant, j'aurais pu résister. Je n'ai le mérite que de m'être laissé emporter. Mon cœur s'est subitement amolli, le voile s'est déchiré. Me voici non seulement croyant mais converti, c'est-à-dire voyant le ciel et voulant y arriver. Ta sublime abnégation a été l'instrument dont Dieu s'est servi pour faire de moi un disciple de Celui qui a exaucé ta prière et à Qui tu as librement sacrifié ton dernier bonheur ici-bas.

Les deux amis s'embrassèrent longuement.

Le père Grandmont s'étant approché d'eux, Vaughan lui dit :

— Mon père, je vous répète les paroles que l'Éthiopien dit à saint Philippe sur la route de Jérusalem à Gaza : « Qu'est-ce qui empêche que je ne sois baptisé ? »

— Et moi, fit le religieux, je répondrai avec saint Philippe : « Cela se peut, si vous croyez de tout votre cœur ».

— « Je crois que Jésus-Christ est le Fils de Dieu », répondit Vaughan, comme avait répondu deux mille ans auparavant le ministre de la reine Candace*.

Le père Grandmont interrogea le jeune Anglais et s'aperçut bientôt qu'il était parfaitement instruit de la religion.

Dans la chapelle du couvent, le vénérable religieux versa sur le front du converti l'eau sainte du baptême. Lamirande servit de parrain à son ami, la sœur Antonin, de marraine. Ce fut un spectacle bien touchant : ce

---

* Candace, reine d'Éthiopie.

ministre de Dieu dont le beau visage encadré de cheveux argentés s'illuminait de joie ; ces deux hommes d'âge mûr graves et recueillis ; les religieuses dans leurs stalles, immobiles sous leurs grands voiles blancs ; l'autel où brillaient mille cierges comme en un jour de fête ; tout cela formait un tableau digne, par sa suavité, du pinceau de Raphaël.

Il était près de dix heures du soir lorsque la cérémonie fut terminée.

Et maintenant, dit Vaughan, retournons au plus tôt à Ottawa. J'ai un grand devoir à remplir là-bas, de grands torts à réparer.

— Faut-il que je m'éloigne sitôt de mon enfant ! dit Lamirande ; j'aurais voulu passer la nuit auprès d'elle. Nous pourrions prendre le premier train demain matin. Je me sens l'âme brisée par l'émotion. J'ai besoin de quelques heures, non de sommeil, mais de prière.

— Soit, répliqua son ami, mais il faut que je télégraphie un mot à Houghton.

Il se rendit à un bureau voisin et télégraphia au chef de l'opposition :

« Pour l'amour de Dieu, ne laissez pas mettre la troisième lecture aux voix avant notre retour ».

Puis il retourna au couvent, et les deux amis, avec le père Grandmont, passèrent la nuit dans la prière et de pieux entretiens. Vaughan édifia ses deux compagnons par les élans de sa foi, par sa ferveur, par sa pitié tendre et confiante comme celle d'un enfant.

De grand matin, le père Grandmont dit la messe. Lamirande et Vaughan reçurent de sa main la sainte communion. Vaughan était tout radieux, transfiguré.

— Que Dieu est bon, dit-il à son ami, que Sa grâce est puissante ! Mon cœur était de glace, il y a quelques

317

heures à peine ; maintenant, il est tout de feu. Naguère, je ne voyais rien de beau, rien de grand en dehors des choses matérielles et humaines, à présent, tout ce qui est terrestre me paraît petit et insignifiant. Auparavant, le ciel était bien loin et encore plus incertain ; maintenant, la vie future est pour moi la vie réelle par excellence, et la vraie patrie est là-haut. Le vrai bonheur, je ne l'ai jamais éprouvé avant ce jour, la vraie joie m'était inconnue. Je suis tout changé, et tout me paraît changé. Je vois tout autrement, je comprends tout autrement, la vie, la mort, le monde, les hommes, les événements, le passé, le présent, l'avenir. Et c'est la grâce divine qui a opéré ce changement prodigieux en moi. N'est-ce pas que cette grâce est puissante et que Dieu est bon ?

Lamirande était ravi d'entendre son ami chanter son bonheur dans ce langage enthousiaste.

—Oui, répondit-il, Dieu est infiniment bon et Sa grâce, infiniment puissante ; mais Sa bonté ne se manifeste pas toujours de la même manière, et Sa grâce, pour être toujours puissante, n'est pas toujours sensible. Ton âme est inondée de délices. C'est un véritable avant-goût du ciel. Dieu t'accorde sans doute cette faveur pour te confirmer dans Son service. Mais ne sois ni surpris, ni affligé, ni découragé, si, plus tard, cette ferveur délicieuse que tu ressens aujourd'hui est remplacée par une sécheresse désolante, un dégoût affreux ; si le ciel qui te paraît maintenant tout près et souriant, s'éloigne et semble d'airain ; si ton âme, en ce moment pleine d'onction et de nobles pensées, se fait aride comme le désert ; si la prière, qui est aujourd'hui un élan naturel et spontané de ton cœur vers Dieu, devient une véritable corvée, plus pénible que le plus dur labeur. Notre-Seigneur éprouve souvent par la sécheresse ses plus fidèles serviteurs. Cette épreuve t'est peut-être réservée. Si elle t'arrive un jour, ne te laisse pas abattre. Prie, quand même tu ne trouverais aucune satisfaction dans la prière, quand même il te semblerait que tu n'aimes plus Dieu et que Dieu ne s'occupe plus de toi. C'est que la prière faite dans la sécheresse peut être plus agréable au ciel que les oraisons qui sortent sans effort du cœur plongé dans la ferveur sensible. C'est sur les rochers arides, plutôt que sur les terres plantureuses, que l'on trouve les fleurs aux nuances les plus délicates, au parfum le plus exquis.

L'entretien fut interrompu par les préparatifs du départ. Lamirande, accompagné par Vaughan et le père Grandmont, se rendit une dernière fois à la chambre mortuaire. Longtemps, il regarda sa fille bien aimée. La nature réclama ses droits : il versa d'abondantes larmes qui n'avaient cependant rien d'amer. Puis, triomphant de cette dernière faiblesse, il s'écria :

— Mon Dieu ! je vous remercie des bienfaits que Vous venez de répandre sur nous. En retour d'un léger sacrifice, Vous m'avez accordé la conversion de mon ami, et par cette conversion, Vous avez assuré l'avenir de la patrie. Le sacrifice est en effet léger aux yeux de la foi, bien qu'il ait déchiré affreusement mon cœur. Ma fille est infiniment heureuse auprès de Vous, et la séparation, si douloureuse soit-elle, n'est que momentanée au regard de l'éternité. Et pour récompenser ma souffrance de quelques années, librement acceptée, Vous délivrez tout un peuple du joug de Satan ; Vous renversez les derniers obstacles accumulées par l'enfer pour empêcher ce peuple de parvenir à ses destinées providentielles ; Vous garantissez la liberté de Votre Église en ce pays ; Vous facilitez ainsi le salut de millions d'âmes encore à naître. Tous ces bienfaits inestimables, Vous les accordez généreusement parce qu'un cœur humain a eu la grâce de s'immoler pour l'amour de Vous. Mon Dieu ! je Vous remercie et je Vous bénis !

* * *

À peine Lamirande et Vaughan étaient-ils partis d'Ottawa pour Québec que Montarval en fut averti ; car il avait ses espions qui le tenaient a courant de tout. Le malheureux Duthier n'avait pas été le seul au service du chef de la secte. La nouvelle de ce départ subit et la connaissance de la cause pénible qui l'avait motivé jetèrent Montarval dans un trouble étrange qu'il ne pouvait s'expliquer. Il avait le pressentiment que le dénouement approchait, et qu'il lui serait fatal ; et ce voyage lui semblait avoir quelque rapport, qu'il ne pouvait ni découvrir ni même soupçonner, avec la ruine prochaine de tous ses projets. Une heure avant le commencement de la séance, il se renferma dans une pièce secrète de la maison qu'il occupait, pièce où personne ne pénétrait jamais, sous aucun prétexte. Cette chambre, toute tendue de rouge, était un temple satanique. Les hideux emblêmes du culte infernal s'y étalaient. Montarval, en proie à une sombre agitation, se plaça devant une sorte d'autel où brûlait de l'encens et commença une horrible évocation :

— Viens, Eblis ! Dieu de la désolation infinie et du désespoir sans bornes ; Inspirateur de toute révolte contre les lois cruelles de Jéhovah, de toute haine de l'abjecte vertu et de l'infâme sainteté ; Sublime Auteur de tout orgueil, de tout crime, de tout péché, de toute douleur, de toute mort, de tout ce que les prêtres

320

d'Adonaï appellent le mal ; Vaillant Destructeur de la tyranie éternelle, Ennemi Implacable du Christ, de son Église, de ses prêtres ; Infatigable Libérateur de la race humaine ; Toi qui détournes les hommes des jouissances humiliantes du ciel et les prépares aux âpres délices de ton royaume de feu et de liberté ; viens, ô Esprit de vengeance, Éternel Persécuté, Révolté éternel ! Voici l'heure suprême ! Moi, ton fidèle serviteur, je n'aperçois plus bien le chemin à suivre, les ténèbres m'environnent, les hésitations m'assaillent, les noirs pressentiments me poursuivent.

Viens me révéler ce que va faire celui des mortels qui combat notre projet avec le plus d'acharnement, viens me montrer comment obtenir le succès final.

Pendant qu'il parlait, un souffle glacial remplit la pièce. Puis, au milieu de la fumée blanche de l'encens, une forme vague de proportions gigantesques se dessina ; et une voix qui semblait venir du lointain se fit entendre.

— Une puissance plus forte que ma toute-puissance m'empêche de communiquer librement avec toi en ce moment. Cette puissance hostile, je la vaincrai un jour, j'en délivrerai l'univers entier ; mais maintenant, elle me tient cruellement enchaîné. Il ne m'est possible que de te dire ceci : Ne perds pas une minute, précipite les événements...

La voix se tut subitement et la forme s'évanouit.

* * *

La discussion sur la troisième lecture du projet de constitution commença à l'ouverture de la séance à trois heures. Le premier ministre exprima l'espoir que les débats ayant plus qu'épuisé le sujet, la Chambre remplirait la formalité de la troisième lecture sans délai : ressasser les arguments que tant de députés avaient fait valoir pour et contre le projet serait une perte de temps regrettable. Il fit clairement entendre que les ministres s'opposeraient à l'ajournement de la séance avant que la question fût mise aux voix.

Houghton, Leverdier et les autres chefs de l'opposition ne se laissèrent pas arrêter par les sophismes de sir Henry. Ils étaient déterminés à prolonger le débat jusqu'au retour de Lamirande, coûte que coûte ; non qu'ils eussent, à part Leverdier, le moindre espoir de rien gagner ; mais parce qu'ils respectaient et aimaient trop leur collègue pour ne pas lui donner cette dernière marque de leur sympathie et de leur estime. À cause de la faible majorité du gouvernement, ils n'avaient plus à redouter une application arbitraire de la clôture ; le groupe de Vaughan, favorable pourtant au projet, ne l'aurait pas permis. Le débat recommença donc plus acerbe que jamais. Seulement, le mot d'ordre était donné du côté ministériel : pas un député de la droite ne se levait pour répondre aux arguments de la gauche*. Celle-ci dut supporter seule, encore une fois, tout le fardeau de la discussion.

Vers dix heures du soir Houghton reçut la dépêche de Vaughan. Il la montra à Leverdier et à trois autres députés français dont la parfaite discrétion lui était connue.

—Prenez bien garde, leur dit-il, d'en souffler mot à qui que ce soit.

---

* On le sait, dans les parlements où prévalent les coutumes anglaises, les députés de l'opposition siègent toujours à la gauche du président quelles que soient leurs opinions politiques ou religieuses.

—Pourquoi ? lui demanda Leverdier. C'est pourtant de nature à encourager nos amis ; car cette dépêche indique clairement que Vaughan a subitement changé d'idée et qu'il sera avec nous.

—Et c'est précisément parce que cette dépêche dit clairement que Vaughan est avec nous que je vous conjure d'en garder le secret absolu. Je vous l'ai montrée, à vous quatre, pour que vous ne soyez pas tentés de faiblir un seul instant ; mais encore une fois, pour l'amour de Dieu, n'en soufflez mot à personne ; car si cette nouvelle parvenait à certaines oreilles, que vous pouvez voir d'ici, nous aurions sans aucun doute, un nouvel accident de chemin de fer à déplorer ; et cette fois l'accident pourrait mieux atteindre son but infernal.

—Vous pensez ! dit l'un des quatre.

—J'en suis intimement convaincu, répondit le chef de l'opposition. La seule chose qui pourrait empêcher un nouvel accident de se produire, si certain personnage était mis au fait de ce que nous savons, c'est que les deux individus soupçonnés d'être les auteurs de la récente catastrophe viennent d'être arrêtés à Montréal. Mais ils peuvent n'être pas seuls de leur espèce. De sorte que, gardez le secret de cette dépêche, si vous aimez Lamirande et Vaughan, et si vous voulez servir votre pays.

—Ne craignez rien, lui répondit-on. Mais si ces deux misérables sont pris, ils diront peut-être le nom de l'instigateur de leur crime.

—C'est possible, pourvu que cet instigateur ne leur ouvre la porte de la prison avec une clé d'or, ou quelque autre d'un métal moins précieux.

* * *

323

À minuit, Houghton proposa l'ajournement de la Chambre, disant que la séance avait duré assez longtemps, qu'il n'était pas raisonnable de forcer les députés à se prononcer définitivement sur une aussi grave question sans leur donner le temps de réfléchir, qu'une journée de délai ne mettrait pas le pays en danger. Il s'engageait, comme chef de l'opposition, à laisser terminer le débat à la fin de la prochaine séance, si, de son côté, le gouvernement voulait consentir à l'ajournement de la Chambre. Mais les ministres repoussèrent cette proposition, déclarant qu'ils ne consentiraient à l'ajournement de la Chambre qu'après le vote sur la troisième lecture.

Ce refus hautain et brutal eut un excellent résultat : il exaspéra au dernier point les membres de l'opposition. Les esprits étaient montés, et on résolut, à gauche, de tenir tête au gouvernement, de prolonger la séance indéfiniment. C'était précisément ce que Houghton et Leverdier voulaient : Lamirande et Vaughan auraient maintenant le temps de revenir. La gauche s'organisa donc pour le reste de la nuit.

Comme l'opposition à l'ajournement venait du gouvernement, c'était aux ministériels qu'incombait la tâche de maintenir la présence d'un nombre suffisant de députés pour permettre à la Chambre de siéger. La gauche n'avait qu'à fournir les orateurs pour les douze heures, de minuit à midi. Houghton trouva facilement douze de ses partisans prêts à parler chacun une heure. Il comptait sur le retour de Vaughan vers midi ; s'il n'arrivait pas, il serait possible de faire une nouvelle combinaison qui prolongerait la séance jusqu'au soir.

Qui n'a été témoin d'une de ces séances où la minorité, pour protester contre ce qu'elle considère comme une injustice, une tyrannie de la part de la majorité, décide de siéger indéfiniment. L'élément comique et même grotesque se mêle presque toujours à ces scènes. Les députés ministériels, obligés de rester en nombre suffisant pour empêcher l'ajournement « faute de quorum » prennent des postures et des allures qui n'ont rien de poétique ou de distingué. Les uns, enfoncés dans leurs fauteuils, le chapeau rabattu sur les yeux, ou à demi-couchés sur leurs pupitres, dorment et ronflent. D'autres, sans fausse honte, se font apporter qui un bifteck, qui une côtelette, et combattent l'ennui à coups de fourchette. Du côté de l'opposition les banquettes sont vides. Tous sont allés se reposer dans les bureaux. Il ne reste que celui qui est chargé de continuer le débat, entouré de deux ou trois amis, en cas d'un accident quelconque. Si celui qui parle est habitué à ce jeu parlementaire, il saura se ménager. D'abord, il parlera très lentement, et s'éloignera du sujet autant qu'il le pourra sans s'exposer à un rappel à l'ordre. Il citera, à tout propos, et longuement, l'inévitable Todd, l'inéludable May, l'inéludable Bourinot* qui étaient les auteurs classiques des parlements canadiens à la fin du dix-neuvième siècle et qui le sont encore au milieu du vingtième. Lire quelques pages de ces auteurs, cela repose l'esprit, sinon de l'auditoire, du moins de celui qui parle, en le dispensant du travail d'arranger ses phrases ou de courir après les idées. Si les quelques

* Alpheus Todd publia *The Practice and Privileges of the two Houses of Parliament* en 1840. Son ouvrage fut remplacé par celui de John George Bourinot, *Parliamentary Procedure and Practice in Canada* en 1884 qui fait autorité encore de nos jours. En Angleterre, l'ouvrage de Thomas Erskine May, *A Treatise on the Law, Privileges, Proceeding and Usage of Parliament* publié en 1844 est encore utilisé

amis qui restent pour assister l'orateur s'aperçoivent qu'il patauge trop et que le président est à la veille de lui ôter la parole, ils trouveront le moyen de faite naître un incident quelconque pour lui donner le temps de se ressaisir. Enfin, quand il est tout à fait au bout de ses ressources, on lui fait signe de s'asseoir, un autre prend sa place, et recommence les mêmes citations émouvantes de Todd, de May et de Bourinot. Peu à peu, les esprits de détendent, on se défâche à gauche, on s'amollit à droite, et l'on finit par en arriver à un compromis quelconque. C'est la fin ordinaire de ces séances qu'on prolonge *ab irato*.

La mémorable séance du dernier parlement de la Condération canadienne, commencée à trois heures du 25 mars 1946, ne devait pas se terminer par un compromis, mais par la défaite des uns et le triomphe des autres.

Toute la nuit, la discussion fut animée : ce n'était pas encore un débat purement factice. Plusieurs députés français, Leverdier entre autres, avaient encore réellement quelque chose à dire, et ils parlèrent avec chaleur.

Le matin du 26 mars se lève gris et terne. La pluie a cessé, mais un brouillard épais enveloppe et pénètre tout. À mesure que l'avant-midi s'écoule, l'aspect de la Chambre devient plus triste. Le parquet est jonché de journaux froissés, de chiffons de papiers, de livres bleus. Les orateurs qui se succèdent ne parlent visiblement plus que pour gagner du temps. Vers onze heures, Houghton reçoit une dépêche de Vaughan datée de Saint-Martin : « Tenez bon, nous serons à Ottawa à midi et demi ». Il n'y a plus rien à redouter : il est impossible maintenant à l'ennemi de préparer un nouvel accident de chemin de fer. Le chef de l'opposition montre donc librement la dépêche à ses collègues. Elle passe de mains en mains.

—Encore un coup de cœur, dit Houghton, il nous arrive du secours.

L'animation qui se manifeste du côté de l'opposition après la lecture de cette dépêche n'échappe pas à Montarval qui n'a presque pas quitté son siège depuis la veille. Une colère sombre et impuissante l'agite.

Le bruit se répand rapidement que Lamirande et Vaughan arrivent et que ce dernier est maintenant contre le projet de loi. L'excitation est à son comble. Les tribunes se remplissent, les députés prennent leurs sièges. Il y a une sorte de fièvre dans l'air. Chacun sent que le dénouement est proche.

Enfin, à une heure moins quelques minutes, Lamirande et Vaughan entrent dans la salle des délibérations. Une longue salve d'applaudissements les accueille. Puis, beaucoup de députés vont offrir leur condoléances à Lamirande : la mort de sa fille était déjà connue, bien que les circonstances extraordinaires qui l'ont accompagnée n'eussent pas encore été révélées. Tous sont frappés du changement survenu chez Vaughan. Ce n'est plus le même homme rieur, insouciant, quelque peu sceptique. Il est grave, maintenant, mais sans une ombre de tristesse. Au contraire, une joie calme est empreinte sur ses traits, qui respirent un je ne sais quoi de doux, de noble, de grand qu'on n'y avait jamais remarqué.

Le député qui avait la parole lorsque Lamirande et Vaughan sont entrés voit qu'il n'a plus besoin de continuer son discours. Il y met fin *ex abrupto*, faisant grâce à la Chambre de plusieurs pages de May qu'il se préparait à lire. Les précédents n'ont plus d'intérêt pour personne. C'est l'avenir qu'on veut connaître.

—Monsieur le président, dit Vaughan, aussitôt

qu'il put prendre la parole, je me propose de voter contre la dernière lecture de ce projet de constitution que j'ai toujours défendu avec opiniâtreté. Mais je veux, auparavant, dire à la Chambre, en quelques mots, la raison de ce changement radical qui s'est opéré dans mes opinions politiques. Mes idées politiques ont complètement changé parce qu'il s'est produit en moi un profond changement moral. On a beau dire, la religion, c'est-à-dire le lien qui nous unit à Dieu, aura toujours une influence prépondérante sur la politique, c'est-à-dire sur le lien qui unit les hommes entre eux. L'homme qui croit réellement en Dieu, principe et fin de toutes choses ; l'homme qui croit réellement en Jésus-Christ, Fils de Dieu, venu en ce monde pour racheter le genre humain et nous ouvrir le ciel : l'homme qui croit réellement en la sainte Église catholique, fondée par Jésus-Christ sur Pierre et les apôtres pour continuer à travers les âges son œuvre de rédemption et de salut ; l'homme qui croit fermement à ces grandes vérités fondamentales ne peut pas voir les choses de la politique de la même manière que celui qui n'y croit pas. Quand je dis les choses de la politique, je parle de la vraie politique, non des questions de voies ferrées, de navigation, de commerce ; mais de ces grands problèmes dont la solution décide de l'avenir des peuples. Jusqu'ici, en discutant le projet de constitution dont la Chambre est saisie, ne n'envisageais que le côté purement humain de la question ; je ne voyais que la grandeur et la prospérité matérielles du pays ; et il me semblait que cette grandeur serait mieux assurée par l'union étroite des provinces que par leur séparation. Je m'aperçois maintenant que même au point de vue terrestre j'étais dans une étrange erreur, tant il est vrai qu'on ne voit pas bien les choses de ce monde à

328

moins de s'élever au-dessus d'elles. Mais en ce moment la grandeur matérielle du pays me paraît d'une importance toute secondaire. La question qui s'impose à mon esprit, avant toute autre, la voici : Cette constitution que nous sommes appelés à voter n'est-elle pas destinée à mettre des entraves à l'action de l'Église catholique, à détruire cette action entièrement si c'était possible ? Les pièces qui nous ont été communiquées, l'autre jour, prouvent que cette constitution a été conçue dans une pensée hostile à l'Église, au salut des âmes, par conséquent. Hier, j'étais prêt à voter cette constitution quand même, à la voter tout en voyant qu'elle devait servir à opprimer l'Église, à ruiner la foi. J'étais prêt à commettre ce crime politique, parce que pour moi, matérialiste insensé, courbé vers la terre, j'attachais une plus grande importance aux choses qui passent qu'aux choses de l'éternité, aux questions d'étendue territoriale et de prestige national qu'au salut ou à la perte des âmes. Aujourd'hui, si cette constitution devait nous assurer le plus grand, le plus riche, le plus puissant empire du monde et ne mettre en péril que le salut d'une seule âme, je sacrifierais volontiers ma vie plutôt que de la sanctionner par mon vote. Et si ce grand changement s'est opéré en moi ; si je vois les choses tout autrement, que le les voyais hier, c'est que je suis parti d'ici incroyant et que je reviens croyant. Je reviens croyant comme mon ami. La lumière qui l'éclaire, m'éclaire. Tout ce qu'il croit, je le crois, tout ce qu'il aime, je l'aime, tout ce qu'il adore, je l'adore, tout ce qu'il espère, je l'espère. On me demandera peut-être comment, à quelque occasion ce changement s'est opéré. C'est là un sujet trop sacré, trop intime pour que je puisse même l'effleurer ici. Qu'il me suffise de dire que l'effet, si étonnant qu'il vous paraisse, est encore bien moins extraordinaire que la cause qui l'a produit. Et maintenant un mot à ceux de mes amis que j'ai pu aveugler par mes sophismes en faveur de ce projet néfaste. S'ils ne peuvent envisager la question comme je l'envisage aujourd'hui, au point de vue surnaturel, qu'ils l'envisagent au moins comme l'honorable chef de l'opposition, au point de vue de la saine raison. Qu'ils considèrent que cette constitution est dirigée contre la religion, la langue, la nationalité de tout un peuple ; qu'elle a pour objet l'unification du Canada par la destruction de ce qu'un tiers de notre population a de plus cher au monde. Qu'ils se persuadent qu'une œuvre politique fondée sur une pareille base ne saurait être ni féconde ni stable. C'est dans la séparation que nous trouverons la véritable grandeur, la véritable prospérité, parce que nous y trouverons la paix.

*　*　*

Le jeune Anglais reprit son siège, et il se fit un grand silence, à la fois solennel et émotionnant, et plus approbateur qu'un tonnerre d'acclamations. La Chambre avait compris que toute manifestation bruyante aurait été déplacée en pareil moment. Pas un seul député ne se leva ensuite pour prendre la parole. Tout était dit, tout était fini.

Houghton et Lamirande firent de nouveau la motion de rigueur : « Que ce *bill* ne soit pas lu une troisième fois maintenant, mais dans six mois ». Le président mit cette proposition aux voix. Le résultat de l'épreuve n'était pas douteux, car il était bien connu que Vaughan entraînerait avec lui au moins sept députés. Ce déplacement de huit voix mettait le gouver-

330

nement en minorité de onze : 127 contre 116, tels furent les chiffres que donna le greffier.

À peine le président a-t-il proclamé ce résultat, que l'opposition, restée silencieuse après le discours de Vaughan, éclate en applaudissements insolites et se livre à une démonstration de joie délirante. Les députés se donnent de chaleureuses poignées de mains, se félicitent, rient, pleurent, trépignent, frappent sur leurs pupitres, poussent des cris insensés, jettent en l'air les menus objets qui leur tombent sous la main ; tant il est vrai que les hommes les plus graves deviennent parfois de véritables enfants sous le coup d'une forte émotion. Lamirande seul est calme au milieu de cette tempête.

Chapitre XXXII

Miserabili obitu, vita functus est.

Il finit sa vie par une misérable mort.

2 MAC. IX, 28.

Lorsque le président a pu enfin rétablir un peu d'ordre, sir Henry Marwood, pâle, défait, se lève et tout en proposant l'ajournement de la Chambre, annonce que le cabinet va donner immédiatement sa démission.

Quant à Montarval, cloué à son siège, il ne semble pas avoir connaissance de ce qui se passe autour de lui. Si ses collègues n'eussent pas été si fiévreusement excités ils auraient vu dans ses yeux une flamme de rage et de désespoir pleine d'une indicible horreur. Lamirande la remarqua et frissonna.

* * *

Les députés se dispersent dans les couloirs, à la bibliothèque, au dehors, dans les allées où la brume est toujours épaisse et pénétrante. Lamirande, Houghton, Leverdier et Vaughan se promènent ensemble en arrière de l'hôtel du parlement, à l'écart des groupes plus bruyants. Ils éprouvèrent le besoin de se communiquer leurs pensées, leurs émotions. Houghton vient de dire : « La religion qui a pu opérer un tel changement chez Vaughan n'est pas une religion comme les autres ; elle doit être la seule vraie, et je vais l'étudier sérieusement », lorsqu'un gardien des terrains publics accourt tout effaré.

—Messieurs, leur dit-il, un grand malheur est arrivé M. Montarval s'est tiré un coup de revolver dans la tête.

Les quatres amis suivent le gardien au pas de course. Il les conduit à l'endroit le plus écarté de l'allée qui longe la falaise au-dessus de l'Outaouais, et qu'on appelle *The Lovers's Walk*. Là, gisant dans la boue, la tête trouée d'une balle, baignant dans son sang, mais encore en vie, ils voient le malheureux sectaire. Au moment où ils arrivent, il fait de vains efforts pour se soulever et reprendre son arme tombée à quelques pieds de lui. On le relève et on le couche sur un banc. Lamirande examine la blessure et constate qu'elle est nécessairement mortelle. Puis ils le transportent dans un pavillon qui se trouve auprès. Le gardien, sur l'ordre de Lamirande, court à l'hôtel du parlement chercher un coussin, de l'eau et quelque stimulant. Sur son chemin il rencontre un père oblat qu'une impulsion mystérieuse a dirigé de ce côté. Le religieux, apprenant la triste nouvelle accourt au pavillon. Un spectacle affreux s'offre à ses regards. Le suicidé est étendu sur une table. Il agonise. Sa respiration n'est plus qu'un râle. De sa tempe droite coule un mince filet de sang qui tombe goutte à goutte sur le plancher. Ses yeux sont ouverts, fixes et vitreux.

—A-t-il sa connaissance ? demanda le religieux.

—Je ne le crois pas, répond Lamirande. Il avait certainement lorsque nous l'avons trouvé, mais depuis que nous l'avons transporté ici il n'a donné aucun signe qui indique qu'il nous reconnaît.

Bientôt le gardien revient. On place le coussin sous la tête du blessé, et Lamirande humecte ses lèvres d'un peu d'eau-de-vie. Le stimulant produit son effet. Le malheureux cherche à se tourner. On l'aide. Au même instant, un lambeau des brouillards du dehors, que le vent commence à agiter, entre par la porte ouverte, ondule au milieu du pavillon, puis, glisse et va former dans un coin un léger nuage, indécis et vague. Montarval le regarde fixément. Lamirande lui donne encore quelques gouttes d'eau-de-vie. Le mourant fait signe au médecin de se baisser, et avec effort :

— Lamirande, je vous hais !

— Et moi, répond celui-ci je vous pardonne de grand cœur et je vous conjure de songer au jugement du Dieu terrible devant qui vous allez bientôt paraître. Ce Dieu est terrible, mais Il est aussi infiniment miséricordieux. Vous pouvez encore vous jeter dans Ses bras.

— Je hais votre Dieu ! râle le moribond.

— C'est affreux ! murmure l'oblat en portant son crucifix à ses lèvres. Mon Dieu, pardonnez-lui cet horrible blasphème, il ne sait ce qu'il dit !

Montarval, qui s'est soulevé un peu en s'appuyant sur son coude, regarde toujours le coin du pavillon où se trouve le petit nuage. Les yeux de tous se tournent instinctivement de ce côté ? Est-ce une illusion d'optique ? ou le paquet de brouillard prend-il réellement une forme moins vague, une forme humaine, colossale ? Si c'est une illusion, tous la partagent, car tous voient cette forme, et tous éprouvent une terreur qui fige le sang dans les veines.

— Eblis ! Eblis ! s'écrie tout à coup le mourant, tu m'as trompé ; tu m'avais promis le triomphe, et j'ai subi une défaite humiliante, je suis menacé de révélations qui me conduiront en prison, peut-être sur l'échafaud...

Il ne peut continuer, les forces l'abandonnent, et il

retombe sur le coussin. Il n'a cependant pas perdu connaissance. Le prêtre s'approche du moribond et lui montrant le crucifix :

— Voici Celui qui ne trompe jamais, ni dans ce monde ni dans l'autre. Satan, Eblis, comme vous l'appelez est le prince du mensonge. Il vous a trompé dans la vie présente, il vous trompe sur la vie future. Son royaume est l'enfer, lieu d'horribles tourments. Jésus-Christ, notre Dieu, vous offre le pardon avec le ciel. Renoncez au démon avant que l'éternité vous engloutisse.

Le sectaire se soulève de nouveau, soutenu par une force visiblement surhumaine.

— Votre Dieu, dit-il entre ses dents serrées, je le hais, je le hais ! Son ciel, lieu d'humiliation dégradante, je n'en veux pas. J'aime mieux l'enfer, quel qu'il soit.

En proférant ces paroles de damné, il repousse le crucifix avec un geste de colère. C'est son dernier acte. Aussitôt, un frisson convulsif le secoue de la tête aux pieds ; ses yeux s'ouvrent démesurément et prennent une expression d'indicible épouvante ; ses membres se roidissent, et son âme s'échappe de son corps dans un cri de désespoir que n'oublieront jamais les six témoins de cette scène affreuse.

— Allons-nous en ! s'écrie le religieux. Ce lieu est rempli de démons, c'est l'enfer.

Et tous se précipitent au dehors, le visage blanc de terreur, la chair frémissante et horripilée.

— Dieu miséricordieux ! s'écrie Lamirande, si c'est possible, ayez pitié de lui !

Chapitre XXXIII

Cursum consummavi.

J'ai achevé ma course.

II TIM. IV, 7.

Le surlendemain, de grand matin, Lamirande, Leverdier et Vaughan, arrivés d'Ottawa par le train de nuit, se dirigent vers le couvent de Beauvoir. Le temps est ravissant. La triste pluie a cessé, les brouillards ont disparu, le vent ne gémit plus dans les grands pins. Il a gelé pendant la nuit, et les arbres, couverts de frimas, ressemblent à de gigantesques panaches qui, tranchant sur le bleu foncé du ciel, forment un tableau d'une beauté tellement bizarre que le peintre le plus hardi n'oserait tenter de le reproduire.

Bien qu'en ce moment leur présence à Ottawa soit nécessaire, Leverdier et Vaughan n'ont pas voulu laisser leur ami venir seul rendre à son enfant les derniers devoirs. Houghton aurait vivement désiré les accompagner ; mais, pour lui, quitter la capitale, c'était impossible.

La chute du gouvernement, la mort misérable de Montarval ont produit une révolution dans tous les esprits. Le mauvais génie du pays étant disparu, les intrigues cessent et les choses politiques prennent leur cours naturel. La politique de la séparation qui naguère paraissait à tant de personnes un rêve, une chimère, s'empare maintenant de tout le monde. Même ceux qui ne l'approuvent pas encore l'acceptent comme une chose inévitable. Il ne s'agit plus que de mettre cette politique à exécution, le plus promptement possible. Houghton est chargé de cette tâche, et il travaille à former un cabinet pour liquider la situation. Il s'était adressé tout d'abord à Lamirande. Celui-ci, sans refuser d'entrer dans le gouvernement qui ne devait exister que le temps nécessaire pour effectuer la séparation, avait demandé trois jours de grâce.

— Quand mon enfant sera dans sa dernière demeure, dit-il, je vous donnerai ma réponse définitive. En attendant, travaillez, avec Leverdier et Vaughan, à la formation de votre cabinet, comme si je n'existais pas.

— C'est difficile, répliqua Houghton, de ne pas tenir compte de l'existence d'un homme qui a été l'instrument dont la Providence s'est servie pour créer le mouvement actuel qui entraîne le pays vers de nouvelles destinées.

— Cependant, reprend Lamirande, il faut vous habituer à cette pensée. Les uns sont appelés à commencer une œuvre, tandis que d'autres doivent la terminer. Celui qui sème ne récolte pas toujours. Moïse fit sortir le peuple de Dieu de la terre d'Égypte, mais c'est Josué qui l'introduisit dans la terre de Chanaan.

— Moïse avait eu un moment d'hésitation ; c'est pour cela qu'il ne lui a pas été donné de traverser le Jourdain à la tête de son peuple.

— Et qui vous dit que je n'ai pas douté, comme Moïse dans le désert de Sinaï ?

* * *

Les religieuses du couvent de Beauvoir avaient demandé à Lamirande, comme une insigne faveur, que la dépouille mortelle de Marie leur fût confiée. On la déposa donc dans le caveau de leur chapelle.

Longtemps Lamirande resta agenouillé sur les froides dalles. Ses deux amis auraient voulu demeurer auprès de lui, mais il leur fit signe de se retirer. Il voulait être seul avec Dieu et son enfant... Quand enfin il vint rejoindre ses deux compagnons, ceux-ci remarquèrent sur ses traits, dans ses yeux, avec la trace de larmes abondantes, un reflet céleste, une lumière indéfinissable qu'ils n'y avaient jamais vue.

Ensemble, ils reprirent le chemin de la ville et de la gare ; mais lorsqu'ils furent rendus près du chemin de fer, Lamirande s'arrêta soudain comme quelqu'un qui se souvient tout à coup d'une affaire importante.

— Partez, vous deux, dit-il, par le premier train ; Houghton a besoin de vous au plus tôt. Quant à moi, j'ai quelques courses à faire, quelques personnes à voir ici. Je prendrai un autre train.

Puis, serrant les mains de ses deux amis avec effusion, il s'éloigna rapidement. Eux, tout surpris, ne songèrent ni à le questionner ni à l'arrêter. Lorsqu'ils furent un peu revenus de leur étonnement, il était déjà loin.

— Devons-nous le suivre ? dit Vaughan.

— Je crois qu'il vaut mieux faire ce qu'il nous a dit, reprit Leverdier.

— Ne trouvez-vous pas quelque chose d'étrange dans sa conduite ?

— Oui, quelque chose d'étrange, ou plutôt quelque chose de nouveau ; mais ce quelque chose n'a rien d'inquiétant. Allons !

Et les deux amis partirent pour Ottawa, fermement convaincus que Lamirande les y rejoindrait bientôt. Mais ils ne le virent plus jamais, ni à Ottawa ni ailleurs.

Le cinquième jour après les funérailles, l'inquiétude causée par la disparition de Lamirande était devenue très vive. On songeait sérieusement à descendre à Québec pour y commencer des recherches, lorsque Leverdier reçut la lettre suivante :

« *New York, le 2 avril 1946.*

« Bien cher ami,

« Vous devez être tous dans l'inquiétude à mon sujet. Soyez rassurés, il ne m'est advenu rien de fâcheux. Je suis en parfaite santé et sain d'esprit.

« Je quitte le monde pour toujours. Ne me cherchez pas, ce serait inutile. Je saurai bien m'ensevelir de telle sorte que personne ne me trouvera jamais.

« Cher ami, ce n'est pas un sentiment d'amertume, rien qui ressemble à la misanthropie qui me fait prendre cette détermination. Mon cœur n'a pas cessé d'aimer les choses terrestres. Le bonheur légitime d'ici-bas a toujours pour moi un attrait puissant. J'entrevois un avenir qui me sourit : une position élevée dans la patrie ; la confiance, l'estime, la reconnaissance de mes concitoyens ; de nouveaux liens domestiques qui m'uniraient plus étroitement encore à toi ; une femme admirable ; de blondes têtes d'enfants... Ah! ne t'imagine pas que ce doux rêve me laisse indifférent, et qu'il ne m'en coûte pas d'y renoncer ! Mais lorsque tu auras appris du père Grandmont certains événements que je t'ai cachés, tu admettras que celui qui a été l'objet de faveurs si extraordinaires ne doit pas rester dans le monde. Quand un homme a vu ce que j'ai vu, entendu ce que j'ai entendu, souffert ce que j'ai souffert, il ne lui reste plus qu'une chose à faire ici bas : prier, en attendant que Dieu l'appelle à Lui.

« Si je ne vous ai pas fait connaître d'avance ma

détermination, à toi, à Vaughan et à Houghton, c'est que je voulais nous éviter des discussions qui auraient été probablement pénibles et certainement inutiles. J'ai consulté le père Grandmont qui m'approuve entièrement. Ne le questionne pas sur ma destination, il l'ignore.

« Et maintenant, avant de te dire adieu, un mot, un dernier mot de politique, et un mot d'affaires. Le père Grandmont te remettra ce que j'appelle mon testament politique. Tu en donneras communication aux amis, particulièrement à Houghton et à Vaughan. Vous y trouverez tout ce que j'aurais pu faire pour vous aider dans la tâche qui reste à accomplir : la séparation des provinces et l'organisation de la Nouvelle France. Je suis entré, ce me semble, dans tous les détails de ces deux grandes questions. Pesez le tout devant Dieu et prenez en ce qui vous paraîtra utile. Quand même je serais resté au milieu de vous, je n'aurais pu vous rien dire de plus. J'ai mis dans ce document tout mon petit bagage de savoir, d'expérience et de vues sur l'avenir. D'ailleurs, ce qui est surtout nécessaire, c'est, avec l'intégrité de la foi catholique, l'union intime de nos compatriotes. Or cette union, je le sens, se fera plus facilement autour de mon souvenir qu'autour de ma personne.

« Avec mon testament politique le père Grandmont te remettra une procuration qui t'autorise à disposer de tout ce qui m'appartient. Je n'ai qu'un objet vraiment précieux : la statue miraculeuse de saint Joseph. J'aurais voulu te la donner : le père Grandmont me l'a demandée avec tant d'instance pour la chapelle de Notre-Dame-du-Chemin que je n'ai pu la lui refuser. À toi je donne la feuille de lis qui en a été détachée par saint Joseph lui-même.

« Après avoir donné quelques souvenirs, à leur choix, à mes chers amis Vaughan et Houghton, tu feras de mes biens trois parts égales : une pour les pauvres, une pour ta sœur Hélène afin qu'elle puisse faire l'aumône en priant pour moi, une pour le développement de l'œuvre que tu diriges.

« Enfin, saluez affectueusement pour moi tous les amis.

« Ami ! Frère ! adieu à tout jamais dans ce monde, et au revoir dans le beau ciel que Notre-Seigneur Jésus-Christ nous a conquis au prix de son très précieux sang. Ainsi soit-il. »

Joseph Lamirande.

Épilogue

Expectans expectavi Dominum.

J'ai attendu, et je ne me suis point lassé d'attendre le Seigneur.

Ps. XXXIX, 2.

Dans son numéro du 15 février, *la Croix*, de Grenoble, France, publia la communication suivante :

Saint-Laurent-du-Pont, ce 13 février 1977.

Monsieur le rédacteur,

Il vient de s'éteindre, non loin d'ici, à la Grande Chartreuse, une vie bien humble, bien cachée, bien mystérieuse, mais qui a dû être grande et glorieuse aux yeux de Dieu ; puisque le passage de cette âme du temps à l'éternité a été accompagné de phénomènes célestes vraiment extraordinaires.

Le frère Jean n'est plus de ce monde. Vous n'avez peut-être jamais entendu parler du frère Jean. Peu de personnes, en France, l'ont vu, encore moins l'ont remarqué.

Il y a plus de trente ans, arrivait un jour, à la Grande Chartreuse, un homme âgé d'une quarantaine d'années, bien mis, à l'air distingué, parlant le français, mais évidemment étranger à notre pays. Il demanda à voir le père abbé qui était alors dom Augustin, de sainte mémoire. Il resta plusieurs heures avec lui, dit la tradition. Ce qui se passa entre eux, nul ne l'a jamais su. Les moines et les frères qui vivaient alors se rappellent qu'au sortir de cette entrevue le père et l'étranger étaient singulièrement émus. Tous deux avaient beaucoup pleuré, mais d'émotion plutôt que de peine ; car leurs visages, tout en gardant la trace des larmes, étaient rayonnants d'une grande joie. Le même jour, l'étranger prit l'habit de frère et le nom de Jean, et depuis lors il n'est jamais sorti du couvent, si ce n'est, dans ces dernières années, pour faire des commissions au laboratoire, à Fourvoirie, à Currière, à Saint-Pierre. Il descendait même parfois à Saint-Laurent, et aussi conduisait les voyageurs sur le Grand Som. Monter sur ce sommet des Alpes paraissait être sa seule *passion*, si l'on peut s'exprimer ainsi. Tous les autres ordres de ses supérieurs, il les exécutait ponctuellement, avec empressement, avec une obéissance parfaite ; mais quand le père procureur lui disait d'accompagner des visiteurs au Grand Som, on voyait passer sur son humble visage et éclater dans ses yeux si doux une lueur de joie enfantine. On lui demanda, un jour, pourquoi il aimait tant à escalader ce pic. Il répondit : « C'est si beau là-haut et l'on s'y trouve si près du ciel ! »

Nul n'a jamais su au monastère à part dom Augustin, qui il était ni d'où il venait. Possédant une éducation évidemment supérieure, il n'a jamais voulu être autre chose que simple frère. Pendant longtemps, avec la permission de l'autorité, il n'a pas mis les pieds hors du couvent et il ne venait jamais en contact avec aucun étranger. Lorsque, il y a quinze ans, dom Augustin était sur son lit de mort, il fit venir autour de lui tous les moines et leur enjoignit de dire à celui qui le remplacerait bientôt de respecter le secret du frère Jean, comme lui-même l'avait si longtemps respecté. À l'heure qu'il est, le successeur actuel de saint Bruno, dom François, ne sait pas plus que vous et moi qui était ce modeste frère qui a certainement joué un grand rôle quelque part dans le monde. Et ce rôle a dû être aussi bienfaisant que remarquable ; car le frère Jean n'était certainement pas quelque grand pécheur réfugié dans cette solitude pour faire pénitence. Il suffisait de regarder dans ses yeux si limpides, si calmes pour convaincre que jamais l'âme dont ils étaient le miroir n'avait été souillée par le crime, bouleversée par le remords. On aurait dit quelqu'un dont le rôle dans le monde, pour une raison ou pour une autre, était accompli, et qui était venu ici, sur ces hauteurs sereines, attendre son entrée dans la céleste Patrie.

J'ai dit que personne, à part dom Augustin, n'a jamais su qui il était. Personne ne l'a jamais su, mais moi, je l'ai soupçonné, et voici comment j'ai cru saisir le secret du frère Jean.

L'été dernier, au mois d'août, j'accompagnai à la Grande Chartreuse deux amis de Paris, dont l'un, M. G., a beaucoup voyagé, particulièrement en Amérique. Il a passé plusieurs mois dans la Nouvelle France. Comme le temps était beau, nous voulions monter sur le Grand Som. On nous donna pour guide et compagnon le frère Jean qui, malgré ses soixante-dix ans, nous devançait facilement. À chaque instant, il lui fallait ralentir le pas pour nous attendre.

Nous étions sur le sommet depuis une vingtaine de minutes, jouissant en silence du spectacle grandiose qui se déroulait sous nos regards ravis, lorsque le son de deux voix, parlant avec animation, vint frapper nos oreilles. Deux jeunes gens de vingt-cinq à trente ans s'approchaient du rocher où nous étions tous les quatre assis, sans nous apercevoir. L'un d'eux cria à l'autre qui s'était un peu éloigné de lui : « Par ici, Leverdier, voici un point de vue superbe ! » Je vis le frère Jean tressaillir et pâlir au nom de Leverdier ; tandis que mon ami M. G. poussa un petit cri de joie et de surprise. Il se leva, et adressa la parole aux deux jeunes gens qui étaient maintenant tout près de nous :

— J'ai entendu, dans votre conversation, le nom de Leverdier. J'ai bien connu autrefois, M. Paul Leverdier, qui a été président de la Nouvelle France. Celui de vous deux qui s'appelle Leverdier serait-il son parent, par hasard ?

— Oui, monsieur, fit l'un des jeunes gens, en nous faisant un salut plein de courtoisie, celui que vous avez connu est mon père.

Naturellement, les deux voyageurs vinrent se joindre à notre groupe, et la conversation s'engagea. Mon ami G. interrogea vivement le jeune Leverdier sur son père et sur sa patrie.

— Quelles heures charmantes, dit-il, j'ai passées avec votre père ! Il m'a raconté, par le menu, les événements vraiment extraordinaires, pénibles et touchants, qui ont marqué l'établissement de la république de la Nouvelle France, aujourd'hui si florissante. Je ne connais rien de plus beau ; vous n'ignorez pas, sans doute, cette glorieuse épopée ?

— En effet, répondit le jeune étranger, j'ai souvent entendu mon père faire ce récit merveilleux.

— Et la disparition de son ami Lamirande, celui qui, disait votre père, avait sauvé le pays par son sublime sacrifice, est-elle toujours restée enveloppée de mystère.

— Toujours, monsieur. Nous sommes convaincus qu'il s'est renfermé dans quelque monastère de l'Europe, mais nous n'avons jamais eu de ses nouvelles. Mon père a dû vous parler de M. Vaughan, cet ami de M. Lamirande qui était présent au miracle du couvent de Beauvoir. Vous le savez, peut-être, M. Vaughan, aussitôt que les affaires politiques de cette époque furent un peu réglées, a voyagé pendant deux ans en Europe, visitant tous les monastères, couvents et lieux de retraite imaginables. Il est allé même jusqu'en Terre Sainte. Je l'ai souvent entendu parler de ce voyage à mon père. Toutes ses recherches furent vaines ; le mystère est resté insondable.

— Et ce misérable journaliste — son nom m'échappe — qui avait joué le rôle si odieux, qui s'était vendu corps et âme au grand chef du satanisme, qu'est-il devenu ?

— Vous voulez parler de Saint-Simon, sans doute. Il a eu une bien triste fin. Il est mort fou, l'an dernier, après avoir passé je ne sais combien d'années dans une maison de santé. Il était possédé de la folie de la richesse. Il croyait toujours avoir autour de lui des monceaux d'or. Je l'ai vu une fois, c'était un spectacle navrant.

— Revenons plutôt à ce bon Lamirande. Votre pays lui est-il reconnaissant ? A-t-il au moins conservé son souvenir ?

— Oui, son nom est béni par tout notre peuple. Il est révéré comme un saint et comme le père de la patrie. Nombre de jeunes gens s'appellent Joseph en souvenir de lui. Moi-même je me nomme Joseph Lamirande Leverdier. Mon père a dû vous parler de la statue miraculeuse de saint Joseph. Elle est toujours dans la chapelle de Notre-Dame-du-Chemin que vous avez sans doute visitée. Cette chapelle est devenue un lieu de pèlerinage national, et aux pieds de cette statue des milliers d'âmes trouvent des grâces de choix, surtout l'esprit de sacrifice et de dévouement, la force de s'immoler, d'accomplir les devoirs pénibles.

— Et parlez-moi de votre bonne tante Hélène. Vit-elle encore ? attend-elle toujours le retour de M. Lamirande ?

— Hélas ! elle croit encore que M. Lamirande reviendra. C'est le seul point sur lequel cette chère tante... comment dirai-je ? n'entend pas les choses comme les autres. Elle est la providence des pauvres ; toujours douce, toujours bonne. Dans tout ce bel épisode, les peines du cœur qu'elle a éprouvées sont les seules ombres au tableau. Il me semble que M. Lamirande, au lieu de s'enfermer dans un couvent, aurait dû...

Le jeune voyageur ne put terminer sa phrase. Le frère Jean, portant la main au cœur, tomba évanoui. Nous nous empressâmes autour de lui. Bientôt il reprit connaissance.

— Ce n'est rien, dit-il. Chez moi, sans doute, le cœur ne vaut pas les jambes ; il se trouble dans cette atmosphère.

Il alla s'asseoir un peu plus loin. Au bout de quelques minutes, il se dit assez remis pour pouvoir descendre. Sur mes compagnons et sur les deux jeunes voyageurs, cet incident ne créa aucune impression extraordinaire. Ils croyaient simplement à un évanouissement causé par la fatigue. Moi qui connaissais le mystère qui entourait le frère Jean, moi qui l'avais vu tressaillir et pâlir en entendant prononcer le nom de Leverdier, j'étais fermement convaincu que l'émotion seule avait déterminé cette défaillance du cœur. J'étais entièrement persuadé que nous descendions la montagne en compagnie du héros de la Nouvelle France ; et j'étais fortement tenté, je l'avoue, de faire part de ma conviction à mes compagnons de route. Mais je résistai à la tentation. Pourquoi, me disais-je, arracher à ce bon frère le secret que Dieu lui a permis de garder si longtemps ? Ne serait-ce pas une sorte de profanation ? J'eus la force de retenir ma langue.

Mais il faut en finir. Dans les derniers jours de janvier, le frère Jean tomba gravement malade. Il se prépara admirablement à la mort et fit preuve d'une résignation héroïque. Bien que ses souffrances fussent sans doutes atroces, jamais la moindre plainte ne lui échappa, jamais il n'eut le plus léger mouvement d'impatience. Une certaine contraction musculaire, et tout involontaire, indiquait seule les douleurs qu'il éprouvait. Les moines étaient dans l'admiration. Ils voyaient que c'était un véritable saint qui les quittait. Aussi entouraient-ils son lit d'agonie d'un profond respect. Au moment suprême, le chef de la maison et plusieurs des pères étaient auprès du frère mourant, récitant les prières des agonisants et répétant, pour lui, les noms de Jésus, de Marie et de Joseph. Ses yeux étaient fermés, il respirait à peine, mais ses traits crispés par la souffrance disaient que la vie n'était pas éteinte. Tout à coup, une harmonie angélique et un parfum non moins céleste, qu'aucun langage humain ne saurait décrire, remplirent la modeste cellule.

Nous savions tout de suite, m'ont raconté les moines, que cette harmonie et ce parfum venaient du ciel, parce que c'était notre âme qui les percevait d'abord, les communiquant ensuite à nos sens, au contraire de ce qui se produit ordinairement. C'était quelque chose de vraiment indéfinissable et indescriptible. Puis — je laisse la parole aux pères — puis, cette harmonie et ce parfum augmentant toujours, non d'intensité mais de suavité, nous vîmes, d'abord intérieurement pour ainsi dire, puis des yeux de notre corps, se former au-dessus du lit comme des nuages d'une blancheur éclatante, et, au milieu des nuages, la figure d'une enfant de huit à dix ans, figure bien humaine par ses traits, mais portant un reflet de la lumière de gloire. Et l'enfant parla, ses paroles parvenant à nos oreilles, d'une manière mystérieuse, par notre âme : « Père, dit-elle, l'Enfant-Jésus m'a envoyée vous chercher. Venez ! » Et le frère Jean, ouvrant les yeux, se soulevant à demi, étendant ses bras vers la céleste apparition, s'écria : « Ma fille ! Enfin ! Merci, mon Dieu ! » Et comme un souffle lumineux son âme quitta son corps qui retomba sur la couche. Longtemps nous restâmes abîmés dans la prière. Lorsque nous nous relevâmes, il n'y avait de surnaturel dans la cellule que le sourire qui illuminait les traits du frère Jean.

Chronologie

1851	2 septembre : Jules-Paul Tardivel est né à Covington, Kentucky (É.-U.) ; son père, Claudius Tardivel, est un immigrant français et sa mère, Isabelle Brent, d'origine britannique.
1854	9 septembre : Sa mère meurt en donnant naissance à un troisième enfant.
1855-1868	Il grandit sous la tutelle de sa tante maternelle, Frances Brent et de son oncle, Julius Brent, curé de Saint-Luc de Danville dans l'Ohio. Son père se remarie et s'établit dans le Missouri.
1868	3 septembre : Il entre au collège de Saint-Hyacinthe ne sachant pas un mot de français, avec 400 $ en poche.
1872	Juillet : Il quitte le collège après sa première année de philosophie et retourne aux États-Unis.
1873	Janvier : Il revient à Saint-Hyacinthe, très déçu de son séjour aux États-Unis et devient commis dans un magasin. 23 janvier : Il publie son premier article dans *Le Courrier* de Saint-Hyacinthe. Avril : Il est

engagé comme homme à tout faire au *Courrier* de Saint-Hyacinthe. Septembre : Oscar Dunn le fait entrer à *la Minerve*, à Montréal.

1874   5 février : Tardivel épouse Henriette Brunelle à Montréal. 12 juillet : Il entre au *Canadien* de Québec. Novembre : Israël Tarte est nommé rédacteur et devient le maître et l'ami de Tardivel.

1878   Janvier-février : Tardivel publie une biographie du pape Pie IX, le pontife-roi des ultramontains, à l'occasion de sa mort. Tardivel passe la période des sessions parlementaires à Ottawa comme correspondant du *Canadien* et traducteur des débats, jusqu'en 1881.

1879   17 décembre : Il prononce une causerie devant le Cercle catholique de Québec, intitulée *l'Anglicisme, voilà l'ennemi !*

1881   Mai : Il quitte *le Canadien* et se propose de publier une série de manuels scolaires. Juin : Il rencontre le père Zacharie Lacasse, o.m.i., qui le convainc de fonder un journal catholique. 14 juillet : Première livraison du journal *la Vérité*. Décembre : À la suite du refus des imprimeurs de Québec d'imprimer son journal, Tardivel fait l'acquisition d'une presse à vapeur.

1887   Il publie le premier tome de ses *Mélanges*, un recueil des articles parus entre juillet 1881 et juillet 1882.

1888   Du 4 septembre au 16 avril 1889 : Grâce à ses amis, il visite l'Irlande, la Grande-Bretagne, la France, la Belgique, la

Hollande, l'Espagne et l'Italie.

1890   Publication en volume de ses *Notes de voyage*, parues en tranches dans *la Vérité*.

1891   Février : Il emménage, chemin Sainte-Foy, près de l'église des Jésuites. La presse est installée au sous-sol. Décembre : Mercier, premier ministre, cite Tardivel devant les tribunaux pour « libelle séditieux ». Mais avant que l'affaire ne soit présentée, le cabinet Mercier est remplacé à la suite du célèbre «coup de balai» du lieutenant-gouverneur Angers, le 16 décembre.

1894   Tardivel publie une série d'articles contre Charles-Joseph Magnan, surintendant de l'Instruction publique, articles repris dans une brochure la même année. Août : Marc Sauvalle, rédacteur du *Canada-Revue* de Montréal, gagne un procès pour diffamation contre Tardivel qui l'avait qualifié de «méthodiste». Tardivel doit payer 200 $ de dommages et les frais, 800 $ en tout.

1895   Printemps : Il termine la rédaction de son roman *Pour la patrie*. Août : Publication de son roman. Automne : Voyage de quatre semaines dans l'Ohio.

1896   22 août : Il assiste au Congrès antimaçonnique international, à Trente (Italie). 28 septembre : Tardivel y donne une longue conférence « Sur l'action maçonnique en général » devant les 150 délégués dont sept Canadiens français. 15 et 18 octobre : Il est reçu par le pape Léon XIII qui l'encourage à continuer son œuvre de journaliste catholique.

1897   Avril : Il fait un voyage-éclair à Paris afin d'en avoir le cœur net sur l'histoire de Diana Vaughan qui fit des révélations sur le luciférianisme. Léo Taxil lui révèle qu'il s'agit d'une mystification. Juin : Voyage de quelques jours aux États-Unis.

1899   Février : Le lieutenant-gouverneur Jetté demande à Tardivel de préparer un livre sur la situation religieuse aux États-Unis à la suite des conférences de l'académicien Ferdinand Brunetière qui brossait un tableau très optimiste de l'état de l'Église catholique aux États-Unis.

1900   Mars : Son ouvrage sur la situation de l'Église catholique américaine paraît.

1901   10 mars : Il prononce une conférence sur la langue française au Canada devant l'Union catholique de Montréal. Été : Parution du deuxième tome des *Mélanges* (articles parus de juillet 1882 à juillet 1883). 15 juin – septembre : Il fait un voyage de santé en Europe avec sa fille Alice, visitant Rome, Lourdes et Paris.

1903   Mars – septembre : La parution de son journal est suspendue. Septembre : Le journal réapparaît comme mensuel. On publie le troisième tome des *Mélanges* (articles de juillet 1883 à juillet 1884, précédés d'une autobiographie).

1904   Tardivel prépare le quatrième tome des *Mélanges* qui ne verra jamais le jour.

1905   14 janvier : *la Vérité* redevient hebdomadaire grâce à l'aide d'Omer Héroux et de

	son fils Paul. 24 avril : Tardivel meurt.
1906	Automne : La biographie controversée de Mgr Fèvre paraît. Elle a été préparée à partir d'une documentation fournie par la famille et des amis.
1923	*La Vérité* cesse de paraître.
1936	Publication d'une deuxième édition de *Pour la patrie*

Du même auteur

Vie du pape Pie IX, ses œuvres et ses douleurs. Québec, J. N. Duquet, 1878, 121 p.

Borrowed and Stolen Feathers or a glance through Mr J. M. Lemoine's latest work : The Chronicles of the St. Lawrence. Québec, le Canadien, 1878, 33 p.

L'Anglicisme, voilà l'ennemi ! Québec, le Canadien, 1880, 28 p.

Mélanges ou recueil d'études religieuses sociales, politiques et littéraires. Québec, la Vérité, 1887, 393p.

Notes de voyage en France, Italie, Espagne, Irlande, Angleterre, Belgique et Hollande. Montréal, Sénécal, 1890, 460 p.

Polémique à propos d'enseignement entre M. J.-P. Tardivel et M. C.-J. Magnan. Québec, Demers et frère, 1894, 111 p.

Pour la patrie, roman du XXᵉ siècle. Montréal, Cadieux et Derome, 1895, 451 p.

La Situation religieuse aux États Unis, illusions et réalités. Montréal, Cadieux et Derome, 1900, 302 p.

La Langue française au Canada. Montréal, la Revue canadienne, 1901, 69 p.

Mélanges... t. II. Québec, Demers et frère, 1901, 397 p.

Mélanges... t. III. Québec, Demers, 1903, 346 p.

On consultera, sur l'œuvre :

SAVARD, Pierre, «*Pour la patrie*, roman de Jules-Paul Tardivel», dans *Dictionnaire des œuvres littéraires du Québec*, t. I : *des origines à 1900*, sous la direction de Maurice Lemire. Montréal, Fides, 1978, p. 604-606.

Et sur l'homme :

SAVARD, Pierre, *Jules-Paul Tardivel, la France et les États-Unis, 1851-1905*. Québec, les Presses de l'Université Laval, «Les Cahiers de l'Institut d'histoire», n° 8, 1967, xxxviii, 499 p.

Table

LORANGER, Jean-Aubert
Joë Folcu

LORD, Michel
Anthologie de la science-fiction québécoise contemporaine

NELLIGAN, Émile
Poèmes choisis
Poésies complètes

POULIN, Jacques
Faites de beaux rêves

ROYER, Jean
Introduction à la poésie québécoise

SAINT-DENYS-GARNEAU
Poèmes choisis

SAINT-MARTIN, Fernande
Structures de l'espace pictural

SAVARD, Félix-Antoine
Menaud maître-draveur

TACHÉ, Jean-Charles
Forestiers et Voyageurs

TARDIVEL, Jules-Paul
Pour la patrie

THÉRIAULT, Yves
Ashini

Typographie et mise en pages sur micro-ordinateur:
MacGRAPH, Montréal.

Achevé d'imprimer en mars 1989 sur les presses des
Ateliers Graphiques Marc Veilleux, à Cap Saint-Ignace